Betriebsbedingte Kündigung
und unternehmerische Entscheidungsfreiheit

Europäische Hochschulschriften
Publications Universitaires Européennes
European University Studies

Reihe II
Rechtswissenschaft

Série II Series II
Droit
Law

Bd./Vol. 3280

PETER LANG
Frankfurt am Main · Berlin · Bern · Bruxelles · New York · Oxford · Wien

Rainer Thum

Betriebsbedingte Kündigung und unternehmerische Entscheidungsfreiheit

PETER LANG
Europäischer Verlag der Wissenschaften

Die Deutsche Bibliothek - CIP-Einheitsaufnahme

Thum, Rainer:

Betriebsbedingte Kündigung und unternehmerische Entscheidungsfreiheit / Rainer Thum. - Frankfurt am Main ; Berlin ; Bern ; Bruxelles ; New York ; Oxford ; Wien : Lang, 2002
(Europäische Hochschulschriften : Reihe 2, Rechtswissenschaft ; Bd. 3280)
Zugl.: Passau, Univ., Diss., 2001
ISBN 3-631-38671-0

D 739
ISSN 0531-7312
ISBN 3-631-38671-0

www.peterlang.de

Inhaltsverzeichnis

1 Einleitung

Arbeitsplatzabbau und damit einhergehende betriebsbedingte Kündigungen sind in der heutigen Zeit allgegenwärtig. Die Welle von Unternehmensfusionen zielt auf Synergieeffekte ab, welche einen Arbeitsplatzabbau zur Folge haben.

Die Prozesse um die Wirksamkeit betriebsbedingter Kündigungen nehmen zu, und hierdurch rückt auch eine der Grundfragen der betriebsbedingten Kündigung in den Vordergrund, nämlich die Frage nach der Reichweite unternehmerischer Entscheidungsfreiheit und damit korrespondierend das Problem, inwieweit die Arbeitsgerichte befugt sind, in unternehmerische Maßnahmen, die zum Wegfall von Beschäftigungsmöglichkeiten führen, einzugreifen. Dieses schwierige Problem wird wegen seiner immerwährenden Aktualität nicht umsonst als die Grundfrage[1] oder Gretchenfrage[2] des Kündigungsschutzes bezeichnet.

Die Möglichkeit gerichtlicher Kontrolle unternehmerischen Handelns wurde schon unter dem Betriebsrätegesetz (BRG) und dem Gesetz zur Ordnung der nationalen Arbeit (AOG), den Vorläufern des KSchG in der Weimarer Republik und im Dritten Reich, kontrovers diskutiert. Sie ist unter dem KSchG nicht minder umstritten.

Das Problem der Reichweite unternehmerischer Entscheidungsfreiheit im KSchG beschreibt den Konflikt zwischen dem Interesse des Arbeitgebers an der Freiheit seiner Dispositionen und dem Interesse des Arbeitnehmers an möglichst weitreichendem Bestandsschutz seines Arbeitsverhältnisses.

---

[1] *Preis*, NZA 1997, 1074 (1079).

[2] *B. Preis*, NZA 1997, 625 (626).

Die Gerichtskontrolle unternehmerischer Maßnahmen ist vor allem in den Zeiten des „shareholder value“ wieder in den Brennpunkt arbeitsrechtlichen Interesses getreten. Anlaß für betriebsbedingte Kündigungen sind oft nicht mehr Rationalisierungen durch Modernisierung der Produktionsverfahren, sondern der Wille, auch beim Personal Kosten zu sparen.
Altbundespräsident Roman *Herzog* hat an der herrschenden Kündigungspraxis Kritik geübt: Früher seien Entlassungen als Beweis für wirtschaftlichen Mißerfolg von Unternehmen und ihren Managern angesehen worden, heute seien sie zumindest für die Aktienmärkte zum Erfolgsausweis geworden. Nicht Sozialpflichtigkeit, sondern schlichte Gewinnmaximierung und Kapitalvermehrung gälten nunmehr als bester Weg[3].
Gegenstand der Arbeit ist ein Lösungsversuch des Problems, welche Maßnahmen als unternehmerische Entscheidung von den Gerichten als bindend hinzunehmen sind und welche im Rahmen des Tatbestandsmerkmals „dringende betriebliche Erfordernisse“ (§ 1 II 1 KSchG) arbeitsgerichtlicher Kontrolle unterliegen.
Zum einen muß geklärt werden, inwieweit die Arbeitsgerichte die Dringlichkeit der betriebsbedingten Kündigung im Hinblick auf die wirtschaftliche Situation des Unternehmens überprüfen dürfen. Zum anderen stellt sich die Frage, ob die Arbeitsgerichte dem Arbeitgeber in Anbetracht des sozialen Besitzstandes eines Arbeitnehmers andere betriebsorganisatorische Maßnahmen vorschreiben oder ihn trotz Wegfalls der Beschäftigungsmöglichkeit zur Weiterbeschäftigung des gekündigten Arbeitnehmers verpflichten können.
Außerdem ist, insbesondere nach der neuesten Rechtsprechung des BAG, ungeklärt, was der Arbeitgeber hinsichtlich der unternehmerischen Entschei-

---

[3] *Roman Herzog*, in: „Die Zeit“ vom 7.3.1997, S. 25.

dung im Prozeß vortragen und inwieweit diese in betriebsorganisatorischer Hinsicht objektivierbar werden muß. Je näher die unternehmerische Entscheidung nämlich an den Kündigungsentschluß rückt, der Arbeitgeber sich beispielsweise ohne Veränderung der betrieblichen Organisation entschließt, künftig mit weniger Personal zu arbeiten, desto weniger Raum bleibt für die Prüfung des Vorliegens „dringender betrieblicher Erfordernisse". Bei dieser schwierigen Grenzziehung gilt es, den Bereich freier unternehmerischer Entscheidung so zu bestimmen und vom Kündigungsentschluß abzugrenzen, daß die Schutzfunktion des KSchG nicht unterlaufen wird.

Die Lösung dieser Fragen ist entscheidend für den notwendigen und zugleich hinreichenden Sachvortrag bei der Darlegung der Unternehmerentscheidung.

Zunächst sollen die grundrechtlichen Vorgaben unternehmerischer Entscheidungsfreiheit dargestellt werden. Dabei geht es um die Auflösung der Kollision von Grundrechten des Arbeitgebers mit denen des Arbeitnehmers und den Ausgleich dieser widerstreitenden Interessen im KSchG.

Dann soll durch Auslegung des Tatbestandsmerkmals „dringende betriebliche Erfordernisse" in § 1 II 1 KSchG die Reichweite unternehmerischer Entscheidungsfreiheit bestimmt werden.

Sodann wird geklärt, ob und inwieweit im Rahmen einer Dringlichkeitsprüfung und einer Sachlichkeitsprüfung, welche in der Literatur teilweise befürwortet werden, in unternehmerische Entscheidungen eingegriffen werden kann.

Es folgen eine Darstellung und Analyse der Rechtsprechung des BAG zum Bereich freier, gerichtlich nicht kontrollierbarer Unternehmerentscheidung, zur Willkürprüfung, zum ultima-ratio-Grundsatz und zur Interessenabwägung.

Nicht Gegenstand dieser Arbeit sind die Probleme der Weiterbeschäftigungspflicht gemäß § 1 II S.2 und 3 KSchG und der Sozialauswahl gemäß § 1 III KSchG, da diese Prüfungspunkte im Rahmen einer betriebsbedingten Kündigung den Wegfall einer Beschäftigungsmöglichkeit aufgrund unternehmerischer Disposition bereits voraussetzen.

2 Das KSchG als Ausgleich kollidierender Grundrechte von Arbeitnehmer und Arbeitgeber

Der Streit um die Reichweite gerichtlicher Kontrolle unternehmerischer Entscheidungen und damit verbunden die Frage nach Bestandsschutz des Arbeitsverhältnisses bei betriebsbedingten Kündigungen bewegt sich im Spannungsfeld zwischen kollidierenden Grundrechten des Arbeitnehmers (Art. 12 I GG) und des Arbeitgebers (Art. 12 I, 14 I, 2 I GG).

Im folgenden soll untersucht werden, welche Aussagen das Grundgesetz bezüglich Reichweite unternehmerischer Entscheidungsfreiheit und Bestandsschutz des Arbeitsverhältnisses trifft und ob das KSchG diesen Postulaten Rechnung trägt.

2.1 Grundrechtlicher Schutz freien unternehmerischen Handelns

Als grundrechtsrelevantes unternehmerisches Handeln kommen sowohl die freie Disposition des Unternehmers über Betrieb und Produktionsmittel als auch die Ausübung des Gestaltungsrechts der Kündigung in Betracht.

2.1.1 Art.12 GG: Berufsfreiheit des Arbeitgebers

2.1.1.1 Reichweite des Schutzbereichs

Das durch Art. 12 I GG gewährleistete einheitliche Grundrecht der Berufsfreiheit schützt sämtliche Dimensionen beruflicher Betätigung, angefangen von der Berufswahl bis hin zur Berufsausübung[4]. Beruf ist jede auf Dauer

[4] BVerfGE 7, 377 (400ff.); nach Ansicht des BVerfG können Berufwahl und Berufsausübung nicht voneinander getrennt werden, da die Berufsausübung immer auch die Berufswahl beeinflusse und umgekehrt. Insofern gewährleiste Art. 12 I GG ein einheitliches Grundrecht der Berufsfreiheit.

angelegte und nicht nur vorübergehende, der Schaffung und Erhaltung einer Lebensgrundlage dienende Betätigung[5].

Art. 12 I GG umfaßt auch die arbeitsvertragliche Privatautonomie des Arbeitgebers[6], welche ihm in Verbindung mit Art. 14 I GG das Dispositionsrecht über die Arbeitsplätze in seinem Unternehmen garantiert[7].

Art. 12 I GG gewährleistet damit das Kündigungsrecht des Arbeitgebers[8].

Ein genereller Ausschluß des Kündigungsrechts ist nicht möglich. Eine Einschränkung ist nur insofern mit Art. 12 I GG vereinbar, als das Kündigungsrecht an einen sachbezogenen und als billig und gerecht anerkennenswerten Grund gebunden werden kann[9].

Daraus folgt, daß dem Arbeitgeber das Recht zur ordentlichen Kündigung nicht genommen werden kann[10]. Es ist jedoch verfassungsrechtlich zulässig, die Ausübung dieses Rechts vom Vorliegen bestimmter Gründe abhängig zu machen. Art. 12 I GG schützt damit das Recht zur Kündigung aus Gründen im Verhalten und in der Person des Arbeitnehmers sowie das betriebsbedingte Kündigungsrecht[11]. § 1 II 1 KSchG, der für die betriebsbedingte Kündigung das Vorliegen eines „dringenden betrieblichen Erfordernisses" voraussetzt, ist folglich mit Art. 12 I GG zu vereinbaren.

---

[5] BVerfGE 7, 397; 9, 73 (78); 13, 97 (106); 14, 19 (22); 16, 147 (163); 50, 290 (362); BVerwGE 1, 54; 1, 92 (93); 2, 85 (86); 2, 295 (298); 4, 250 (254f.); 21, 195 (196); 22, 286 (287).

[6] Maunz/Dürig/*Scholz*, Art. 12 GG, Rnr. 48; *Scholz*, ZfA 1981, 265 (274ff.); *Zöllner*, Gutachten D zum 52. Deutschen Juristentag, S. 98f.

[7] BAGE 16, 134 (139); *Badura*, Festschrift für Berber, 11 (22); *Scholz*, 25 Jahre Bundesarbeitsgericht, 511 (527).

[8] Maunz/Dürig/*Scholz*, Art. 12 I GG, Rnr. 50; *Reuter*, RdA 1973, 345 (346ff.); *Reuter*, RdA 1978, 344 (348ff.); BVerfGE 77, 370 (378).

[9] *Badura*, Festschrift für Berber, 11 (12f.); *Herschel*, RdA 1975, 28 (29); *Scholz*, 25 Jahre Bundesarbeitsgericht, 511 (527).

[10] *Zöllner*, Gutachten D zum 52. Deutschen Juristentag, S. 120f.; *Reuter*, RdA 1973, 345 (346ff.); *Schwerdtner*, ZfA 1977, 47 (46ff.).

[11] *Reuter*, RdA 1973, 345 (346ff.); *Zöllner*, Gutachten D zum 52. Deutschen Juristentag, S. 119ff.

Damit ist aber noch nicht geklärt, welche Anforderungen Art. 12 I GG an die Ausfüllung des Tatbestandsmerkmals „dringende betriebliche Erfordernisse“ (§ 1 II 1 KSchG) stellt und inwieweit die Unternehmerentscheidung, die zu „dringenden betrieblichen Erfordernissen“ führt, gerichtlich kontrollierbar ist. Hierzu finden sich keine konkreten Aussagen.

Das BVerfG führte im Mitbestimmungsurteil[12] aus, der personale Kern des Grundrechts der Berufsfreiheit sei durch die Mitbestimmung nur am Rande berührt, wenn den von den Anteilseignern der Gesellschaft als Unternehmensträger gewählten Aufsichtsratsmitgliedern das Letztentscheidungsrecht über die Unternehmensführung verbleibe. Das BVerfG ordnet das Letztentscheidungsrecht folglich der Berufsfreiheit bei unternehmerischer Betätigung zu. Dies deutet auf einen grundsätzlichen Vorrang der unternehmerischen Entscheidung hin, was bei der Auslegung von § 1 II 1 KSchG zu beachten ist.

2.1.1.2 Unterscheidung zwischen natürlichen und juristischen Personen als Träger des Grundrechts

Das BVerfG qualifiziert das Grundrecht der Berufsfreiheit als in erster Linie persönlichkeitsbezogen[13]. Arbeit als Beruf habe für alle gleichen Wert und gleiche Würde[14]. Der Beruf werde in seiner Beziehung zur Persönlichkeit des Menschen im ganzen verstanden, die sich erst darin voll ausforme und vollende, daß der einzelne sich einer Tätigkeit widme, die für ihn Lebensaufgabe und Lebensgrundlage ist und durch die er zugleich seinen Beitrag zur gesellschaftlichen Gesamtstellung erbringt[15].

---

[12] BVerfGE 50, 292 (365).
[13] BVerfGE 1, 264 (274); 7, 377 (397); 19, 330 (336f.); 30, 292 (334); 50, 292 (362ff.).
[14] BVerfGE 7, 377 (397); 50, 292 (362).
[15] BVerfGE 7, 377 (397); 50, 292 (362).

Aus diesem personalen Ansatz des BVerfG heraus ist es fraglich, ob der Schutz des Art. 12 I GG seinem Wesen nach auch juristischen Personen (Art. 19 III GG) zukommen kann.

Das BVerfG führt hierzu aus, Art. 12 I GG schütze zwar grundsätzlich auch die Unternehmerfreiheit im Sinne freier Gründung und Führung von Unternehmen, dabei dürfe aber nicht übersehen werden, daß das Grundrecht sehr verschiedene wirtschaftliche Sachverhalte erfasse. Während sich der personale Grundzug von Art. 12 I GG bei der Gründung und Führung von Klein- und Mittelbetrieben auch im wirtschaftlichen Bereich voll verwirkliche, gehe dieser bei Großunternehmen nahezu gänzlich verloren. Im Falle der Gründung und Führung von Großunternehmen sei Unternehmerfreiheit nicht Element der Ausformung der Persönlichkeit des Menschen, sondern grundrechtliche Gewährleistung eines Verhaltens, dessen Wirkungen weit über das wirtschaftliche Schicksal des eigenen Unternehmens hinausreichten. Der personale Grundzug des Grundrechts gehe weitgehend verloren, da die Grundrechtsträger die verbürgte Freiheit nur mit Hilfe anderer wahrnehmen könnten, die ebenfalls Träger des Grundrechts aus Art. 12 I GG seien. Deshalb stehe die Unternehmerfreiheit in einem sozialen Bezug und in einer sozialen Funktion. Indessen könne das nicht dazu führen, Unternehmerfreiheit auf kleine und mittlere Unternehmen zu beschränken. Die Größe des Unternehmens sei jedoch für die Regelungsbefugnis des Gesetzgebers von Bedeutung[16].

Das BVerfG erkennt somit den Schutz des Art. 12 I GG auch für juristische Personen und Großunternehmen an, entnimmt diesem aber nicht den qualitativ gleichen Grundrechtsschutz. Mit zunehmendem Verlust des „personalen

---

[16] BVerfGE 50, 292 (365).

Grundzugs[17]" der Berufsfreiheit bei Großunternehmen ergibt sich für den Gesetzgeber die Möglichkeit einer höheren Eingriffsintensität im Rahmen des Schrankenvorbehalts nach Art. 12 I GG. Eine Einschränkung unternehmerischer Entscheidungsfreiheit als Ausfluß der Berufsfreiheit ist demzufolge bei Großunternehmen eher möglich als bei kleinen und mittleren Unternehmen[18].

Das KSchG differenziert allerdings im Rahmen seines Anwendungsbereichs gemäß § 1 I KSchG nicht nach der Größe des Unternehmens. Selbst wenn man der Rechtsprechung des BVerfG folgt und dem Gesetzgeber bei Großunternehmen eine weitergehende Eingriffsbefugnis in die unternehmerische Entscheidungsfreiheit zugesteht, hat der Gesetzgeber hiervon im Anwendungsbereich des § 1 II 1 KSchG keinen Gebrauch gemacht. Auch für die Rechtsanwendung liefern die Grundsätze der Rechtsprechung des BVerfG keine exakten Anhaltspunkte, da die Begriffe Groß- und Kleinunternehmen viel zu unbestimmt sind, als daß bei der Auslegung des § 1 II 1 KSchG danach unterschieden werden könnte. Im übrigen wäre das vom Wortlaut des Gesetzes nicht gedeckt und würde insofern dem Willen des Gesetzgebers widersprechen. Bei der Bestimmung der Reichweite unternehmerischer Entscheidungsfreiheit im KSchG ist die Größe des Unternehmens daher ohne Bedeutung.

---

[17] BVerfGE 50, 292 (364f.)

[18] Vgl. hierzu Maunz/Dürig/*Scholz*, Art. 12 GG Rnr. 35: *Scholz* ist der Meinung, das BVerfG verkürze den personalen Grundzug des Art. 12 I GG allzu sehr, wenn es diesen allein oder doch vornehmlich an die individuale Berufsexistenz knüpfe. Schon allein der Tatbestand des arbeitsteilig ausgeübten Berufs mache diese Aussagen angreifbar. Der personale Grundzug eines jeden Berufs sei auch im Fall sozialer Bezüge und Funktionen zu wahren und bei der Rechtsanwendung zu beachten.

2.1.1.3 Zuordnung der unternehmerischen Betätigung zur Berufswahl- oder Berufsausübungsfreiheit

Bei einem gesetzlichen Eingriff in unternehmerisches Handeln muß danach differenziert werden, ob die Berufswahl- oder die Berufsausübungsfreiheit betroffen ist, da die Anforderungen an die verfassungsrechtliche Rechtfertigung eines Eingriffs nach der vom BVerfG entwickelten Stufentheorie[19] für beide Bereiche unterschiedlich sind.

Die Stufentheorie war die Konsequenz der Auffassung des BVerfG, daß Art. 12 I GG ein einheitliches Grundrecht der Berufsfreiheit darstellt. Sie ist das Ergebnis der Anwendung des Prinzips der Verhältnismäßigkeit[20] (Verhältnismäßigkeit im engeren Sinne) und stellt an die verfassungsrechtliche Rechtfertigung von Eingriffen in die Berufsfreiheit um so höhere Anforderungen, je intensiver der Eingriff in den Schutzbereich des Grundrechts ist. Mit der Eingriffsintensität nimmt die Gestaltungsfreiheit des Gesetzgebers ab[21].

Das BVerfG differenziert nach objektiven und subjektiven Berufswahlregelungen und Berufsausübungsregelungen. Berufsausübungsregelungen sind nach der Stufentheorie rechtmäßig, wenn Gesichtspunkte der Zweckmäßigkeit sie verlangen und wenn sie durch vernünftige Erwägungen des Allgemeinwohls zu rechtfertigen sind[22]. Objektive Berufswahlregelungen sind dagegen nur zur Abwehr nachweisbarer oder höchstwahrscheinlicher schwerer Gefahren für ein überragend wichtiges Gemeinschaftsgut zulässig[23]. Subjektive Berufswahlregelungen sind dann verfassungsrechtlich gerechtfertigt, wenn die Ausübung des Berufs ohne Erfüllung der Voraussetzungen unmög-

---

19 Grundlegend BVerfGE 7, 377 (400ff.); vgl. auch BVerfGE 30, 292 (316); 46, 246 (256f.).

20 BVerfGE 13, 97 (104).

21 *Pieroth/Schlink*, Rnr. 846.

22 BVerfGE 13, 237 (240).

lich oder unsachgemäß wäre oder wenn sie Gefahren oder Schäden für die Allgemeinheit mit sich brächte[24].

Es muß daher einen Unterschied machen, ob unternehmerische Dispositionen, die zum Wegfall von Arbeitsplätzen führen, dazu dienen, das Unternehmen den Gegebenheiten des Marktes anzupassen, oder ob der Unternehmer seine Tätigkeit aufgeben oder dem Umfang nach reduzieren möchte. Letzterer Bereich ist der Freiheit der Berufwahl zuzuordnen. Denn wenn Art. 12 I GG die Freiheit gewährt, einen bestimmten Beruf zu ergreifen und zu beginnen, muß man diesen Beruf im Gegenzug, sozusagen als actus contrarius, auch wieder aufgeben dürfen[25].

Nach zutreffender Ansicht von *Zöllner* gehört es auch zu der durch Art. 12 I 1 GG geschützten Berufswahl, in welchem Umfang jemand seinen Beruf ausüben möchte. Es stehe dem Arbeitgeber frei, ob er ein kleines oder großes Unternehmen führen und ob er viel oder wenig arbeiten möchte. Quantitativ ins Gewicht fallende Regelungen kämen bei kleineren Unternehmen einer Zwangsarbeitspflicht nach Art. 12 II GG nahe[26].

Regelungen, die Kündigungen für den Fall ausschließen, daß der Arbeitgeber sein Unternehmen aufgeben will, sind deshalb nicht verfassungskonform[27]. Sofern betriebsbedingte Kündigungen die Folge einer Aufgabe des Unternehmens sind, kann in die zugrundeliegende Entscheidung daher, außer bei Betrieben der Daseinsvorsorge, wohl nicht eingegriffen werden. Das muß bei der Auslegung des KSchG, welches eine solche Unterscheidung nicht vornimmt, berücksichtigt werden.

---

[23] BVerfGE 7, 377 (414); 75, 246 (267); 40, 196 (218); 84, 133 (151).

[24] BVerfGE 9, 338 (344f.); 37, 67 (77).

[25] BVerfGE 7, 397 (401); 9, 338 (344f.); 17, 269 (276); 25, 88 (101); 39, 128 (141); 44, 105 (117ff.); 48, 292 (296ff.); BVerwGE 21, 195 (196); 35, 146 (148).

[26] *Zöllner*, Gutachten D zum 52. Deutschen Juristentag, S. 101; Maunz/Dürig/*Scholz*, Art. 12 GG Rnr. 274.

Scholz weist auf den fließenden Übergang zwischen Berufsausübungs- und Berufswahlregelungen bei Beschränkungen unternehmerischer Entscheidungsfreiheit hin[28]. Dispositions-, Produktions- und Marktfreiheit seien typische Ausübungsfreiheiten, die zum Gewährleistungstatbestand der Art. 12, 14 GG gehörten und deren Einschränkung oder Entzug das entsprechende Grundrecht bereits unmittelbar im Kern aushöhle. Aus der Sicht des Art. 12 GG verdeutliche dies den fließenden Übergang zwischen freier Berufswahl und Berufsausübung. Gerade die Beschränkung solcher typischen Ausübungsfreiheiten führe dazu, daß die freie Berufswahl zwar mittelbar, aber doch mit gleichem Effekt wie beim unmittelbaren Eingriff in die Berufswahlfreiheit beeinträchtigt werde. Das gelte sowohl für wirtschaftlich-unternehmerische Teilfreiheiten als auch für diejenigen auf arbeitsrechtlichem Gebiet.

Scholz ordnet damit jede Disposition, die Ausdruck freier unternehmerischer Tätigkeit ist, dem Bereich der Berufswahl mit den entsprechenden hohen Schrankenanforderungen zu. Konsequenz dieser Ansicht ist, daß jeder Eingriff in die unternehmerische Freiheit bereits den Anforderungen an eine objektive Berufswahlregelung genügen muß.

Der Ansicht von *Scholz* ist zuzustimmen, da zum Berufsbild des Unternehmers, wie ihn eine marktwirtschaftliche Ordnung vorsieht, die Freiheit zur Disposition über das Unternehmen und die Bestimmung der Bereiche unternehmerischer Tätigkeit gehören müssen, was gegebenenfalls den Wegfall von Arbeitsplätzen zur Folge hat. Diese Freiheiten sind prägend für das Berufsbild eines Unternehmers.

---

[27] *Zöllner*, Gutachten D zum 52. Deutschen Juristentag, S. 100.
[28] Maunz/Dürig/*Scholz*, Art. 12 GG Rnr. 130.

Auch das muß bei der Auflösung der Grundrechtskollision im Rahmen der Auslegung des KSchG beachtet werden.

Art. 14 GG: Eigentumsgarantie des Unternehmers an seinen Produktionsmitteln

Der von Art. 14 I GG gewährleistete Schutz des eingerichteten und ausgeübten Gewerbebetriebs umfaßt sowohl die Substanz aller im Unternehmen zusammengefaßten wirtschaftlich genutzten Vermögensrechte (Eigentum an den Produktionsmitteln, Schutz des unternehmensmäßig genutzten Eigentums)[29] als auch die unternehmerische Willensbildung, die nicht durch Verfahrens-, Organisations- und Mitbestimmungsrechte so weit eingeschränkt werden kann, daß es zur Funktionsunfähigkeit der betroffenen Unternehmen kommt[30]. Im Hinblick auf den Schutz des Art. 14 I GG hat das BVerfG im Mitbestimmungsurteil[31] ausgeführt, die Beschränkung des Eigentumsrechts durch das Mitbestimmungsgesetz sei angemessen und zumutbar, da jedenfalls der maßgebliche Einfluß und das Letztentscheidungsrecht den Anteilseignern verblieben.

Grundsätzlich umschließt die Eigentumsgarantie nur den vorhandenen Bestand an vermögenswerten Gütern, also das bereits Erworbene, nicht aber Erwerbschancen und Verdienstmöglichkeiten. Erwerbs- und Leitungstätigkeiten unterfallen dem Schutzbereich des Art. 12 I GG.

Bei der Frage des verfassungsrechtlichen Schutzes unternehmerischer Tätigkeit kann die Abgrenzung zwischen Art. 14 und Art. 12 GG daher oft schwierig sein, da die Schutzbereiche fließend ineinander übergehen. Leitung und Führung eines Unternehmens bedeutet zwangsläufig auch Disposi-

---

[29] BVerfGE 1, 264 (276ff.); 45, 142 (173); BGHZ 23, 157 (162f.); 67, 190 (192); 92, 34 (37).

[30] Maunz/Dürig/*Papier*, Art. 14 GG Rnr. 194; BVerfGE 50, 292 (352).

[31] BVerfGE 50, 292 (351).

tion über bereits vorhandene Vermögensgüter und Rechte. In diesem Fall gelten die Grundrechtsgarantien der Art. 12 I und 14 I GG nebeneinander[32]. Dabei ist von einer Identität der Schrankenregelungen auszugehen, so daß eine zulässige Beschränkung der Berufsausübungsfreiheit im allgemeinen auch eine rechtmäßige Inhalts- und Schrankenbestimmung des Eigentums sein wird[33].

Berufsfreiheit und Eigentumsgarantie schützen demzufolge als Verbund die allgemeine Wirtschaftsfreiheit und die Freiheit unternehmerischer Betätigung. Davon erfaßt sind sowohl die wirtschaftlichen Teilfreiheiten, wie unternehmerische Dispositions-, Investitions- und Organisationsfreiheit, als auch die arbeitgeberische Leitungs- und Dispositionsbefugnis über Arbeitsbedingungen, Arbeitsplätze und Arbeitsinhalt[34].

Wenn die Nutzung eines Eigentumsrechts beruflichen Zwecken dient, sind demnach sowohl Art. 12 I als auch Art. 14 I GG einschlägig[35]. Eine genaue Abgrenzung der beiden Schutzbereiche ist nicht notwendig, da die Eingriffsmöglichkeiten gleich sind. Aus diesem Grund geht auch das BVerfG von einer schrankenrechtlichen Identität beider Grundrechte aus[36].

Die Freiheit unternehmerischer Betätigung wird folglich von Art. 12 I und 14 I GG umfassend geschützt, wobei beide Grundrechte im Verhältnis der Idealkonkurrenz stehen.

2.1.2 Art. 2 I GG: Vertragsfreiheit des Unternehmers

Auch Art. 2 I GG gewährleistet die Handlungsfreiheit auf wirtschaftlichem Gebiet und ist damit ein weiterer verfassungsrechtlicher Grundpfeiler unter-

---

[32] Maunz/Dürig/*Papier*, Art. 14 GG Rnr. 220.

[33] BVerfGE 50, 292 (364f.); BGH NJW 1986, 2499 (2560).

[34] Maunz/Dürig/*Scholz*, Art. 12 GG Rnr. 125 m.w.N.

[35] Maunz/Dürig/*Scholz*, Art. 12 GG Rnr. 138.

[36] BVerfGE 8, 71 (79ff.); 21, 130 (154f.); 50, 290 (339ff., 361ff., 365).

nehmerischer Entscheidungsfreiheit. Das BVerfG hat klargestellt, daß ein angemessener Spielraum von Unternehmerinitiative unantastbar ist[37].

Art. 2 I GG schützt ferner die Vertragsfreiheit[38], welche sich sowohl auf Inhalt und Abschluß von Verträgen[39] als auch auf deren Beendigung erstreckt[40]. Das Recht zur Kündigung muß bei Dauerschuldverhältnissen wie z.B. Arbeitsverhältnissen als Annexinstitut[41] in den durch Art. 2 I GG gewährleisteten Schutz der Vertragsfreiheit einbezogen werden[42].

Die Vertragsfreiheit als Ausfluß wirtschafts- und arbeitsrechtlicher Privatautonomie wird jedoch ebenso als funktionstypische Annexfreiheit von den Art. 12 I, 14 I GG erfaßt[43].

Ob Art.2 I GG von den Art. 12 I und 14 I GG verdrängt wird, ist umstritten. Während die wohl herrschende Ansicht Art. 12 I GG im Verhältnis zum Hauptfreiheitsrecht des Art. 2 I GG als Spezialgrundrecht[44] betrachtet, wird teilweise auch eine funktionelle Eigenständigkeit des Art. 2 I GG gegenüber

---

[37] BVerfGE 29, 260 (267); 50, 292 (366); 65, 196.

[38] Maunz/*Dürig*, Art. 2 I GG Rnr. 53; BVerwGE 1, 321 (323); 2, 114 (115); 2, 118 (120); 3, 303 (304); 4, 332 (336); BVerfGE 8, 274 (328); 10, 89 (99); 12, 341 (347); 21, 87 (90f.);

[39] BVerfGE 73, 261 (270ff.).

[40] *Papier*, RdA 1989, 137 (139); Maunz/Dürig/*Scholz*, Art. 12 GG Rnr. 132ff.; *Boemke*, NZA 1993, 532 (537); MünchArbR/*Richardi*, § 8 Rnr. 18ff.

[41] *Oetker*, RdA 1997, 9 (10).

[42] Zur Begründung vgl. *Ulmer*, Festschrift für Philipp Möhring, 295 (303); *von Savigny*, Das Obligationenrecht, Band I, S. 6f.

[43] Maunz/Dürig/*Scholz*, Art. 12 GG Rnr. 131; *Scholz*, AöR 100, 128f.; ders. ZHR 132, 105f.

[44] Maunz/Dürig/*Scholz*, Art. 12 GG Rnr. 131; Maunz/*Dürig*, Art. 2 I GG Rnr. 54; *Papier*, RdA 1989, 137 (138); *Söllner*, RdA 1989, 144 (149); BVerfGE 9, 73 (77); 9, 338 (345); 10, 185 (199); 22, 114 (120); 33, 240 (247); 38, 61 (79); 54, 237 (251); 77, 84 (118); 77, 308 (339); BVerwGE 1, 48 (51); 1, 244 (246); 1, 269 (270); 24, 12 (14).

Art. 12 I GG im Rahmen der Gewährleistung unternehmerischer Betätigungsfreiheit angenommen[45].

Letztendlich ist dieser Streit für die Frage der Reichweite unternehmerischer Betätigungsfreiheit aber nicht von ausschlaggebender Bedeutung und braucht daher nicht entschieden zu werden, da Art. 2 I GG jedenfalls keine höheren Anforderungen an einen Eingriff stellt als Art. 12 I GG. Im Hinblick auf diese Ergebnisidentität wendet auch die Rspr. Art. 12 I und 2 I GG teilweise nebeneinander an, ohne zu dem Konkurrenzverhältnis Stellung zu nehmen.[46].

2.2 Grundrechtlicher Bestandsschutz am Arbeitsplatz

Die Reichweite unternehmerischer Entscheidungsfreiheit im KSchG ist auch davon abhängig, inwieweit der Bestandsschutz des Arbeitsverhältnisses selbst Grundrechtsschutz genießt und die unternehmerische Entscheidungsfreiheit bei der Auflösung der Grundrechtskollision zurücktreten muß. Im folgenden soll die Reichweite des Bestandsschutzes des Art. 12 I GG zugunsten der Arbeitnehmer herausgearbeitet werden.

2.2.1 Die Reichweite des Bestandsschutzes am Arbeitsplatz gem. Art. 12 I GG

Auch die Arbeitnehmer können den Schutz der Berufsfreiheit gem. Art. 12 I GG für sich in Anspruch nehmen. Das Grundrecht des Art. 12 I GG gewährleistet dem einzelnen, jede Arbeit, für die er sich geeignet glaubt, als Beruf zu ergreifen, also zur Grundlage seiner Lebensführung zu machen[47]. Der Abschluß eines Arbeitsvertrages und damit die Unterwerfung unter die Ge-

---

[45] BVerfGE 4, 7 (16); 9, 3 (11); 12, 341 (347); 14, 263 (282f.); 18, 257 (273f.); 18, 315 (327); 21, 160 (168); 23, 12 (30); 25, 371 (407); 27, 375 (384); 28, 66 (76); 31, 145 (173); 32, 311 (316)).

[46] BVerfGE 17, 232 (251); 32, 311 (316f.); 50, 290 (362); BVerfGE 57, 139 (158).

staltungsrechte des Arbeitgebers ist privatautonome Betätigung des Arbeitnehmers, die ebenfalls unter dem Schutz des Art. 12 I GG steht[48].

Aus Art. 12 I GG läßt sich aber kein soziales Grundrecht auf Zuweisung oder Erhaltung eines bestimmten Arbeitsplatzes und kein Recht auf Bestandsschutz des innegehaltenen Arbeitsplatzes ableiten[49]. Dementsprechend gewährleisten arbeitsrechtliche Privatautonomie (Art. 12 I GG) und Recht am Unternehmen (Art. 14 I GG) auch das prinzipielle Dispositionsrecht des Arbeitgebers über die Arbeitsplätze[50].

Ebensowenig enthält Art. 12 I GG ein „Recht auf Arbeit" als Direktive für Gesetzgebung und Regierung im Sinne eines sozialstaatlichen Grundsatzes[51]. Ein „Recht auf Arbeit" in einer freiheitlichen Verfassungsordnung wäre ein uneinlösbares Versprechen, wenn man es als Anspruch eines jeden auf einen seinen Fähigkeiten, Neigungen und seiner Ausbildung entsprechenden Arbeitsplatz verstünde. Art. 12 I GG muß daher auf eine objektiv-rechtliche Inpflichtnahme des Staates auf das Ziel der Vollbeschäftigung reduziert werden[52].

Dementsprechend folgt aus Art. 12 I GG auch kein dingliches oder absolutes Recht am Arbeitsplatz, das mit dem Recht am eingerichteten oder ausgeübten Gewerbebetrieb oder gar sozialem Eigentum vergleichbar wäre[53].

Das BVerfG hat ausgeführt, der Schutz des Art. 12 I GG erstrecke sich auf die Wahl des Arbeitsplatzes und auf den Willen, den gewählten Arbeitsplatz

---

47 BVerfGE 50, 290 (362); 30, 292 (334).

48 *Söllner*, RdA 1989, 144 (148).

49 Maunz/Dürig/*Scholz*, Art. 12 GG Rnr. 48.

50 Maunz/Dürig/*Scholz*, Art. 12 GG Rnr. 48.

51 *Herschel*, BB 1977, 708; *Reuter*, RdA 1978, 344; *Zöllner*, Gutachten D zum 52. Deutschen Juristentag, S. 91ff.; *Badura*, Festschrift zum 75. Geburtstag von Friedrich Berber, 21 (33ff.).

52 Isensee/Kirchhof/*Murswiek*, Handbuch des Staatsrechts, Band V, § 112 Rnr. 59.

53 Maunz/Dürig/*Scholz*, Art. 12 GG Rnr. 51; a.A. *Ramm*, ZfA 1978, 361 (379).

beizubehalten. Art. 12 I GG schütze gegen alle staatlichen Maßnahmen, die dieses Recht beschränken oder zur Aufgabe des Arbeitsplatzes zwingen. Art. 12 I GG biete jedoch keine Bestandsgarantie für den einmal gewählten Arbeitsplatz und keinen Schutz gegen den Verlust eines Arbeitsplatzes aufgrund privater Dispositionen[54]. Dem Staat obliege aus Art. 12 I GG lediglich eine Schutzpflicht, wobei dieser durch das geltende Kündigungsschutzrecht hinreichend Rechnung getragen sei[55].

2.2.2 Die Dimension des Art. 12 GG als Schutzauftrag an den Gesetzgeber

Im folgenden sollen der Inhalt dieser Schutzpflicht und deren Bedeutung für die Reichweite unternehmerischer Entscheidungsfreiheit untersucht werden. Außerdem muß geklärt werden, ob der Gesetzgeber diese Schutzpflicht durch den Erlaß des KSchG bereits erfüllt hat.

2.2.2.1 Grundrechtsdogmatische Herleitung und Inhalt der Schutzpflicht

Die Grundrechte werden schon seit längerem nicht mehr nur in ihrer klassischen Funktion als Abwehrrechte gegen staatliche Eingriffe verstanden. Vielmehr bilden die Grundrechte eine objektive Werteordnung. Aus den Grundrechten können sich für den Staat auch Schutzpflichten ergeben[56]. Grundrechtsdogmatischer Ausgangspunkt war das „erste Abtreibungsurteil“ vom 25.2.1975[57], in dem das BVerfG ausführte, die umfassende Schutzpflicht verbiete nicht nur unmittelbare staatliche Eingriffe, sondern gebiete dem Staat auch, sich schützend und fördernd vor das grundrechtlich ge-

---

[54] BVerfGE 84, 133 (147); 85, 360 (373).
[55] BVerfGE 84, 133 (147).
[56] BVerfGE 39, 1 (42); 84, 133; 85, 360; 88, 203 (251); 92, 140.
[57] BVerfGE 39, 1, 42.

schützte Rechtsgut zu stellen und es vor rechtswidrigen Eingriffen von Seiten anderer zu bewahren. Diese ursprünglich zu Art. 2 II 1 GG entwickelten Grundsätze waren verallgemeinerungsfähig, so daß in der Literatur ihre Übertragung auf den arbeitsrechtlichen Bestandsschutz gem. Art. 12 I GG befürwortet wurde[58]. Das Freiheitsrecht der Arbeit sollte durch einen Mindeststandard arbeitnehmerschutzrechtlicher Vorschriften vor Willkür und Funktionslosigkeit bewahrt werden[59].

Das BVerfG kam diesen Forderungen nach und dehnte die Schutzzwecklehre im sog. Abwicklungsbeschluß[60] vom 24.4.1991 erstmals auch auf Art. 12 I GG aus. Zwar schütze Art.12 I GG nicht unmittelbar gegen den Verlust eines Arbeitsplatzes aufgrund privater Dispositionen, der Staat habe aber eine diesbezügliche Schutzpflicht. Art. 12 I GG garantiere einen Mindestschutz gegen unsachliche und willkürliche Kündigungen[61].

Aus den Ausführungen des BVerfG folgt, daß die Berufsfreiheit des Arbeitnehmers gem. Art. 12 I GG grundsätzlich eine Einschränkung der Kündigungsfreiheit des Arbeitgebers legitimieren kann. Die gesetzlichen Bestimmungen, die den Arbeitgeber zur außerordentlichen oder ordentlichen Kündigung berechtigen, müssen im Einklang mit der grundrechtlichen Garantie einer freien Wahl des Arbeitsplatzes stehen.

Der Gesetzgeber muß in Erfüllung der ihm obliegenden Schutzpflicht den Konflikt zwischen den Freiheitsräumen von Arbeitgeber (Unternehmerfreiheit gem. Art. 12, 14 GG) und Arbeitnehmer (Bestandsschutzinteresse gem.

---

58 *Waltermann*, DVBL 1989, 699 (700); *Papier*, DVBL 1984, 801 (813); *Badura*, Festschrift für Wilhelm Herschel, 25 (34f.); *Benda*, Festschrift für Josef Stingl, 35 (40); *Pietzcker*, NVwZ 1984, 550 (555); *Wendt*, DÖV 1984, 601 (609).

59 *Papier*, DVBL 1984, 801 (813).

60 BVerfGE 84, 133 (147).

61 BVerfGE 84, 133 (147); BVerfGE 92, 140ff.; BVerfGE 97, 169f.; BAG, Urt. vom 21.2.2001, 2 AZR 15/00 berücksichtigt die Schutzpflicht außerhalb des Anwendungsbereiches des KSchG im Rahmen des § 242 BGB.

Art. 12 GG) nach den Grundsätzen der praktischen Konkordanz einer Lösung zuzuführen[62]. Die kollidierenden Grundrechte müssen dergestalt in einen verhältnismäßigen Ausgleich gebracht werden, daß sie für alle Beteiligten möglichst weitgehend wirksam werden. Die Berufsfreiheit gewinnt damit die Struktur eines mehrdimensionalen Freiheitsproblems[63].

Bei der Erfüllung der aus Art.12 I GG folgenden Schutzpflicht ist aber zu beachten, daß dem Gesetzgeber bei der Ausgestaltung der Berufsfreiheit und beim Ausgleich konkurrierender Grundrechtspositionen ein weiter Gestaltungsspielraum zusteht[64].

Nach dem Grundsatz der Gewaltenteilung und dem demokratischen Prinzip der Verantwortung des vom Volk unmittelbar legitimierten Gesetzgebers muß dieser selbst die regelmäßig höchst komplizierte Frage entscheiden, wie eine aus der Verfassung herzuleitende Schutz- und Handlungspflicht verwirklicht werden soll. Der Staat muß zwar Maßnahmen normativer und tatsächlicher Art treffen, die dazu führen, daß ein unter Berücksichtigung entgegenstehender Rechtsgüter angemessener und wirksamer Schutz erreicht wird (Untermaßverbot)[65]. Bei der Erfüllung seiner Schutzpflicht steht dem Gesetzgeber aber ein weiter Einschätzungs-, Wertungs- und Gestaltungsbereich zu, der auch Raum läßt, etwa konkurrierende öffentliche und private Interessen zu berücksichtigen. Das BVerfG kann eine Verletzung der Schutzpflicht daher nur feststellen, wenn die staatlichen Organe gänzlich untätig geblieben sind oder wenn die bisher getroffenen Maßnahmen evident unzureichend sind[66]. Wegen der Inhaltsarmut der aus Art.12 I GG folgenden

---

[62] BVerfGE 50, 290 (365); 77, 308 (334f.);
[63] *Schuppert*, Funktionell-rechtliche Grenzen der Verfassungsinterpretation, S. 40f.
[64] BVerfGE 50, 292 (317); 77, 84 (106); 81, 156 (189); 81, 242 (255).
[65] BVerfGE 88, 203 (254).
[66] *Oetker*, RdA 1997, 9 (15); *Badura*, Festschrift für Wilhelm Herschel zum 85. Geburtstag, 21 (35); *Pietzcker*, NVwZ 1984, 550 (555); BVerfGE 39, 1 (45); 46, 160 (164f.);

Direktiven, bei deren Umsetzung dem Gesetzgeber ein Ermessensspielraum zuzugestehen ist, kann allenfalls an eine Minimalkontrolle bei evidenter Verletzung der Schutzpflicht durch Beseitigung bestehenden Schutzes gedacht werden[67]. Ansonsten würden „rechtspolitische Schlachten“ [68] ihre Fortsetzung vor dem Karlsruher Richtertisch finden.

Auch *Papier* hat klargestellt, daß Art. 12 I GG kaum dafür herhalten kann, in einem „naiven Verfassungsrausch“ spezifische Bestandsschutzregeln als von der Verfassung gefordert oder als verfassungsfest zu deklarieren[69].

2.2.2.2 Das KSchG als Konkretisierung der Schutzpflicht

Zu klären bleibt, ob der Gesetzgeber mit dem KSchG der ihm aus Art. 12 I GG obliegenden Schutzpflicht hinreichend Rechnung getragen hat.

Von einer Konkretisierung der Schutzpflicht ist auszugehen, wenn das KSchG dem Arbeitnehmer den von Art. 12 I GG geforderten unantastbaren Kernbereich an Bestandsschutz gewährleistet. Deshalb muß dieser Bereich und damit die Grenze zum verfassungswidrigen Untermaß nach Auflösung der Grundrechtskollision im Wege der praktischen Konkordanz definiert werden.

Das BVerfG postuliert zwar eine Schutzpflicht des Gesetzgebers bzgl. eines Kernbestandes an Arbeitsplatzschutz, präzisiert aber diesen Kernbereich selbst nicht[70]. Statt dessen führt das BVerfG lediglich pauschal aus, die geltenden Kündigungsschutzvorschriften trügen der Schutzpflicht des Gesetzgebers hinreichend Rechnung [71].

56, 54 (80f.); 77, 170 (214f.); 79, 174 (201f.); 81, 242 (255); 89, 214 (232ff.); BVerfG NJW 1996, 651; zuletzt BVerfG, Beschl. v. 27.1.1998, 1 BvL 15/87.

[67] *Pietzcker*, NVwZ 84, 550 (555); *Wendt*, DÖV 84, 601 (609).

[68] *Oetker*, RdA 1997, 9 (15).

[69] *Papier*, DVBL 1984, 801 (813).

[70] Vgl. auch *Dieterich*, RdA 95, 129 (134).

[71] BVerfGE 84, 133 (147).

Zur Präzisierung der Schutzpflicht muß man sich nochmals die Reichweite der kollidierenden Grundrechte vor Augen führen.

Wie bereits dargelegt, kann dem Arbeitgeber im Hinblick auf die durch Art. 12 und 14 GG gewährleistete unternehmerische Freiheit das Recht zur ordentlichen betriebsbedingten Kündigung nicht genommen werden. Eine Einschränkung seines Kündigungsrechts ist dann mit Art. 12 I GG vereinbar, wenn es an einen sachbezogenen und als billig und gerecht anerkennenswerten Grund gebunden wird[72].

Zugleich soll Art. 12 GG dem Arbeitnehmer Bestandsschutz für das Arbeitsverhältnis gewährleisten, wobei Art. 12 I GG kein Recht auf Arbeit, kein absolut geschütztes Recht am Arbeitsplatz und keinen absoluten Bestandsschutz vor Arbeitsplatzverlust aufgrund privater Dispositionen enthält[73]. Diesen Postulaten lassen sich, vor allem im Hinblick auf die Reichweite des Bestandsschutzes, nur schwerlich exakte Konturen entnehmen.

Oetker sieht die Funktion der Schutzpflicht wohl zutreffend darin, lediglich ein Minimum an Bestandsschutz zu gewährleisten. Die Grenze zum Untermaß sei erst überschritten, wenn der Gesetzgeber das Bestandsinteresse des Arbeitnehmers völlig vernachlässige[74].

Ein Ausgleich der kollidierenden Grundrechte von Arbeitnehmer und Arbeitgeber durch die Bindung des Kündigungsrechts an sachgerechte Gründe ist daher nicht zu beanstanden. Diesem Erfordernis hat der Gesetzgeber im KSchG mit der Bindung des ordentlichen Kündigungsrechts an einen Kündigungsgrund, insbesondere der Bindung der betriebsbedingten Kündigung an

---

[72] *Badura*, Festschrift zum 75. Geburtstag von Friedrich Berber, 11 (12f.); *Herschel*, RdA 1975, 28 (29); *Scholz*, 25 Jahre Bundesarbeitsgericht, 511 (527).

[73] Vgl. auch Weiss/Gagel/*Preis*, § 19 F Rnr. 1.

[74] *Oetker*, RdA 1997, 9 (17).

das Vorliegen „dringender betrieblicher Erfordernisse" (§ 1 II 1 KSchG), Rechnung getragen.

Ein weitergehender Ausbau des arbeitsrechtlichen Bestandsschutzes würde überdies dem Grundrecht der freien Berufswahl derjenigen entgegenwirken, die nicht über einen Arbeitsplatz verfügen. Je stärker die Beendigung von Arbeitsverhältnissen beschränkt wird, desto fester wird die Verteilung der Arbeitsplätze zugunsten der bereits in Arbeit Stehenden zementiert. Je größer die Beendigungsfreiheit, um so größer ist die Chance Arbeitsloser, einen Arbeitsplatz zu erlangen, und um so größer ist auch die Chance derjenigen, die zwar einen Arbeitsplatz haben, sich aber verbessern möchten[75]. Im übrigen hat eine größere Beendigungsfreiheit auch eine höhere Einstellungsbereitschaft der Arbeitgeber zur Folge, wodurch ebenfalls dem Grundrecht der Berufswahlfreiheit der Arbeitssuchenden Rechnung getragen wird.

Das Kündigungsschutzgesetz hat folglich im Wege der praktischen Konkordanz einen einfachgesetzlichen Ausgleich zwischen den kollidierenden Grundrechtspositionen herbeigeführt, der verfassungsrechtlich nicht zu beanstanden ist.

Der Meinung des BVerfG, daß das geltende Kündigungsschutzgesetz dem Schutzauftrag des Gesetzgebers hinreichend Rechnung trage[76], ist deshalb beizupflichten. Durch das KSchG hat der Gesetzgeber seiner grundrechtlichen Schutzpflicht eine abschließende und verbindliche Konkretisierung verliehen und sie, um eine Formulierung *Isensees* aufzugreifen, „gesetzesmediatisiert[77]".

---

[75] *Reuter*, RdA 1973, 345 (353); *Schwerdtner*, ZfA 1977, 76f.

[76] BVerfGE 84, 133 (147); zustimmend auch *Oetker*, RdA 1997, 9 (16).

[77] *Isensee*/Kirchhof, Handbuch des Staatsrechts, Band V, § 111 Rnr. 152.

2.3 Ergebnis

Das Grundgesetz enthält im Hinblick auf Reichweite unternehmerischer Entscheidungsfreiheit und Bestandsschutz des Arbeitsverhältnisses lediglich einen Katalog zwingender Mindestvorgaben, dem das KSchG Rechnung trägt.

Die Unternehmerfreiheit genießt durch Art. 12 I und 14 I GG umfassenden Schutz[78]. Art. 12 I und 14 I GG gewährleisten als funktionaler Verbund die allgemeine Wirtschaftsfreiheit und die Freiheit unternehmerischer Betätigung. Der Schutzbereich der Grundrechte umfaßt auch die freie unternehmerische Disposition über die Arbeitsplätze und das Kündigungsrecht des Arbeitgebers. Art. 2 I GG, der die Freiheit unternehmerischer Betätigung ebenfalls schützt, wird von Art. 12 I und 14 I GG im Wege der Spezialität verdrängt.

Bezüglich der Grenzen unternehmerischer Freiheit lassen sich der Verfassung allerdings nur vage Aussagen entnehmen. Fest steht, daß dem Arbeitgeber jedenfalls das Recht zur außerordentlichen und zur ordentlichen Kündigung nicht genommen werden kann. Auch das Recht zur ordentlichen betriebsbedingten Kündigung genießt daher grundrechtlichen Schutz. Damit ist das KSchG im Hinblick auf die unternehmerische Betätigungsfreiheit nicht zu beanstanden.

Soweit sich der Arbeitnehmer auf die Berufsfreiheit nach Art. 12 I GG beruft, schützt dieser zwar seine Berufswahlfreiheit und damit auch seinen Willen, den gewählten Arbeitsplatz zu behalten. Art. 12 I GG gewährt jedoch keine Bestandsgarantie für den einmal gewählten Arbeitsplatz und keinen unmittelbaren Schutz vor Verlust des Arbeitsplatzes aufgrund privater

Dispositionen. Dem Staat obliegt aber eine Schutzpflicht, wobei dieser Schutzpflicht nach Ansicht des BVerfG im geltenden Kündigungsschutzrecht hinreichend Rechnung getragen ist. Von einer Verletzung der Schutzpflicht wäre erst auszugehen, wenn der Staat den Bestandsschutz des Arbeitsverhältnisses vollständig vernachlässigen würde oder wenn die getroffenen Schutzmaßnahmen evident unzureichend wären.
Die Bindung der betriebsbedingten Kündigung an das Vorliegen „dringender betrieblicher Erfordernisse" in § 1 II 1 KSchG erfüllt diese grundrechtlichen Vorgaben und führt daher zu einer rechtmäßigen Auflösung der Grundrechtskollision.
Offen bleibt aber, wie weit eine zum Wegfall von Beschäftigungsmöglichkeiten führende Unternehmerentscheidung im Rahmen des Tatbestandsmerkmals „dringende betriebliche Erfordernisse" (§ 1 II 1 KSchG) der gerichtlichen Kontrolle unterliegt. § 1 II 1 KSchG erwähnt den Begriff der Unternehmerentscheidung nicht. Dennoch ist klar, daß „dringende betriebliche Erfordernisse", die einer Weiterbeschäftigung des Arbeitnehmers entgegenstehen, stets nur die Folge einer Unternehmerentscheidung sein können. Diese besteht entweder darin, aufgrund autonomer Motive die betriebliche Organisation zu verändern oder sich den Gegebenheiten des Marktes, z.B. einer rückläufigen Auftragslage, anzupassen. Fraglich ist, ob diese Entscheidung von den Arbeitsgerichten hinzunehmen ist oder ob sie, und wenn ja unter welchen Voraussetzungen, gerichtlicher Kontrolle unterliegt. Nach wie vor ist eine sichere Grenzziehung zwischen den Maßnahmen, die als unternehmerische Entscheidung auch von den Gerichten zu respektieren sind, und jenen, die im Rahmen der Prüfung des Vorliegens „dringender betrieblicher

---

[78] Im Gegensatz zum GG nennt die europäische Grundrechtecharta in Art. 16 die unternehmerische Freiheit erstmals ausdrücklich. Die Charta ist jedoch kein geltendes Recht.

Erfordernisse“ (§ 1 II 1 KSchG) arbeitsgerichtlicher Kontrolle unterliegen, nicht gelungen[79].

Es gilt im nun folgenden Teil, den Interessenausgleich, den § 1 II 1 KSchG durch das Tatbestandsmerkmal „dringende betriebliche Erfordernisse“ herbeigeführt hat, inhaltlich zu konkretisieren.

Die Lösung des Problems der Reichweite unternehmerischer Entscheidungsfreiheit ist daher bei der Auslegung des Tatbestandsmerkmals „dringende betriebliche Erfordernisse“ (§ 1 II 1 KSchG) zu suchen[80]. Hierbei ist wiederum der Einfluß der Grundrechte zu beachten, wobei die Gerichte nicht ignorieren dürfen, daß der Gesetzgeber selbst bereits einen Ausgleich der kollidierenden Grundrechtspositionen vorgenommen hat. Der Richter besitzt bei der Aufgabe, den unbestimmten Rechtsbegriff der „dringenden betrieblichen Erfordernisse“ (§ 1 II 1 KSchG) auszufüllen, lediglich eine „subsidiäre Konkretisierungskompetenz“[81].

---

[79] Zutreffend Weiss/Gagel/*Preis*, § 19 F Rnr. 5.
[80] So auch *B. Preis*, NZA 1997, 625 (627).
[81] *Dieterich*, RdA 1995, 129 (134).

3 Normativer Inhalt des Tatbestandsmerkmals „dringende betriebliche Erfordernisse (§ 1 II 1 KSchG)

3.1 Der Begriff der Unternehmerentscheidung im Sinne des KSchG

Ehe Reichweite und gerichtliche Kontrollierbarkeit untersucht werden, muß der Begriff der Unternehmerentscheidung i.S. des KSchG definiert werden. Obwohl das KSchG den Begriff der Unternehmerentscheidung überhaupt nicht erwähnt, besteht dennoch Einigkeit darüber, daß die Unternehmerentscheidung als ungeschriebenes Tatbestandsmerkmal in § 1 II KSchG enthalten ist, daß sie denknotwendig jeder Kündigung vorausgeht und daß sie ihre Umsetzung in einer betrieblich-organisatorischen Maßnahme findet[82].

Im Bereich der gerichtlichen Kontrolle der betriebsbedingten Kündigung zeichnete sich bald nach Inkrafttreten des Kündigungsschutzgesetzes ab, daß es hier einen Freiraum unternehmerischer Betätigung geben muß, in den die Gerichte kaum eingreifen können, weil ihnen die Kompetenz fehlt, die Dinge anders oder gar besser zu beurteilen als der Unternehmer[83]. Diesen Freiraum unternehmerischer Betätigung bezeichnete man zuerst als freie Unternehmerentscheidung, später auch als „autonome Unternehmerentscheidung[84]" und „bindende" oder „gebundene Unternehmerentscheidung"[85]. Reagiert der

---

[82] *v. Hoyninen-Huene*, NZA 1994, 1009; *Hueck/v. Hoyningen-Huene*, KSchG, § 1 Rnr. 366, 368; *Preis*, Prinzipien, S. 244; *Ascheid*, Kündigungsschutzrecht, Rnr.238; *ders.* DB 1987, 1144 (1146); *ders.* NZA 1991, 873 (875); *Hümmerich/Spirolke*, NZA 1998, 797 (798); *Wank*, RdA 1987, 129 (135); ähnlich *Stahlhacke*, Die betriebsbedingte Kündigung, S. 16; *Berkowsky*, Die betriebsbedingte Kündigung, § 22 Rnr. 33; *Bitter*, DB 1999, 1214.

[83] *Bitter*, DB 1999, 1214.

[84] *Wank*, SAE 1986, 151 (152); *ders.*, RdA 1987, 129 (135).

[85] *Ascheid*, Kündigungsschutzrecht, Rnr.235f.; *Hillebrecht*, ZfA 1991, 87 (94); zur Darstellung der Begrifflichkeit vgl. *Bitter*, DB 1999, 1214.

Unternehmer auf außerbetriebliche Umstände, so trifft er zumindest eine belassende oder verdeckte Unternehmerentscheidung[86].

Um den für das Kündigungsschutzgesetz relevanten Bereich unternehmerischen Handelns ermitteln zu können, soll der Prozeß unternehmerischer Entscheidungsfindung zunächst systematisch dargestellt werden. Dabei sind mehrere Phasen zu unterscheiden.

Im Vorfeld jeder zu Kündigungen führenden unternehmerischen Entscheidung steht die Beobachtung und Feststellung der unternehmensrelevanten wirtschaftlichen Daten. Dabei geht es zum einen um außerhalb der Unternehmenssphäre liegende volkwirtschaftliche Daten, wie z.B. die allgemeine Marktentwicklung und die Markpreisentwicklung für die produzierten Güter, zum anderen spielen bei unternehmerischen Entscheidungen unternehmensinterne Daten, wie z.B. Umsatzentwicklung, Gewinnsituation und Rentabilität des Unternehmens, eine Rolle.

Im Anschluß an die Erfassung und Auswertung dieser für das Unternehmen relevanten Daten werden die wirtschaftlichen Entscheidungen getroffen, also ob die Produktion gesteigert, reduziert, aufgegeben oder in einem bisher nicht verfolgten Sektor aufgenommen werden soll. Auch die Frage, ob man sich aus Marktbereichen zurückziehen oder in neue Marktbereiche eindringen soll, spielt in dem Bereich wirtschaftlicher Entscheidungen eine Rolle.

Die unternehmerisch-wirtschaftlichen Entscheidungen bilden dann den Ausgangspunkt für die Frage, welche betrieblich-organisatorischen Maßnahmen,

---

[86] Vgl. *Ascheid*, Kündigungsschutzrecht, Rnr. 238; *ders.*, NZA 1991, 873 (875); *ders.*, DB 1987, 1144 (1146); BAG, Urt. vom 30.5.1985, AP Nr. 24 zu § 1 KSchG 1969 Betriebsbedingte Kündigung; der Begriff verdeckte oder belassende Unternehmerentscheidung beschreibt letztlich nichts anderes als den Entschluß des Arbeitgebers, die Zahl der von ihm bisher zur Verfügung gestellten Arbeitsplätze den tatsächlich vorhandenen Beschäftigungsmöglichkeiten anzupassen, also ohne gestaltend tätig zu werden schlicht die Sachzwänge walten zu lassen.

wie z.B. Betriebsstillegung oder Rationalisierungsmaßnahmen, zur Erreichung der wirtschaftlichen Ziele ergriffen werden müssen.

Folge dieser betrieblich-organisatorischen Maßnahmen sind dann personelle Maßnahmen wie Kündigungen. Hier setzt der Schutz des KSchG ein, welches Kündigungen ausschließen soll, die der hinreichenden Begründung entbehren und sich deshalb als willkürliche Durchschneidung des Bandes der Betriebszugehörigkeit darstellen[87].

Da alle soeben genannten Maßnahmen Unternehmerentscheidungen darstellen, gilt es abzugrenzen, welcher Bereich unternehmerischen Handelns einer gerichtlichen Kontrolle zugänglich ist und welcher nicht.

Die Auslegung des Begriffs der Unternehmerentscheidung ist für die gerichtliche Kontrolldichte von größter Bedeutung. Eine enge Auslegung des Begriffs der Unternehmerentscheidung bedeutet eine hohe, eine eher weite Auslegung eine entsprechend geringere Prüfungsdichte[88].

Nach § 1 II 1 KSchG ist eine betriebsbedingte Kündigung sozial gerechtfertigt, wenn die Kündigung durch „dringende betriebliche Erfordernisse" bedingt ist.

Das KSchG sieht die Kündigung demnach als Folge „dringender betrieblicher Erfordernisse" an[89]. Als zwingende Mindestvorgabe im Hinblick auf die unternehmerische Entscheidungsfreiheit läßt sich dem Gesetz jedenfalls entnehmen, daß der bloße Kündigungsentschluß bzw. der Entschluß zur Personalreduzierung keine unüberprüfbare Unternehmerentscheidung darstellt. Ansonsten würde jede Kündigung unmittelbar ein „dringendes betriebliches

[87] Vgl. die Begründung zum Regierungsentwurf des KSchG, RdA 1951, 61 (63).

[88] *Berkowsky*, Die betriebsbedingte Kündigung, § 6 Rnr. 3.

[89] *Stahlhacke*, Die betriebsbedingte Kündigung, S.16; *Ascheid*, Kündigungsschutzrecht, Rnr.235; *ders.* NZA 1991, 873 (874); *Berkowsky*, Die betriebsbedingte Kündigung, § 6 Rnr. 26.

Erfordernis" schaffen, so daß dieses Tatbestandsmerkmal keinen materiellen Gehalt zum Schutze der Arbeitnehmer mehr aufwiese[90].

Als freie oder autonome Unternehmerentscheidungen i.S. des KSchG lassen sich vielmehr alle Entscheidungen bezeichnen, die die wirtschaftlichen Zielvorgaben des Unternehmens und die Anpassung des Unternehmenswerkzeugs „Betrieb" [91] an diese wirtschaftlichen Zielvorgaben betreffen. Unter den Unternehmerentscheidungen im Sinne des KSchG sind die unternehmenspolitischen Aktivitäten des Arbeitgebers zu verstehen, nämlich wieviel und wo er produzieren will, ob er seine Angebote ausweiten oder einschränken will, welche Werbungs-, Finanzierungs-, Einkaufs- und Absatzpolitik er betreibt und welche Fabrikations- und Arbeitsmethoden angewandt werden.

Gegenstand der folgenden Untersuchung ist, welche Reichweite der Bereich freier Unternehmerentscheidung aufweist, wie er vom bloßen Kündigungsentschluß abzugrenzen ist und ob und inwieweit die Arbeitsgerichte in den Bereich unternehmerischen Handelns eingreifen dürfen.

3.2 Rechtsdogmatische Einordnung des Begriffs „dringende betriebliche Erfordernisse" (§ 1 II S.1 KSchG)

Zur Bestimmung der Reichweite der gerichtlichen Kontrolldichte unternehmerischer Entscheidungen bei dem Tatbestandsmerkmal „dringende betriebliche Erfordernisse" ist zunächst die rechtsdogmatische Natur dieses Begriffs zu klären.

---

[90] Ebenso *Hueck/v. Hoyningen-Huene*, KSchG, § 1 Rnr. 412; *Stahlhacke*, Die betriebsbedingte Kündigung, S.16; *Preis*, NZA 1995, 241 (242); *ders.* NZA 1997, 1073 (1080); *Stahlhacke/Preis/Vossen*, Kündigung und Kündigungsschutz im Arbeitsverhältnis, Rnr. 626; *Kittner/Däubler/Zwanziger*, § 1 KSchG Rnr. 265; *Quecke*, NZA 1999, 1247 (1248); BAG, Urt. vom 21.5.1956, AP Nr.31 zu § 1 KSchG mit Anm. *Herschel*; BAG, Urt. vom 20.2.1986, AP Nr.11 zu § 1 KSchG 1969; BAG, Urt. vom 20.3.1986, AP Nr. 14 zu § 2 KSchG 1969.

[91] *Berkowsky*, Die betriebsbedingte Kündigung, § 6 Rnr. 31.

Es handelt sich dabei um einen unbestimmten Rechtsbegriff[92]. Solche Begriffe stehen auf der Tatbestandsseite einer Norm und bedürfen der inhaltlichen Ausfüllung und Konkretisierung, wobei sie voller gerichtlicher Kontrolle unterliegen[93].

Von einer eingeschränkten gerichtlichen Überprüfungskompetenz wäre allerdings auszugehen, wenn es sich bei dem Tatbestandsmerkmal „dringende betriebliche Erfordernisse" um einen unbestimmten Rechtsbegriff handelte, der dem Arbeitgeber einen Beurteilungsspielraum einräumt[94].

An dieser Stelle kann möglicherweise eine Parallele zu einer in bestimmten Fällen nur eingeschränkten Prüfungs- und Entscheidungskompetenz der Verwaltungsgerichte bei der Anwendung unbestimmter Rechtsbegriffe gezogen werden. Ein unbestimmter Rechtsbegriff unterliegt im öffentlichen Recht ausnahmsweise dann nur eingeschränkter gerichtlicher Kontrolle, wenn der Verwaltung ein Beurteilungsspielraum eingeräumt wird. Sofern bei der Feststellung des Vorliegens „dringender betrieblicher Erfordernisse" ebenfalls ein Beurteilungsspielraum des Arbeitgebers angenommen werden kann, könnten diese Grundsätze auch im KSchG angewendet werden.

Die Annahme eines unkontrollierbaren Beurteilungsspielraums beruht auf der Anerkennung eines Entscheidungsvorrangs[95] bzw. eines Rechts zur Letzterkenntnis[96] der Verwaltung in Fallkonstellationen, in denen die Sub-

---

[92] So auch *Schaub*, RdA 1981, 371 (373); Ständige Rspr. des BAG, Urt. vom 24.3.1983 und 26.9.1996, AP Nrn. 42, 80 zu § 1 KSchG 1969 Betriebsbedingte Kündigung; zuletzt bestätigt im Urt. vom 17.6.1999, AP Nr. 101 zu § 1 KSchG 1969 Betriebsbedingte Kündigung.

[93] Vgl. BVerwGE 40, 353; 45, 162; 34, 301.

[94] Vgl. zu diesem Lösungsansatz *Reuter*, NZA 1989, 241 (244), der einen Vergleich zur Lehre vom Beurteilungsspielraum der Verwaltung zieht.

[95] *Erichsen*, VerwArch, Band 63 (1972), 337 (343).

[96] *Ossenbühl*, DVBL 1974, 309 (310).

sumtion unter einen unbestimmten Rechtsbegriff von komplexen Wertungen oder Prognosen abhängt.

Als solche Konstellationen anerkannt sind Prüfungsentscheidungen, beamtenrechtliche Beurteilungen, Wertungen durch weisungsfreie Sachverständige und prognostische Einschätzungen und Risikobewertungen im Umwelt- und Wirtschaftsrecht[97].

Die Anerkennung eines Beurteilungsspielraums wird damit begründet, die Einrichtung sachkundiger und unabhängiger Ausschüsse zur Klärung einer Frage als notwendige Folge der die Entscheidung steuernden Norm könne nicht dadurch konterkariert werden, daß man den Richter über den gebündelten Sachverstand des unabhängigen Gremiums setze[98].

An dieser Stelle wird deutlich, daß die Annahme eines Beurteilungsspielraums bei dem Tatbestandsmerkmal „dringende betriebliche Erfordernisse" nicht paßt. Der Arbeitgeber, der den Wegfall der Beschäftigungsmöglichkeit vorträgt, ist kein unabhängiger Sachverständiger, er verfolgt ausschließlich eigene Interessen.

Sicherlich ist zuzugeben, daß sich die Unternehmerentscheidung, die dringende betriebliche Erfordernisse bedingt, auf komplexe Prognosen zukünftiger Marktentwicklung und Strategien im Hinblick auf die Unternehmensführung gründet. Das ist aber eine Frage der Praktikabilität und generellen Möglichkeit der Justitiabilität unternehmerischen Handelns, die bei der Auslegung des KSchG zu berücksichtigen ist; sie vermag dem Unternehmer aber noch keinen Beurteilungsspielraum aufgrund besonderer Sachkunde einzuräumen.

---

[97] *Maurer*, Allgemeines Verwaltungsrecht, § 7 Rnr. 35ff.

[98] *Redeker*, DÖV 1971, 760.

Eine Einschränkung der gerichtlichen Kontrolldichte unternehmerischer Entscheidungen aufgrund eines Beurteilungsspielraums des Unternehmers ist somit abzulehnen.

3.3 Auslegung des Tatbestandsmerkmals „dringende betriebliche Erfordernisse" (§ 1 II 1 KSchG) im Hinblick auf die Reichweite und gerichtliche Nachprüfbarkeit unternehmerischer Entscheidungen

Durch Auslegung des Tatbestandsmerkmals „dringende betriebliche Erfordernisse" (§ 1 II 1 KSchG) sollen dessen normativer Inhalt ermittelt und die Frage geklärt werden, ob das KSchG einen Eingriff in die zum Wegfall von Beschäftigungsmöglichkeiten führende wirtschaftliche Unternehmerentscheidung vorsieht.

Der Streit um die Reichweite unternehmerischer Entscheidungsfreiheit findet seine Ursache darin, daß man vielfach nicht gewillt ist, jedes unternehmenspolitische Motiv des Arbeitgebers, das zum Wegfall von Beschäftigungsmöglichkeiten führt, als „dringendes betriebliches Erfordernis" i.S. v. § 1 II 1 KSchG anzuerkennen. Geklärt werden soll letztendlich, ob auch das Motiv, die Gewinne eines ohnehin rentabel arbeitenden Unternehmens noch zu verbessern, eine betriebsbedingte Kündigung sozial rechtfertigen kann, ob die Unternehmerentscheidung, die nach der Rechtsprechung des BAG nur auf offenbare Unsachlichkeit, Unvernünftigkeit oder Willkür[99] zu überprüfen ist, eine bestimmte Qualität aufweisen muß.

---

[99] St. Rspr. seit BAG, Urteil vom 18.11.1960, AP Nr. 28 zu Art.44 Truppenvertrag; BAG, Urt. vom 25.6.1964, AP Nr. 14 zu § 1 KSchG Betriebsbedingte Kündigung; BAG, Urt. vom 12.12.1968, AP Nr. 20 zu § 1 KSchG Betriebsbedingte Kündigung; BAG, Urt. vom 22.11.1973, AP Nr. 22 zu § 1 KSchG Betriebsbedingte Kündigung; BAG, Urt. vom 26.6.1975, AP Nr. 1 zu § 1 KSchG 1969 Betriebsbedingte Kündigung; BAG, Urt. vom 11.3.1976, AP Nr. 6 zu § 1 KSchG 1969 Betriebsbedingte Kündigung; BAG, Urt. vom 1.7.1976, AP Nr.2 zu § 1 KSchG 1969 Betriebsbedingte Kündigung; BAG, Urt. vom 24.10.1979, AP Nr. 8 zu § 1 KSchG 1969 Betriebsbedingte Kündigung; BAG, Urt. vom 17.10.1980, AP Nr. 10 zu § 1 KSchG 1969 Be-

Damit stellt sich zugleich die Frage, ob die Arbeitsgerichte im Hinblick auf den Bestandsschutz des Arbeitnehmers bei Unternehmerentscheidungen Wirtschaftlichkeitserwägungen anstellen und in die freie Unternehmerentscheidung eingreifen dürfen.

Außerdem muß geklärt werden, wie die freie Unternehmerentscheidung vom bloßen Kündigungsentschluß abzugrenzen ist, der eine betriebsbedingte Kündigung noch nicht zu rechtfertigen vermag. Hierbei geht es um die Anforderungen an die Darlegung der Unternehmerentscheidung im Kündigungsschutzprozeß.

Da der Begriff „dringende betriebliche Erfordernisse" vom Gesetz weder durch eine Legaldefinition noch durch exemplarische Fallgestaltungen näher konkretisiert wird, ist eine Auslegung erforderlich. Deren Ziel ist die Klarstellung des maßgebenden Sinnes[100] des Begriffes, und zwar die Ermittlung des heute rechtlich maßgeblichen normativen Gesetzessinns, wobei in den gedanklichen Prozeß auch die konkreten Normvorstellungen und Regelungsabsichten des historischen Gesetzgebers einfließen müssen[101].

3.3.1 Grammatikalische Auslegung

Zunächst soll der Begriff „dringende betriebliche Erfordernisse" nach dem Wortsinn ausgelegt werden. Dabei kommt es auf die Bedeutung der Wortverbindung im allgemeinen Sprachgebrauch zur Zeit der Entstehung des Ge-

---

triebsbedingte Kündigung; zuletzt bestätigt in BAG, Urt. vom 17.6.1999. AP Nrn. 101, 102, 103 zu § 1 KSchG 1969 Betriebsbedingte Kündigung.

[100] *Enneccerus/Nipperdey*, Allgemeiner Teil des Bürgerlichen Rechts, Band 1, S. 324.

[101] *Larenz/Canaris*, Methodenlehre der Rechtswissenschaft, S. 137; es soll der Auffassung von Larenz gefolgt werden, nach der in die Auslegung sowohl der Wille des Gesetzgebers als auch der normative Gesetzessinn, also objektive und subjektive Elemente einfließen müssen. Damit werden die Einseitigkeiten sowohl der subjektiven als auch der objektiven Auslegungstheorie vermieden.

setzes an[102]. Hierzu werden in der Literatur sehr unterschiedliche Auffassungen vertreten:

Nach Ansicht von *Borrmann* entspricht das Wort „dringend" nach dem allgemeinen Sprachgebrauch eher Begriffen wie drängend, wichtig, unaufschiebbar und kann wegen der darin zum Ausdruck kommenden wertenden Entscheidungsmomente nicht gleichgesetzt werden mit „logisch zwangsläufig" aufgrund vom Arbeitgeber einseitig angestrebter oder bereits geschaffener Umstände[103].

Preis entnimmt dem Wort „dringend" eine Verstärkung des allgemeinen Verhältnismäßigkeitsgrundsatzes und vertritt die Auffassung, daß zur sozialen Rechtfertigung einer betriebsbedingten Kündigung eine betriebliche Zwangslage vorliegen, der Arbeitgeber ein triftiges Rentabilitätsinteresse nachweisen muß[104].

Däubler ist der Ansicht, die von der Rechtsprechung praktizierte Auslegung des § 1 KSchG sei vom Wortlaut des Gesetzes her alles andere als zwingend. Bei unbefangener Lektüre liege es näher, betriebliche Erfordernisse nur dann anzunehmen, wenn wirklich keine andere Möglichkeit als die Kündigung bestehe. Nach dem Wortlaut erscheine daher eine volle gerichtliche Kontrolle der Unternehmerentscheidung plausibel[105].

Nach diesen Auffassungen ergibt schon eine grammatikalische Auslegung des Wortes „dringend", daß die Gerichte bei der Prüfung der sozialen Rechtfertigung einer betriebsbedingten Kündigung in die zugrundeliegenden Unternehmerentscheidungen eingreifen dürfen.

---

[102] *Larenz/Canaris*, Methodenlehre der Rechtswissenschaft, S. 145.

[103] *Borrmann*, Das Arbeitsrecht der Gegenwart 1986 (Band 24), 71 (81); zustimmend *Reuter*, NZA 1989, 241 (243).

[104] *Preis*, Prinzipien, S. 305ff.; *ders.*, Anm. zu BAG, Urt. vom 29.3.1990, EzA § 1 KSchG Soziale Auswahl Nr. 29; *ders.*, NZA 1995, 240 (248); Weiss/Gagel/*Preis*, § 19 F Rnr. 25ff.; zustimmend *Oetker*, SAE 1991, 15 (16).

Auch *Zepter* bezweifelt im Hinblick auf das Wort „dringend“, ob von einer Unantastbarkeit der unternehmerischen Entscheidung bei betriebsbedingten Kündigungen ausgegangen werden kann[106].

Allerdings finden sich auch indifferente Aussagen, die dem Merkmal „dringend“ zwar eine den Kündigungsschutz verstärkende Bedeutung beimessen, jedoch bzgl. der Reichweite unternehmerischer Entscheidungsfreiheit nicht klar Stellung nehmen[107].

B. Preis ist hingegen der Ansicht, daß die Annahme einer Präferenz unternehmerischer Entscheidungsfreiheit und der Verzicht auf die Überprüfung der wirtschaftlichen Notwendigkeit solcher Entscheidungen mit dem Wortlaut des § 1 II 1 KSchG zumindest nicht kollidiert[108]. § 1 II 1 KSchG spreche nur von „dringenden betrieblichen Erfordernissen“, die einer Weiterbeschäftigung entgegenstünden. Dem Wortlaut des Gesetzes sei aber nicht zu entnehmen, daß die Kündigung aus wirtschaftlichen Gründen dringend erforderlich sein müsse[109]. Sobald also durch eine –wie auch immer motivierte– Rationalisierungsmaßnahme die Beschäftigungsmöglichkeit für einen Arbeitnehmer entfalle, stünden dringende betriebliche Erfordernisse seiner Weiterbeschäftigung entgegen[110].

Mayer-Maly hält das Wort „dringend“ gar für einen legislatorischen Kraftausdruck, dem keine Bedeutung beigemessen werden kann[111].

---

105 *Däubler*, Das Arbeitsrecht, Band 2, Rnr. 1031.

106 *Zepter*, DB 2000, 474 (476).

107 *Schwerdtner*, ZIP 1984, 10 (11); *Rost*, Kündigung und Kündigungsschutz in der betrieblichen Praxis, Sozialwidrigkeitsgründe, S. 5.

108 *B. Preis*, NZA 1997, 625 (627).

109 *B. Preis*, a.a.O., S. 627.

110 *B. Preis*, a.a.O., S. 627.

111 *Mayer-Maly*, ZfA 1988, 209 (211), der seine Ansicht mit einem Vergleich mit dem österreichischen Arbeitsverfassungsgesetz begründet. Dieses binde die betriebsbedingte Kündigung zwar nur an das Vorliegen „betrieblicher Erfordernisse“, dennoch bestehe auch angesichts dieses Gesetzeswortlauts der Streit um die Reichweite unternehme-

Teilweise wird die Möglichkeit einer gerichtlichen Kontrolle der Unternehmerentscheidung nach dem Wortlaut des § 1 II 1 KSchG sogar für ausgeschlossen gehalten, da das Gesetz von „betrieblichen" und nicht von „unternehmerischen" Erfordernissen spreche und die betriebsbedingte Kündigung daher nur auf betrieblicher Ebene gerichtlicher Kontrolle unterliegen könne. Man geht diesbezüglich von einer bewußten Wortwahl des Gesetzgebers aus und folgert daraus, daß der betriebsbezogene Kündigungsschutz die unternehmerische Sphäre keiner Kontrolle unterzieht[112].

Meiner Ansicht nach läßt sich der Verwendung der Begriffe „Betrieb" und „Unternehmen" in § 1 KSchG durch den Gesetzgeber diese Bedeutung nicht entnehmen. § 1 II 1 KSchG enthält nämlich nur den Begriff des Betriebes, weshalb Rspr. und Lehre auch von der Betriebsbezogenheit des Kündigungsschutzes ausgehen[113], grenzt diesen aber gerade nicht vom Begriff des Unternehmens ab. Insofern läßt sich daraus nicht zwingend ableiten, daß der Gesetzgeber dadurch die Unternehmenssphäre, die das KSchG auch an keiner anderen Stelle definiert, bewußt von einer gerichtlichen Kontrolle frei-

---

rischer Entscheidungsfreiheit; ebenso *Hofmann*, ZfA 1984, 295 (309), der der Ansicht ist, das Wort „dringend" sei, je nach Einstellung, fast alles oder fast nichts.

[112] *Dietz*, NJW 1951, 941 (943); *Kunkel*, NJW 1953, 928; *Auffarth*, RdA 1955, 409; *ders.*, Anm. zu LAG Freiburg, Urt. vom 10.11.1955, AP Nr. 16 zu § 1 KSchG; *Rappenecker*, BB 1958, 47 (50);*Galperin*, BB 1954, 1117; *Müller*, Das Arbeitsrecht der Gegenwart 1963 (Band 1), 19 (27f.); *Ribbert*, Die gerichtlicher Nachprüfbarkeit von Arbeitgeber- und Unternehmerentscheidungen bei der betriebsbedingten Kündigung, S. 84; *Pöting*, Die Nachprüfung der Betriebsbedingtheit einer Kündigung, S. 54; in neuerer Zeit *v. Hoyningen-Huene*, NZA 1994, 1009 (1010); *Hueck/v. Hoyningen-Huene*, KSchG, § 1 KSchG Rnr. 374; ablehnend *Berkowsky*, Die betriebsbedingte Kündigung, § 6 Rnr. 12.

[113] BAG, Urt. vom 1.7.1976, AP Nr. 2 zu § 1 KSchG 1969 Betriebsbedingten Kündigung; BAG, Urt. vom 22.5.1986, AP Nr. 4 zu § 1 KSchG 1969 Konzern; Weiss/Gagel/*Preis*, § 19 F Rnr. 12; *Hueck/v. Hoyningen-Huene*, KSchG, § 1 KSchG Rnr. 374; KR-*Etzel*, § 1 KSchG Rnr. 504; eine Ausnahme von der Betriebsbezogenheit bilden lediglich §§ 1 I und 1 II 2 Nr.1b KSchG.

halten wollte[114]. Das KSchG stellt die Begriffe Betrieb und Unternehmen lediglich in § 1 I und § 1 II 2 Nr.1b KSchG gegenüber. Danach ist bei der Wartezeit von sechs Monaten für das Einsetzen des Kündigungsschutzes nicht nur die Beschäftigungszeit in demselben Betrieb, sondern auch eine etwaige Beschäftigungszeit in anderen Betrieben desselben Unternehmens zu berücksichtigen. Ebenso sind in die Überprüfung einer Weiterbeschäftigungsmöglichkeit des Arbeitnehmers auf einem anderen Arbeitsplatz auch andere Betriebe desselben Unternehmens miteinzubeziehen. Dem läßt sich lediglich entnehmen, daß das KSchG das Unternehmen als die größere organisatorische Einheit begreift, unter deren Dach mehrere Betriebe zusammengefaßt sein können. Ein weitergehender normativer Inhalt ergibt sich aus dieser Unterscheidung nicht.

Im übrigen können die Vertreter dieser Auffassung die Funktion des Wortes „dringend" nicht erklären. Sofern man diesem Begriff das Erfordernis einer über den bloßen Wegfall der Beschäftigungsmöglichkeit hinausgehenden wirtschaftlichen Zwangslage beimißt, muß sich diese Betrachtung zwangsläufig auf das Unternehmen und auf unternehmerische Entscheidungen erstrecken, da der Betrieb lediglich das „Werkzeug" des Unternehmens zur Verfolgung arbeitstechnischer Zwecke darstellt.

Eine grammatikalische Auslegung des Begriffes „dringende betriebliche Erfordernisse" führt meiner Ansicht nach zu keinem eindeutigen Ergebnis.

Das Wort „dringend" kann in der Tat so verstanden werden, daß an die wirtschaftliche Situation des Unternehmens hohe Anforderungen im Sinne einer wirtschaftlichen Notlage zu stellen sind, was eine gerichtliche Kontrolle unternehmerischer Entscheidungen zur Folge hätte.

---

[114] Vgl. hierzu auch *Alp*, Die Berücksichtigung der unternehmerischen Entscheidungsfreiheit im KSchG, S. 50, und *Gericke*, Die Gerichtskontrollfreiheit von Unternehmerentscheidungen, S.50, die dieser Wortwahl daher auch nur Indizwirkung zuerkennen.

Allerdings kann der Begriff „dringend" genauso bedeuten, daß der Wegfall einer Beschäftigungsmöglichkeit lediglich die zwangsläufige Folge der betrieblichen Umsetzung einer unternehmerischen Entscheidung ist, wobei deren Motive und die wirtschaftliche Situation des Unternehmens keine Rolle spielen.
Den Stimmen in der Literatur, die eine gerichtliche Überprüfbarkeit der Unternehmerentscheidung im Hinblick auf die wirtschaftliche Lage des Betriebes befürworten, ist zuzugestehen, daß der Wortlaut des § 1 II 1 KSchG eine solche Auslegung nicht ausschließt. Zur Lösung des Problems müssen daher weitere Auslegungskriterien herangezogen werden.

3.3.2 Systematische Auslegung

Da die Auslegung nach dem Wortsinn kein eindeutiges Ergebnis liefert, soll im Rahmen der systematischen Auslegung untersucht werden, bei welcher Auslegungsvariante des Tatbestandsmerkmals „dringende betriebliche Erfordernisse" (§ 1 II 1 KSchG) sachliche Übereinstimmung mit anderen korrespondierenden Gesetzesbestimmungen des Arbeitsrechts erzielt werden kann[115]. Unter mehreren, dem Wortsinn nach möglichen Auslegungen verdient dann diejenige den Vorzug, die die Wahrung der sachlichen Übereinstimmung mit anderen Vorschriften ermöglicht[116].
Es soll deshalb untersucht werden, ob man aus anderen, die Freiheit unternehmerischen Handelns betreffenden Vorschriften gesetzgeberische Wertungen ableiten kann, welche zur Auslegung des Tatbestandsmerkmals „dringende betriebliche Erfordernisse" herangezogen werden können.
Solche Wertungen ergeben sich möglicherweise aus dem Recht der betrieblichen Mitbestimmung.

---

[115] *Larenz/Canaris*, Methodenlehre der Rechtswissenschaft, S. 145
[116] *Larenz/Canaris*, Methodenlehre der Rechtswissenschaft, S. 146.

Nach § 102 BetrVG kann der Betriebsrat einer betriebsbedingten Kündigung insbesondere dann widersprechen, wenn er sich auf fehlerhafte Sozialauswahl (Abs.3 Nr.1) oder auf eine anderweitige Weiterbeschäftigungsmöglichkeit (Abs.3 Nr.3 bis 5) für den gekündigten Arbeitnehmer beruft.
Der Entlassung kann vom Betriebsrat hingegen nicht mit der Begründung widersprochen werden, die unternehmerische Entscheidung bzw. die darauf beruhende Verringerung des Beschäftigungsvolumens sei gar nicht erforderlich. Die dem Kündigungsentschluß vorgelagerte Unternehmerentscheidung kann vom Betriebsrat nicht angegriffen werden.
Dieselbe Wertung läßt sich § 111 BetrVG hinsichtlich der Rechte des Betriebsrats bei Betriebsänderungen entnehmen[117]. Der Betriebsrat kann die unternehmerische Entscheidung zur Durchführung einer Betriebsänderung nicht zu Fall bringen, sondern lediglich versuchen, einen Interessenausgleich herbeizuführen oder einen Sozialplan aufzustellen. Die Folge einer unbegründeten Abweichung des Arbeitgebers von den Vereinbarungen des Interessenausgleichs ist nur der Nachteilsausgleich gem. § 113 BetrVG. Besteht die Betriebsänderung gem. § 111 BetrVG allein in dem Abbau von Personal, kann gem. § 112a I Nr.1 BetrVG zwar ein Sozialplan erzwungen werden, wenn in dem Betrieb mehr als 20 Arbeitnehmer beschäftigt sind; über die

[117] Vgl. hierzu *Alp*, Die Berücksichtigung der unternehmerischen Entscheidungsfreiheit im Rahmen des Kündigungsschutzgesetzes, S. 53: *Alp* vertritt die Ansicht, die §§ 111ff. BetrVG könnten nicht zu einem Vergleich herangezogen werden, da bei der sozialen Rechtfertigung der betriebsbedingten Kündigung eine Rechtsstreitigkeit über die Richtigkeit der Unternehmerentscheidung vorliege. Bei §§ 111ff. BetrVG handle es sich demgegenüber um eine Regelungsstreitigkeit bzgl. der Folgen der Betriebsänderung. Er bewertet diese Tatsachen richtig, verkennt aber den entscheidenden Gesichtspunkt des Vergleiches: §§ 111ff. BetrVG regeln die Folgen der Betriebsänderung unter voller Anerkennung der zur Betriebsänderung führenden Unternehmerentscheidung; auch *Tenczer*, Freie Unternehmerentscheidung und betriebsbedingte Kündigung, S. 27f., lehnt einen Vergleich mit dem BetrVG ab, da dieses nur die kollektivrechtliche Beziehung zwischen Arbeitgeber und Arbeitnehmer betreffe. Sie begründet die unternehmerische Entscheidungsfreiheit mit der Normstruktur des § 1 II 1 KSchG.

Durchführung der Betriebsänderung und damit über die Veränderung der Arbeitsorganisation, die zu Entlassungen führt, entscheidet der Arbeitgeber aber ohne Mitbestimmung des Betriebsrats[118].

Der Arbeitgeber ist also in seinen unternehmerischen Maßnahmen frei, er ist lediglich verpflichtet, die den Arbeitnehmern aus den Entlassungen entstehenden Nachteile auszugleichen. Das wirtschaftliche Mitbestimmungsrecht bezieht sich auf die Folgen der Umsetzung der unternehmerischen Maßnahmen, nicht auf die Entscheidung selbst.

Sicherlich kann das wirtschaftliche Mitbestimmungsrecht des Betriebsrats unternehmerische Entscheidungen mittelbar beeinflussen, da eine Betriebsänderung im Rahmen eines erzwingbaren Sozialplans gem. § 112a I Nr.1 BetrVG mit hohen Kosten verbunden ist[119]. Das BetrVG schafft aber lediglich eine zusätzliche, vom Unternehmer bei der Betriebsänderung zu berücksichtigende Rahmenbedingung.

Entscheidend ist, daß weder der Betriebsrat noch ggf. die Einigungsstelle unmittelbar in die Unternehmerentscheidung eingreifen kann.

Im System des Kündigungsschutzgesetzes selbst muß beachtet werden, daß die soziale Rechtfertigung einer betriebsbedingten Kündigung die Durchführung einer Sozialauswahl nach § 1 III KSchG voraussetzt. Auch dies läßt durchaus den Schluß zu, daß der Bestandsschutz des KSchG an die Umset-

---

118 Vgl. auch *B. Preis*, NZA 1997, 625 (627); *Bitter*, DB 1999, 1214 (1218); *Schaub*, RdA 1981, 371 (373); *ders.* NZA 1987, 217 (218); *v. Hoyningen-Huene*, NZA 1994, 1009 (1010); *Hueck/v. Hoyningen-Huene*, KSchG, § 1 KSchG Rnr. 370; *Buchner*, DB 1984, 504; *Ribbert*, Die gerichtliche Nachprüfung von Arbeitgeber- und Unternehmerentscheidungen bei der betriebsbedingten Kündigung, S. 88; *Schwerdtner*, ZIP 1984, 10 (13); *Kunkel*, NJW 1953, 927 (929).

119 Vgl. hierzu *Alp*, Die Berücksichtigung der unternehmerischen Entscheidungsfreiheit im Rahmen des Kündigungsschutzgesetzes, S. 54, der deswegen davon ausgeht, der Rückgriff auf das BetrVG eigne sich nicht zur Begründung unternehmerischer Entscheidungsfreiheit; ebenso *Wolter*, Der Schutz des Arbeitnehmers vor betriebsbedingter Kündigung, S. 107; *Schellhaaß*, ZfA 1984, 139 (150, 152).

zung der Unternehmerentscheidung und die soziale Schutzbedürftigkeit der Arbeitnehmer anknüpft, nicht aber die Unternehmerentscheidung an sich hinterfragt. Selbst im Bereich der Sozialauswahl genießt die Unternehmerentscheidung noch Vorrang gem. § 1 III 2 KSchG, wenn der Arbeitgeber darlegt, daß berechtigte betriebliche Bedürfnisse vorliegen.
Diese gesetzgeberischen Wertungen in KSchG und BetrVG, die der unternehmerischen Entscheidung den Vorrang einräumen, müssen bei der Ausfüllung des unbestimmten Rechtsbegriffes „dringende betriebliche Erfordernisse" beachtet werden.

3.3.3 Auslegung des Merkmals „dringende betriebliche Erfordernisse" (§ 1 II 1 KSchG) nach Regelungsabsicht, -zweck und Normvorstellungen des historischen Gesetzgebers

In die Auslegung des Tatbestandsmerkmals „dringende betriebliche Erfordernisse" (§ 1 II 1 KSchG) sind auch Regelungsabsicht, -zweck und Normvorstellungen des historischen Gesetzgebers miteinzubeziehen[120].
Das heutige Kündigungsschutzgesetz geht zurück auf das Betriebsrätegesetz (BRG) vom 4.2.1920, welches den Grundstein für einen allgemeinen Kündigungsschutz gegenüber ordentlichen Kündigungen des Arbeitgebers legte. Dieses gewährte dem Arbeitnehmer ein Einspruchsrecht gegen die Kündigung, wenn diese nicht von bestimmten Gründen getragen war.
Gemäß § 84 I Nr.4 BRG war der Einspruch gegen eine Kündigung begründet, wenn sich die Kündigung als eine „unbillige, nicht durch das Verhalten des Arbeitnehmers oder durch die Verhältnisse des Betriebs bedingte Härte" darstellte.
Diese Regelung wurde vom nationalsozialistischen Gesetzgeber sinngemäß in § 56 I des Gesetzes zur Ordnung der nationalen Arbeit (AOG) übernommen, was wohl auch mit dem Hintergedanken geschah, daß der unbestimmte

Rechtsbegriff der unbilligen Härte nach Belieben mit nationalsozialistischem Inhalt gefüllt werden konnte[121]. Aufgrund der strengen Ausrichtung des AOG am Führerprinzip entsprach es im Dritten Reich der herrschenden Meinung, daß die Gestaltung des Betriebs grundsätzlich dem freien Ermessen des Unternehmers unterlag[122].

Schon *Herschel* stellte fest, daß der Begriff der unbilligen Härte eine Leerformel war, zu deren Auslegung nicht der mindeste objektive Maßstab zu Gebote stand. Vielmehr habe dieser dem subjektiven Empfinden überlassene unbestimmte Rechtsbegriff einem Tummelplatz einer bunten Vielheit der verschiedenartigsten Interessen, Wünsche, Wertungen, Verlegenheitsargumente, Kompromisse usw., also mehr einem Kaleidoskop als einem praktikablen Rechtsbegriff geglichen[123].

Zu dementsprechend widersprüchlichen Ergebnissen führte auch die Anwendung in der Praxis: Trotz bestehender Weiterbeschäftigungsmöglichkeit wurden Kündigungsschutzklagen mit der Begründung abgewiesen, der Arbeitnehmer sei ein gesunder Mann, er könne eine Familie ernähren, und deshalb stelle die Kündigung ihm gegenüber auch keine unbillige Härte dar. Andererseits führte die Berücksichtigung sozialer Gesichtspunkte, wie Familienverhältnisse und Unterhaltsverpflichtungen, teilweise zu dem paradoxen Ergebnis, daß trotz fehlender Weiterbeschäftungsmöglichkeit der Arbeitgeber zur Wiedereinstellung verurteilt wurde[124].

---

120 *Larenz/Canaris*, Methodenlehre der Rechtswissenschaft, S. 149.

121 *Herschel*, Festschrift für Schnorr von Carolsfeld zum 70. Geburtstag, 157 (160).

122 *Hueck/Nipperdey/Dietz*, Kommentar zum AOG, § 56 Rnr 10.

123 *Herschel*, Festschrift für Schnorr von Carolsfeld zum 70. Geburtstag, 157 (159).

124 Vgl. zur Darstellung dieser damaligen Rechtspraxis *Herschel*, Festschrift für Schnorr von Carolsfeld zum 70. Geburtstag, 157 (159).

Im Ergebnis war die Rechtslage von großer Rechtsunsicherheit geprägt, bedingt durch das Fehlen von objektiven Maßstäben bezüglich der Wirksamkeit einer Kündigung.

Schon damals versuchte man, unter Zuhilfenahme einer einschränkenden Auslegung des Gesetzes den Begriff der unbilligen Härte auf das Fehlen von verhaltens- oder betriebsbedingten Kündigungsgründen zu reduzieren. Der Tatbestand der unbilligen Härte war bei Vorliegen solcher Gründe immer erfüllt. Andere Erwägungen waren bei der Ausfüllung dieses Merkmals nicht mehr anzustellen[125]. Bereits in der damaligen Rechtspraxis war also die Tendenz erkennbar, daß man in dem Bestreben nach Rechtssicherheit und nach sachgerechten Ergebnissen die Kündigung vorwiegend an ihrer sachlichen Notwendigkeit überprüfte.

Eingebettet in diesen rechtsgeschichtlichen Hintergrund trat am 10.8.1951 das Kündigungsschutzgesetz in Kraft. Das Kündigungsschutzgesetz sollte nach einer Zeit der Rechtszersplitterung in den einzelnen Besatzungszonen auf der Grundlage der Hattenheimer Entschließungen[126] eine einheitliche, den Bestandsschutz des Arbeitnehmers verstärkende Regelung treffen[127].

Durch die Entscheidung für die Rechtswirksamkeit der Kündigung nur bei sozialer Rechtfertigung wurde dem für liberalere Auffassungen typischen Prinzip der Kündigungsfreiheit gegebenenfalls auch gegen Entschädigungszahlungen im Interesse eines allgemeinen Bestandsschutzes des Arbeitsver-

---

[125] *Herschel*, Festschrift für Schnorr von Carolsfeld zum 70. Geburtstag, 157 (160); *Hueck/Nipperdey/Dietz*, Kommentar zum AOG, § 56 Rnr 10; *Flatow/Kahn-Freund*, Kommentar zum BRG (13. Auflage), Anm. 2 und 5 zu § 84; anders noch *Flatow*, Kommentar zum BRG (9. Auflage), Anm. 9 zu § 84.

[126] RdA, 1950, 63ff.

[127] Begründung des KSchG, RdA 1951, 61 (63).

hältnisses eine Absage erteilt, das Recht des Arbeitnehmers auf Beibehaltung seines Arbeitsplatzes hatte sich durchgesetzt[128].

In der Begründung zum KSchG wird dargelegt, die geschützten Rechtsgüter i.S. des KSchG seien der Arbeitsplatz und die Betriebszugehörigkeit des Arbeitnehmers, die die Grundlage seiner wirtschaftlichen und sozialen Existenz bildeten. Diese Aussage erfolgt unter deutlicher Abgrenzung zur früheren Generalklausel der „unbilligen Härte" in BRG und AOG, nach der der Verlust des Arbeitsplatzes zwar eine wesentliche Rolle spielte, jedoch auch sonstige in Betracht kommende Umstände zu werten waren, wie die Aussichten des Arbeitnehmers auf dem Arbeitsmarkt und dergleichen, so daß letztlich das allgemeine wirtschaftliche Interesse des Arbeitnehmers das geschützte Rechtsgut darstellte[129]. Diese Aussagen bringen zum Ausdruck, daß der Kündigungsschutz im Rahmen der Generalklausel der „unbilligen Härte" im Ergebnis nur eine besondere Ausprägung des § 242 BGB darstellte, wovon durch den Erlaß des KSchG Abstand genommen werden sollte.

In der Begründung wird daher weiter ausgeführt, daß bei Fehlen eines dringenden betrieblichen Erfordernisses kein Raum mehr für eine Abwägung sei, ob der Verlust des Arbeitsplatzes aus sonstigen außerhalb des Arbeitsverhältnisses liegenden Gründen den Arbeitnehmer mehr oder weniger hart treffe[130]. Hierdurch werde der Schutz des Arbeitnehmers verbessert, ohne daß wirklich notwendige Kündigungen verhindert oder auch nur erschwert würden. Der Schutzbereich des KSchG erfasse nicht Kündigungen, die aus triftigen Gründen erforderlich seien, sondern nur solche, die einer hinreichen-

---

[128] *Herschel*, RdA 1960, S. 121f.; *Wiedemann*, RdA 1961, 1 (2ff.).
[129] Begründung des KSchG, RdA 1951, 61 (63).
[130] Begründung des KSchG, RdA 1951, 61 (63).

den Begründung entbehrten und die daher eine willkürliche Durchschneidung des Bandes der Betriebszugehörigkeit darstellten[131].

Im Vergleich zu den früheren Regelungen schützt das KSchG nun nicht mehr das allgemeine wirtschaftliche Interesse des Arbeitnehmers, sondern lediglich vor willkürlichem Verlust des Arbeitsplatzes.

Setzt man diese Aussagen in den Kontext der Diskussion um die Auslegung der Generalklausel der „unbilligen Härte“ in BRG und AOG, so wird deutlich, daß die vom Gesetzgeber geschaffene Regelung vor allem eine Objektivierung und Versachlichung des Kündigungsschutzrechts und damit mehr Rechtssicherheit schaffen sollte. Insofern ist es auch konsequent, wenn in der Begründung ausgeführt wird, daß bei Fehlen eines der in § 1 II 1 KSchG genannten Gründe der Schutz des Gesetzes einsetze, ohne daß noch Raum für eine Abwägung sei, ob der Verlust des Arbeitsplatzes den Arbeitnehmer im Hinblick auf seine wirtschaftlichen Verhältnisse oder aus sonstigen Gründen besonders hart trifft. Der Schutz des Arbeitnehmers werde durch das Gesetz verbessert, ohne daß dabei wirklich notwendige Kündigungen verhindert werden sollen[132].

Diese Auslegung des § 1 II 1 KSchG im Hinblick auf das zugrundeliegende gesetzgeberische Ziel hat auch Zustimmung in der Literatur gefunden[133].

Es erscheint mir daher sehr fragwürdig, wenn *Hueck*[134] zwar ebenfalls eine Verstärkung des Kündigungsschutzes annimmt, diesen Fortschritt aber nicht in Objektivierung und Versachlichung des Kündigungsschutzrechts, sondern in der Qualifizierung der betrieblichen Erfordernisse durch das Wort „dringend“ zu erkennen glaubt. Zum einen wird auf das Wort „dringend“ in der

---

131 Begründung des KSchG, RdA 1951, 61 (63).

132 Begründung des KSchG, RdA 1951, 61 (63).

133 *Herschel*, DB 1984, 1523 f.; *Borrmann*, Das Arbeitsrecht der Gegenwart 1986 (Band 24), 71 (74).

Begründung des KSchG bei der Darstellung der Verstärkung des Kündigungsschutzes überhaupt nicht eingegangen, zum anderen ist unklar, mit welch unterschiedlichem Inhalt die Formulierung „dringende betriebliche Erfordernisse" im Vergleich zum Tatbestandsmerkmal „betriebliche Erfordernisse" zu füllen sein soll. Aus der Begründung des KSchG wird nicht ersichtlich, daß der Gesetzgeber dem Wort dringend überhaupt eine tiefere Bedeutung beigemessen hat. Fest steht, daß der Änderungsvorschlag des Bundesrates, an die Stelle des Merkmals „dringende betriebliche Erfordernisse" die Formulierung „zwingende betriebliche Erfordernisse" zu setzen, keine Zustimmung fand[135]. Das Wort „zwingend" hätte sicherlich eher als das Wort „dringend" für die Ansicht gesprochen, daß die Gerichte in die den betriebsbedingten Kündigungen zugrundeliegenden Unternehmerentscheidungen eingreifen dürfen. Das wollte der Gesetzgeber offensichtlich vermeiden.

Es dürfte Einigkeit bestehen, daß „betriebliche Erfordernisse" jedenfalls den Wegfall einer Beschäftigungsmöglichkeit voraussetzen. Das Wort „dringend" könnte dann nur bedeuten, daß für die soziale Rechtfertigung einer Kündigung auch betriebliche Rentabilitätsgesichtspunkte und Wirtschaftlichkeitserwägungen ausschlaggebend sein müßten, welche die Gerichte im Prozeß zu überprüfen hätten. Würde man dem Wort „dringend" diesen Bedeutungsgehalt beimessen und damit die zum Wegfall der Beschäftigungsmöglichkeit führende Unternehmerentscheidung einschränken, dann wäre die soeben aufgezeigte Entwicklung des Kündigungsschutzrechts zu mehr Rechtssicherheit und Objektivität konterkariert. Es würde kaum gelingen, dem Begriff der „Dringlichkeit" einen objektiveren Gehalt zu verleihen, als

---

[134] *Hueck*, RdA 1951, 281 (284).

[135] Stellungnahme der Bundesregierung zu den Änderungsvorschlägen des Deutschen Bundesrats zum Entwurf eines Kündigungsschutzgesetzes, RdA 1951, 178f.

es bei der Formulierung „unbillige Härte“ der Fall war. Im übrigen lassen sich kaum taugliche Meßkriterien dafür aufstellen, wann die wirtschaftliche Situation eines Unternehmens so schlecht ist, daß Personal freigesetzt werden kann bzw. welche Gewinnerzielungsrate betriebsbedingte Kündigungen verbietet.

Eine historische Auslegung des Merkmals „dringende betriebliche Erfordernisse“ führt folglich zu dem Ergebnis, daß im Rahmen des § 1 II 1 KSchG über die gerichtliche Prüfung des Wegfalls der Beschäftigungsmöglichkeit hinaus keine gerichtliche Kontrolle der Unternehmerentscheidung auf Wirtschaftlichkeits- und Zweckmäßigkeitserwägungen möglich ist[136]. Damit ist das Wort „dringend“ in der Tat ein „legislatorischer Kraftausdruck[137]“, die gerichtliche Kontrolle der Unternehmerentscheidung ist ausschließlich auf deren Umsetzung beschränkt.

3.3.4 Auslegung des Begriffes „dringende betriebliche Erfordernisse“ anhand objektiv-teleologischer Kriterien

Objektiv-teleologische Auslegung trägt der Tatsache Rechnung, daß ein Rechtssatz einen bestimmten Normbereich, einen Ausschnitt sozialer Wirklichkeit regeln will. Die Rechtsnorm ist keine der Wirklichkeit autoritativ übergestülpte Form, sondern eine ordnende und anordnende Folgerung aus der Sachstruktur des geregelten Sozialbereichs selbst[138]. Die Beachtlichkeit objektiv-teleologischer Kriterien für die Auslegung ergibt sich daraus, daß

---

[136] A. A. *Reuter*, NZA 1989, 241 (243), der die Auffassung vertritt, die Entstehungsgeschichte des KSchG spreche gegen die Annahme, die Entscheidungen des Arbeitgebers über die Gestaltung des Betriebsablaufs seien vom Arbeitsrichter nicht überprüfbar. I.E. ebenso *Gericke*, Gerichtskontrollfreiheit von Unternehmerentscheidungen, S. 67. Gericke knüpft für die Auslegung aber gerade nicht am Wortlaut des Gesetzes an, dem er insoweit keinen Aussagegehalt beimißt, sondern an das Schweigen des Gesetzgebers.

[137] *Mayer-Maly*, ZfA 1988, 209 (211).

[138] *Friedrich Müller*, Normstruktur und Normativität, S. 147ff.

das betreffende Gesetz im Zweifel eine der Sache angemessene Regelung bezweckt.

Bei der Gesetzesauslegung sind folglich auch objektive Zwecke des Rechts, die der Gesetzgeber durch das Gesetz zu verwirklichen sucht, zu beachten[139]. Hierzu zählen z.B. Friedenssicherung, gerechte Streitentscheidung, Ausgewogenheit einer Regelung im Sinne optimaler Berücksichtigung der im Spiele befindlichen Interessen, Rechtsgüterschutz und ein gerechtes gerichtliches Verfahren[140].

Außerdem muß die Regelung sachgemäß sein. Bei der Frage, welche Auslegung sachgemäß ist, muß die Materie, um deren Regelung es sich bei der auszulegenden Norm handelt, in ihrer Eigenart und in ihrer besonderen Struktur in Betracht gezogen werden[141].

Objektiv-teleologische Auslegungskriterien sind demnach in zwei Gruppen zu unterteilen: Zum einen handelt es sich um die Strukturen des geregelten Sachbereichs, tatsächliche Gegebenheiten, an denen auch der Gesetzgeber nichts ändern kann, die er vernünftigerweise bei jeder Regelung mit berücksichtigt; zum anderen geht es um die rechtsethischen Prinzipien, die hinter einer Regelung stehen[142].

3.3.4.1 Zusammenfallen von Haftung und Entscheidungsgewalt als Prinzip der Rechtsordnung

Das BAG begründet die Gerichtskontrollfreiheit der Unternehmerentscheidung damit, daß nach der gegenwärtigen Wirtschafts- und Sozialordnung der

[139] *Larenz/Canaris*, Methodenlehre der Rechtswissenschaft, S. 153.
[140] *Larenz/Canaris*, Methodenlehre der Rechtswissenschaft, S. 153.
[141] *Larenz/Canaris*, Methodenlehre der Rechtswissenschaft, S. 153.
[142] *Larenz/Canaris*, Methodenlehre der Rechtswissenschaft, S. 154; vgl. auch *Bydlinski*, Juristische Methodenlehre und Rechtsbegriff, S. 453ff.

Arbeitgeber das wirtschaftliche Risiko für die zweckmäßige Errichtung und Gestaltung seines Betriebes trägt[143].

Damit ist das Rechtsprinzip der Einheit von Haftung und Entscheidungsgewalt angesprochen, das sich in vielen Vorschriften und Bereichen des Zivilrechts findet und bei der Auslegung des Tatbestandsmerkmals „dringende betriebliche Erfordernisse" herangezogen werden kann.

Ein typisches Beispiel für das genannte Prinzip ist die Zurechnungsnorm des § 278 BGB[144]. Ein Unternehmer, der zur Erfüllung seiner Verbindlichkeiten Hilfspersonen heranzieht, muß für deren Verschulden einstehen. § 278 BGB trägt der Tatsache Rechnung, daß der Schuldner gegenüber dem Gläubiger für seinen Geschäfts- und Gefahrenkreis verantwortlich ist, und stellt fest, daß zum Gefahrenkreis des Schuldners auch die von ihm eingesetzten Hilfspersonen gehören[145]. Der Schuldner hat folglich für Pflichtverletzungen anderer einzustehen, weil sie seiner Sphäre und seiner Organisationsgewalt entstammen. Die auf der Zurechnungsnorm basierende Haftung für fremdes Verschulden setzt damit korrespondierend eine entsprechende Organisations- und Entscheidungsgewalt zum Einsatz von Hilfspersonen im Herrschaftsbereich des Schuldners voraus. Die Haftung ist deswegen gerechtfertigt, weil der Schuldner über den Einsatz von Hilfspersonen frei entscheiden und diese selbst auswählen kann.

Ein weiteres Beispiel bildet die deliktische Gefährdungshaftung, z.B. nach § 833 S.1 BGB und nach zivilrechtlichen Nebengesetzen wie § 7 StVG und §§ 1, 2 HaftPflG.

---

[143] BAG, Urt. vom 24.10.1979, AP Nr. 8 zu § 1 KSchG 1969 Betriebsbedingte Kündigung mit Anm. *Herschel*.

[144] Vgl. *Ribbert*, Die gerichtliche Nachprüfung von Arbeitgeber- und Unternehmerentscheidungen bei der betriebsbedingten Kündigung, S. 97ff.

[145] BGHZ 62, 124; Palandt/*Heinrichs*, § 278 Rnr.1.

Diese verschuldensunabhängige Haftung wird damit begründet, daß die Schäden aus dem Risiko- und Wagnisbereich des Beherrschers des Gefahrenbereichs stammen, der den wirtschaftlichen Nutzen aus dem gefahrdrohenden Verhalten (oder dem Betrieb gefährlicher Anlagen) ziehen kann und auch die Möglichkeit hat, geeignete Vorkehrungen gegen Schadensereignisse zu treffen[146].

Diesen Regelungen ist das Prinzip zu entnehmen, daß die Haftung an Organisationshoheit und Entscheidungsgewalt für den eigenen Geschäfts- und Gefahrenkreis anknüpft.

Das anschaulichste Beispiel für die Einheit von Haftung und Entscheidungsgewalt liefert das gesellschaftsrechtliche Haftungssystem[147].

Jeder persönlich haftende Gesellschafter einer OHG hat gem. § 128 HGB für die Verbindlichkeiten der Gesellschaft unbeschränkt mit seinem Privatvermögen einzustehen. Diese Vorschrift korrespondiert mit §§ 114 I, 125 I HGB, nach denen jeder persönlich haftende Gesellschafter vorbehaltlich einer anderen Regelung im Gesellschaftsvertrag auch zur Vertretung und Geschäftsführung berechtigt ist.

Diese Regelungen entsprechen denen der Gesellschaft Bürgerlichen Rechts. Geschäftsführungs- und Vertretungsbefugnis ergeben sich aus §§ 709, 714 BGB, die unbeschränkte Haftung ist in § 722 BGB normiert.

Der Kommanditist hingegen, der nach §§ 164,170 HGB sowohl von der Geschäftsführung als auch von der Vertretung der Gesellschaft ausgeschlossen ist, haftet nach § 171 I HGB nur bis zur Höhe seiner Einlage unmittelbar, soweit er diese der Gesellschaft noch nicht geleistet hat.

---

[146] Staudinger/*Schäfer*, Vorbem. zu §§ 823ff. Rnr.7.

[147] Vgl. auch *Ribbert*, Die gerichtliche Nachprüfung von Arbeitgeber- und Unternehmerentscheidungen bei der betriebsbedingten Kündigung, S. 98f.

Träger der Entscheidungsgewalt sind folglich die Komplementäre, die auch unbeschränkt mit ihrem gesamten Vermögen für etwaige Mißerfolge einzustehen haben. Mit der Reduktion der Haftungsmasse geht der Verlust an Entscheidungsgewalt einher.

Entsprechendes gilt für das Recht der Kapitalgesellschaften. Die Anteilseigner haften hier zwar nicht persönlich, jedoch besteht ein Zusammenhang zwischen Höhe der Einlage und Stimmrecht (vgl. für die AG §§ 1, 12, 134 I AktG, im Recht der GmbH ergibt sich der dargestellte Zusammenhang aus §§ 13 II, 14, 47 II GmbHG).

Bei Personen- und Kapitalgesellschaften ergibt folglich die Analyse des Haftungssystems, daß ein Gleichlauf von Haftung und Entscheidungsgewalt vorliegt. Je größer die Haftungsmasse eines Gesellschafters bzw. Anteilseigners ist, desto mehr Entscheidungsgewalt bzw. Stimmrecht kommt ihm zu.

Dieses Haftungssystem würde außer Kraft gesetzt werden, wenn die Arbeitsgerichte in einem Kündigungsschutzprozeß bei der Prüfung der „dringenden betrieblichen Erfordernisse“ (§ 1 II 1 KSchG) in die unternehmerische Entscheidung eingreifen und diese gegen den Willen des Unternehmers verändern könnten, der Unternehmer aber letztendlich dafür einstehen müßte, daß sich die Entscheidungen später als falsch erweisen[148].

Die gerichtliche Kontrolle unternehmerischer Entscheidungen wäre ein Verstoß gegen das Rechtsprinzip des Gleichlaufs von Haftung und Entscheidungsgewalt.

---

[148] Vgl. auch *Bitter*, DB 1999, 1214 (1219); *B. Preis*, NZA 1997, 625 (627); ebenso *Hillebrecht*, ZfA 1991, 92 (110); *Zöllner*, Gutachten D zum 52. Deutschen Juristentag, S. 177; ähnlich auch *Reuter*, Anm. zu BAG, Urt. vom 7.12.1978, AP Nr.6 zu § 1 KSchG 1969 Betriebsbedingte Kündigung.

3.3.4.2 Unmöglichkeit einer rechtsstaatlichen Anforderungen genügenden Gerichtskontrolle unternehmerischer Dispositionen

Fraglich bleibt auch, ob eine rechtsstaatlichen Anforderungen genügende Gerichtskontrolle von Unternehmerentscheidungen überhaupt möglich ist. Ist dies nicht der Fall, wäre es auch nicht sachgemäß, im Rahmen der Auslegung des Tatbestandsmerkmals „dringende betriebliche Erfordernisse" (§ 1 II 1 KSchG) die Möglichkeit eines gerichtlichen Eingriffs in Unternehmerentscheidungen zu bejahen.

Um beurteilen zu können, ob eine gerichtliche Überprüfung unternehmerischer Entscheidungen möglich ist, muß man den Prozeß unternehmerischer Entscheidungsfindung aus wirtschaftswissenschaftlicher Sicht betrachten.

Ausgangspunkt der Überlegungen ist, daß oberstes Ziel jedes Unternehmers in einer marktwirtschaftlichen Ordnung die Erzielung größtmöglichen Gewinns auf lange Sicht ist. Dieses Ziel ist anzuerkennen, und auch die Arbeitsgerichte dürfen sich ihm nicht verschließen[149]. Zur Erreichung dieses Ziels ist es notwendig, daß die Unternehmensführung bestmöglich auf veränderte und sich verändernde Marktbedingungen reagiert.

Die strategische Unternehmensführung versucht, durch eine frühzeitige dynamische Suche nach Chancen und Risiken, die sich aus veränderten Umweltbedingungen ergeben können, aggressive Strategien zu entwickeln, die schon verfolgt werden, bevor die Umweltveränderung eingetreten ist. Sie

---

[149] Insofern beruht es auf einer Verkennung der Realität, wenn teilweise in der Literatur die Frage aufgeworfen wird, ob man betriebsbedingte Kündigungen hinzunehmen habe, die zur Gewinnmaximierung ausgesprochen werden oder nicht durch eine wirtschaftliche Zwangslage des Unternehmens bedingt sind, da jede Unternehmerentscheidung an Gewinnsteigerung orientiert ist. Vgl. hierzu *Zepter*, DB 2000, 474 (476); *Bitter*, DB 1999, 1214 (1219); *Quecke*, NZA 1999, 1247 (1251); *Däubler*, Das Arbeitsrecht, Band 2, Rnr. 1033; *Preis*, Prinzipien, S. 305ff.; *ders.*, Anm. zu BAG, Urteil vom 29.3.1990, EzA § 1 KSchG Soziale Auswahl Nr. 29; *ders.*, NZA 1995, 240 (248); Weiss/Gagel/*Preis*, § 19 F Rnr. 25ff.; richtig aber *Stahlhacke*, DB 1994, 1361 (1365); *Rieble*, Anm. zu BAG, Urt. vom 17.6.1999, EzA § 1 KSchG Betriebsbedingte Kündigung Nr. 102

fördert oder entwickelt Produkte, von denen sie sich erhofft, daß sie unter den zukünftigen, u. U. veränderten Umweltbedingungen den Bestand des Unternehmens sichern und den Unternehmenserfolg vermehren werden.

Der unternehmerischen Entscheidung geht die unternehmerische Planung voraus, deren Ziel die Suche nach den unternehmensspezifischen Geschäftsfeldern ist. Planung verlangt eine zukunftsorientierte Denkweise und bedeutet gedankliche Vorwegnahme zukünftigen Handelns durch Abwägen verschiedener Handlungsalternativen und Entscheidung für den günstigsten Weg[150].

Grundproblem jeder unternehmerischen Planung ist die Ungewißheit. Da Planung stets zukunftbezogen ist, setzt die Festlegung von Planungsentscheidungen Informationen, Wissen über wirtschaftliche Daten vielfältigster Art voraus[151]. Dieses Wissen muß bereits vor der Realisierung der Pläne verfügbar sein und es ermöglichen, beabsichtigtes Handeln gedanklich vorwegzunehmen und vorausschauend vorzubereiten[152]. Der Unsicherheitsfaktor liegt darin, daß sich der Unternehmer bei der Planung Vorstellungen über zukünftige Datenkonstellationen auf dem Markt und sonstige relevante Umweltbedingungen machen und diese sodann auf die Möglichkeit ihres Eintretens hin überprüfen muß[153]. Über diese Entwicklungen kann der Unternehmer lediglich Prognosen erstellen, so daß es ihm kaum jemals möglich sein wird, sämtliche zukünftigen Datenkonstellationen und Umweltbedingungen vollständig und zutreffend zu erfassen. Unternehmerische Planung und Entscheidung beruhen daher in der Regel auf sogenannten „unvollkommenen

150 *Wöhe*, Einführung in die allgemeine Betriebswirtschaftslehre, S. 140.
151 *Wöhe*, Einführung in die allgemeine Betriebswirtschaftslehre, S. 154.
152 *Bea/Dichtl/Schweitzer*, Allgemeine Betriebswirtschaftslehre, S. 27.
153 *Wöhe*, Einführung in die allgemeine Betriebswirtschaftslehre, S. 156.

Informationssystemen[154]". Bei einem „unvollkommenen Informationssystem" sind Entscheidungen nur unter Risiko oder unter Unsicherheit möglich.

Eine Entscheidung unter Risiko liegt vor, wenn zwar die Menge der Umweltzustände bekannt ist, dem Grad der Wahrscheinlichkeit des Eintretens der Zustände aber doch ein bestimmter Wahrscheinlichkeitsprozentsatz zugeordnet werden kann[155]. Bei einer Entscheidung unter Risiko ist es somit noch möglich, eine Wahrscheinlichkeitsfunktion zu bestimmen und statistische Risikoberechnungen[156] vorzunehmen.

Bei einer Entscheidung unter Unsicherheit sind die Wahrscheinlichkeiten des Eintretens der verschiedenen Umweltzustände gänzlich unbekannt[157].

Bereits an dieser Stelle dürfte deutlich werden, daß solch große Unsicherheitsfaktoren eine Bewertung unternehmerischer Entscheidungen kaum zulassen.

Hinzu kommt, daß der Unternehmer nach der Analyse der Handlungsmöglichkeiten und der daraus resultierenden Ergebnisse die Nutzenwerte bestimmen muß, die den Ergebnissen im Hinblick auf die von ihm verfolgten Ziele zukommen[158]. Es gilt, die bei den verschiedenen Handlungsmöglichkeiten in Betracht kommenden Ergebnisse zu bewerten und zu gewichten.

Am Ende des Planungsprozesses steht die Entscheidung, nämlich die Auswahl einer von zwei oder mehreren Handlungsmöglichkeiten, die dem Entscheidungsträger zur Realisierung eines Ziels zur Verfügung stehen[159]. Dieser Vorgang ist äußerst komplex, und auch in der betriebswirtschaftlichen

---

[154] *Wöhe*, Einführung in die allgemeine Betriebswirtschaftslehre, S. 156.
[155] *Wöhe*, Einführung in die allgemeine Betriebswirtschaftslehre, S. 158.
[156] *Wöhe*, Einführung in die allgemeine Betriebswirtschaftslehre, S. 156.
[157] *Wöhe*, Einführung in die allgemeine Betriebswirtschaftslehre, S. 160 und 164.
[158] *Wöhe*, Einführung in die allgemeine Betriebswirtschaftslehre, S. 162.
[159] *Hörschgen*, Grundbegriffe der Betriebswirtschaftslehre, S. 18.

Entscheidungslehre werden über die Art und Weise der Entscheidungsfindung und die Gewichtung der möglichen Ergebnisse viele verschiedene Theorien vertreten[160].

Als weiterer Unsicherheitsfaktor tritt die Tatsache hinzu, daß der Unternehmer am Markt einem oder mehreren bewußt handelnden Gegenspielern, Konkurrenten gegenübersteht. Das Ergebnis einer unternehmerischen Entscheidung hängt somit nicht nur vom eigenen Verhalten des Unternehmers ab, sondern auch von dem aller Mitbewerber auf dem Markt, deren Interessen denen des Unternehmers in der Regel feindlich gegenüberstehen[161]. Die Unsicherheiten bezüglich der Erfassung und Bewertung der Gegebenheiten und der zu erwartenden Veränderungen des Marktes werden folglich noch durch das schwer berechenbare Verhalten der Marktkonkurrenten verstärkt. Damit zeigt sich die Problematik einer Kontrolle unternehmerischen Handelns in aller Deutlichkeit. Prognosecharakter unternehmerischer Entscheidung, Risikoerwartungen und Unsicherheiten aufgrund unvollkommener Information führen dazu, daß es keinen Maßstab gibt, der zur Beurteilung einer Entscheidung als richtig oder unrichtig führen würde.

Entscheidungen unter Unsicherheit können nicht auf Richtigkeit oder Unrichtigkeit, sondern nur nach ihrem Erfolg beurteilt werden, was nicht im Zeitpunkt der Entscheidung, sondern erst in Form einer ex-post-Betrachtung möglich ist. Bei Entscheidungen unter Risiko ist es sicherlich noch möglich, bestimmte Berechnungen auf ihre Richtigkeit zu überprüfen. Doch es muß dem Unternehmer überlassen bleiben, welches Risiko er am ehesten in Kauf

---

[160] Vgl. hierzu die Zusammenstellung bei *Wöhe*, a.a.O., S. 164ff. und *Jung*, Allgemeine Betriebswirtschaftslehre, S. 177ff.

[161] Mit der Entwicklung einer optimalen Strategie in solchen Spielsituationen befaßt sich die betriebswirtschaftliche Spieltheorie, vgl. hierzu *Bamberg/ Coenenberg*, Betriebswirtschaftliche Entscheidungslehre, S. 156ff.

nehmen will. Ansonsten würden die Präferenzen des Unternehmers im Hinblick auf die von ihm verfolgten Ziele ignoriert.

Eine Rechtmäßigkeitskontrolle unternehmerischer Entscheidungen ist somit nicht durchführbar, da es keine Rechtssätze oder Maßstäbe hierfür gibt. Sofern man dennoch die gerichtliche Überprüfbarkeit unternehmerischer Entscheidungen bejaht, würde die Kontrolle der Rechtmäßigkeit der betriebsbedingten Kündigung im Rahmen des Tatbestandsmerkmals „dringende betriebliche Erfordernisse" (§ 1 II 1 KSchG) zur Zweckmäßigkeitskontrolle unternehmerischen Handelns umfunktioniert. Das ist weder die Aufgabe der Gerichte, noch verfügen sie über den hierfür erforderlichen Sachverstand[162]. Sofern man unternehmerische Entscheidungen auf ihre wirtschaftliche Dringlichkeit für das Unternehmen überprüfen will, fehlt es den Arbeitsgerichten an einem Maßstab für die höchstzulässige Rentabilität eines Unternehmens[163].

---

[162] Diese Auffassung wird auch vom überwiegenden Teil der Literatur geteilt: Vgl. *B. Preis*, NZA 1997, 625 (627); *Rieble*, Anm. zu BAG, Urt. vom 17.6.1999, EzA § 1 KSchG Betriebsbedingte Kündigung Nr. 102; *Meisel*, ZfA 1991, 213 (218); *Hillebrecht*, ZfA 1991, 92 (110); *Mayer-Maly*, ZfA 1988, 209 (213); *Kunkel*, NJW 1954, 927 (928); *Reuter*, Anm. zu BAG, Urt. vom 7.12.1978, AP Nr. 6 zu § 1 KSchG 1969 Betriebsbedingte Kündigung; *Reuter*, Privatrechtliche Schranken der Perpetuierung von Unternehmen, 156ff.; *Schwerdtner*, ZIP 1984, 10 (13); Müko/*Schwerdtner*, § 622 BGB Anh., Rnr. 371f.; *Rancke*, Anm. zu BAG, Urt. vom 7.12.1978, EzA § 1 KSchG Betriebsbedingte Kündigung Nr.10; *Müller*, ZfA 1982, 475 (483ff.); *Ribbert*, Die gerichtliche Nachprüfung von Arbeitgeber- und Unternehmerentscheidungen bei der betriebsbedingten Kündigung, S. 102; *Rappenecker*, BB 1958, 47 (50); *Auffarth*, RdA 1955, 409 (409, 413); *Galperin*, BB 1954, 1117 (1118); *Kaufmann*, NJW 1953, 1047 (1049); *Eberl*, BB 1954, 447; *Dietz*, NJW 1951, 943; auch das BAG ist dieser Ansicht, vgl. BAG, Urt. vom 17.6.1999, AP Nr. 102 zu § 1 KSchG 1969 Betriebsbedingte Kündigung unter Berufung auf *Tenczer/Stahlhacke*, Anm. zu LAG Bremen, Urt. vom 3.5.1996, LAGE § 1 KSchG Soziale Auswahl Nr. 16; BAG, Urt. vom 24.10.1979, AP Nr. 8 zu § 1 KSchG 1969 Betriebsbedingte Kündigung mit Anm. *Herschel*.

[163] Vgl. *B. Preis*, NZA 1997, 625 (629); anders aber *B. Preis*, DB 2000, 1122 (1125), der mittlerweile die wirtschaftliche Notwendigkeit einer Unternehmerentscheidung prüfen will.

Dennoch wird die Möglichkeit gerichtlicher Kontrolle von Unternehmerentscheidungen[164], ggf. unter Hinzuziehung von Sachverständigen[165], zum Teil bejaht.

Reuter[166] geht davon aus, daß es sehr wohl Kontrollmaßstäbe für die Richtigkeit unternehmerischen Handelns gebe. Schließlich sei Wirtschaften Gegenstand einer Wissenschaft, die ständig bemüht sei, dem Unternehmen Maßstäbe vorzugeben, mit denen es seine Lage am Markt erfassen und die optimale Entscheidung anhand der Marktdaten treffen könne. Für die richtige Anwendung dieser Maßstäbe seien dann notfalls Sachverständigengutachten heranzuziehen. Insoweit verweist *Reuter* darauf, daß auch Unternehmen auf externe Berater zurückgreifen, um den Betriebsablauf zu analysieren und Rationalisierungsmöglichkeiten aufzuzeigen[167].

Reuter hat sicherlich Recht, daß häufig externe Unternehmensberatungen zur Analyse von Rationalisierungsmöglichkeiten eingesetzt werden. Der Grund für den Einsatz solcher Berater dürfte aber nicht darin liegen, daß diese mehr Sachverstand haben als die unternehmensinternen Manager. Bei

---

164 *Däubler*, Das Arbeitsrecht, Band 2, Rnr. 1031f.; *M. Reuter*, NZA 1989, 241 (243); *Diekhoff*, ArbuR 1957, 197 (198); *Schüler*, ArbuR 1954, 54 (55, 59); *Joachim*, BB 1954, 1114 (1116); *Molitor*, BB 1953, 34 (35); *Monjau*, DB 1952, 18; *Ballschmiede*, ArbuR 1953, 242 (245). Vermittelnd aber *Schmidt*, RdA 1954, 170 (172f.), der die Möglichkeit gerichtlichen Eingriffs in Fällen technischer Rationalisierung verneint, bei organisatorischer Rationalisierung hingegen bejaht. *Galperin*, BB 1954, 1117 (1119) lehnt die gerichtliche Überprüfung der Zweckmäßigkeit einer betrieblichen Maßnahme ab, will den Gerichten aber gestatten, den Arbeitgeber gegen seinen Willen auf zumutbare Ausweich- und Abhilfemöglichkeiten zu verweisen. Auch *Kaufmann*, NJW 1953, 1047 (1049), verneint die Möglichkeit einer gerichtlichen Zweckmäßigkeitskontrolle, will aber die Notwendigkeit einer unternehmerischen Maßnahme dahingehend überprüfen, ob sie Folge einer pflichtmäßigen und sachgerechten Ermessensausübung eines sich seiner sozialen Pflichten bewußten Unternehmers sind.

165 Auf Sachverständigengutachten weisen explizit hin *M. Reuter*, NZA 1989, 241 (243); *Diekhoff*, ArbuR 1957, 197 (198); *Molitor*, BB 1953, 34 (35); *Däubler*, Das Arbeitsrecht, Band 2, Rnr. 1031ff.

166 *M. Reuter*, NZA 1989, 241 (243).

167 *M. Reuter*, NZA 1989, 241 (243).

Rationalisierungsvorhaben, wie z.B. der Einsparung von Hierarchieebenen, besteht, sofern man sich bei diesbezüglichen Planungen nur auf unternehmensintern ausgearbeitete Konzepte stützt, immer die Gefahr, daß solche Vorhaben blockiert werden, da sich innerhalb des Unternehmens wohl niemand gerne für überflüssig erklärt. Der Einsatz von externen Beratern dient deshalb häufig der Vermeidung von Interessenkonflikten. Im Bereich der strategischen Unternehmensführung werden solche Berater auch deswegen eingeschaltet, weil man sich von diesen neue, kreative Ideen und Know-how aus anderen Unternehmen erhofft.

Reuter verkennt, daß auch die Wirtschaftswissenschaft nicht dazu in der Lage ist, die richtige unternehmerische Entscheidung aufzuzeigen. Sie entwickelt lediglich Kriterien, die den Prozeß der Entscheidungsfindung systematisieren und faßbarer machen sollen, so daß es dem Unternehmer erleichtert wird, die prinzipielle Geeignetheit bestimmter Maßnahmen für die angestrebten Ziele zu erkennen. Über die Richtigkeit oder Unrichtigkeit einer unternehmerischen Maßnahme entscheidet einzig und allein ihr Erfolg auf dem Markt, der im Zeitpunkt der Maßnahme gar nicht beurteilt werden kann, sondern sich oft erst viel später herauskristallisieren wird. Welcher Unternehmensberater vermag schon mit Gewißheit zu sagen, daß die Stillegung eines Produktionsbereichs oder die Erschließung eines neuen Geschäftsbereichs die absolut richtige oder die absolut unrichtige Entscheidung ist? All das beruht auf der prognostischen Einschätzung zukünftiger Marktentwicklung im Hinblick auf die subjektiv bestimmten unternehmerischen Ziele und wird von einer kaum übersehbaren Anzahl von Unsicherheiten und Risikofaktoren begleitet.

Die Gerichte können daher unternehmerische Entscheidungen auch unter Hinzuziehung von Sachverständigen nicht wirklich kontrollieren, sondern nur durch eigene Entscheidungen von gleich großer Unsicherheit ersetzen.

Im übrigen ist zu beachten, daß durch eine Gerichtskontrolle Unternehmereigenschaften wie Kreativität, Flexibilität, Intuition hinsichtlich zukünftiger Entwicklungen und nicht zuletzt unternehmerische Risikobereitschaft, die für das Funktionieren einer Marktwirtschaft unerläßlich sind, unterdrückt werden. Der Erfolg vieler Unternehmer beruht gerade auf neuen Ideen verbunden mit vorausgeahnten Entwicklungen, die man in Fachkreisen wohl oft als unrealistisch oder gar unvernünftig eingestuft hat[168].

Derartige Antriebsmechanismen eines marktwirtschaftlichen Systems resultieren gerade daraus, unternehmerische Entscheidungen nicht ausschließlich nach Maßgabe eines durchschnittlichen, vernünftig handelnden Unternehmers zu treffen. An solchen Maßstäben müßte sich aber eine gerichtliche Kontrolle unternehmerischer Entscheidungen orientieren. Sie steht damit im Widerspruch zu den Grundprinzipien eines marktwirtschaftlichen Systems[169].

Überdies sind auch die Konsequenzen für die wirtschaftliche Handlungsfreiheit bei einem gerichtlichen Eingriff in unternehmerische Entscheidungen zu bedenken.

Man lege den Fall zugrunde, daß ein Unternehmen für mehrere hunderttausend Mark eine Maschine anschafft und im Zuge dieser Rationisierung ca. 10 Arbeitnehmern betriebsbedingt kündigt. Würde das Arbeitsgericht aufgrund eines Sachverständigengutachtens die Maßnahme als nicht zweckmäßig betrachten oder deswegen nicht hinnehmen, weil hierfür keine wirt-

---

168 Ähnlich *Ribbert*, Die gerichtliche Nachprüfung von Arbeitgeber- und Unternehmerentscheidungen bei der betriebsbedingten Kündigung, S. 102; *Kunkel*, NJW 1954, 927 (928).

169 Vgl. auch *Müller*, ZfA 1982, 475 (485), der zu bedenken gibt, daß bereits die Möglichkeit, daß es zu einer gerichtlichen Kontrolle der unternehmerischen Maßnahme unter dem Blickpunkt des Bestandsschutzes der Arbeitsplätze kommt, die unternehmerische Initiative mit allen Nachteilen für die Volkswirtschaft und damit für die Gesamtgesellschaft einschließlich der Arbeitnehmerschaft hemmt.

schaftliche Dringlichkeit besteht, dann wäre die Anschaffung der Maschine umsonst gewesen. Die Arbeitnehmer müßten weiterbeschäftigt werden und hätten überdies für die Dauer des Prozesses Anspruch auf Lohnzahlung. Der hieraus entstehende Schaden kann für kleinere Unternehmen schon den Ruin bedeuten. Der wirtschaftliche Schaden verschlimmert sich, wenn der Instanzenzug ausgeschöpft wird. Noch einschneidender sind die Folgen, wenn unternehmerische Dispositionen großen Ausmaßes, wie z.B. die Stillegung von Betrieben oder Betriebsteilen oder die Ausgliederung ganzer Betriebsabteilungen, im nachhinein korrigiert werden.
Schon dieses einfache Beispiel zeigt, daß bei einer gerichtlichen Kontrollbefugnis unternehmerischer Entscheidungen die wirtschaftliche Handlungsfreiheit nicht mehr gewährleistet ist, weil nachträgliche Korrekturen von Entscheidungen ruinöse Folgen für die Unternehmen haben. Die unternehmerische Initiative als Motor jeder Marktwirtschaft würde gelähmt werden. Im Hinblick auf die Unwägbarkeiten wirtschaftlichen Handelns und die Vielzahl der zu berücksichtigenden Faktoren und Zielsetzungen ist ein von gerichtlicher Kontrolle freier Raum unternehmerischen Handelns unerläßlich.
Eine Gerichtskontrolle unternehmerischer Entscheidungen ist demnach auch nicht sachgemäß.

3.3.5 Verfassungskonforme Auslegung des Tatbestandsmerkmals „dringende betriebliche Erfordernisse"

Besondere Bedeutung bei der Auslegung kommt den Prinzipien und Wertentscheidungen, die im Grundrechtsteil der Verfassung Ausdruck gefunden haben, sowie dem Rechts- und Sozialstaatsgedanken zu[170]. Diese Prinzipien sind bei der Auslegung des einfachen Gesetzesrechts und bei der Konkreti-

[170] *Larenz/Canaris*, Methodenlehre der Rechtswissenschaft, S. 160.

sierung von Generalklauseln zu beachten[171]. Unter mehreren, den übrigen Kriterien nach möglichen Auslegungen verdient immer diejenige den Vorzug, die mit den Prinzipien der Verfassung am besten übereinstimmt[172]. Verfassungskonformität ist demzufolge ein Auslegungskriterium von überragender Bedeutung.

3.3.5.1 Der Einfluß der Grundrechte auf das Privatrecht

Neben ihrer klassischen Funktion als Abwehrrechte gegen den Staat haben die Grundrechte auch im Privatrecht Bedeutung. Bei der inhaltlichen Konkretisierung des unbestimmten Rechtsbegriffes „dringende betriebliche Erfordernisse“ (§ 1 II 1 KSchG) sind die Grundrechte in ihrer Dimension als „objektive Werteordung“[173] bzw. nach neuerer Rechtsprechung als „Elemente einer objektiven Ordnung[174]“ zu beachten. In dieser Funktion haben die Grundrechte als verfassungsrechtliche Grundentscheidung in allen Bereichen des Rechts Geltung und beeinflussen damit auch das Privatrecht.

Nach der Rechtsprechung des BVerfG entfalten die Grundrechte im Privatrecht keine unmittelbare, sondern lediglich mittelbare Wirkung[175]. Nachdem das BAG früher in Anlehnung an *Hans Carl Nipperdey*[176] von der unmittelbaren Geltung auch im Arbeitsrecht ausgegangen war[177], hat es sich 1985 für

---

171 *Larenz/Canaris*, a.a.O., S. 160.

172 *Larenz/Canaris*, a.a.O., S. 160; *Zippelius* in: Bundesverfassungsgericht und Grundgesetz, Band 2, S. 108ff; *Müller*, juristische Methodik, S. 86ff.; BVerfGE 8, 210 (221).

173 BVerfGE 7, 198 (205).

174 BVerfGE 50, 290 (337); 73, 261 (269); 81 242 (254).

175 BVerfGE 7, 198 (205); 50, 290 (337); 73, 261 (269); 81, 242 (254); ebenso *Pieroth/Schlink*, Staatsrecht, Band 2, Rnr. 90.

176 *Enneccerus/Nipperdey*, Allgemeiner Teil des Bürgerlichen Rechts, Band 1, S. 93.

177 BAG, Urt. vom 10.11.1955, AP Nr. 2 zu § 611 BGB Beschäftigungspflicht; BAG, Urt. vom 18.10.1961, AP Nr. 69 zu Art. 3 GG; BAG, Urt. vom 20.12.1984, AP Nr. 27 zu § 611 BGB Direktionsrecht; BAG, Urt. vom 3.12.1954, AP Nr. 2 zu § 13 KSchG; BAG, Urt. vom 27.7.1993, AP Nr. 51 zu § 118 BetrVG 1972; BAG, Urt. vom 28.11.1958, AP Nr. 3 zu Art. 6 I GG Ehe und Familie; hierzu ausführlich *Hro-*

Arbeitsverträge und 1989 für Betriebsvereinbarungen der Ansicht des Bundesverfassungsgerichts von der mittelbaren Drittwirkung der Grundrechte angeschlossen[178].

Nach dieser Lehre gilt die Werteordnung der Grundrechte im Privatrecht nicht unmittelbar, sondern entfaltet sich über die wertausfüllungsfähigen und wertausfüllungsbedürftigen Blankettbegriffe und Generalklauseln[179], welche die Einbruchstellen[180] der Grundrechte in das Privatrecht darstellen.

Letztendlich braucht der Streit um die Art und Weise der Geltung der Grundrechte im Privatrecht nicht entschieden zu werden, da beide Auffassungen zum selben Ergebnis gelangen[181], nämlich daß bei der inhaltlichen Konkretisierung des Tatbestandsmerkmals „dringende betriebliche Erfordernisse" der Einfluß der Grundrechte beachtet werden muß.

3.3.5.2 Notwendigkeit verfassungskonformer Auslegung

Das Bundesverfassungsgericht hat zu Recht, wie bereits erörtert wurde, klargestellt, daß das Kündigungsschutzgesetz einen verhältnismäßigen Ausgleich zwischen den kollidierenden Grundrechtspositionen von Arbeitgebern und Arbeitnehmern herbeigeführt hat[182].

Gleichwohl ist die Frage der Reichweite unternehmerischer Entscheidungsfreiheit noch nicht geklärt. Das verfassungsrechtliche Problem wurde lediglich auf die Ebene des einfachen Gesetzesrechts verlagert, denn in § 1 II 1

---

madka/Maschmann, Arbeitsrecht, Band 1, § 2 Rnr. 37, mit umfangreichen Rechtsprechungsnachweisen.

[178] Für den Arbeitsvertrag BAG GS, Beschl. vom 27.2.1985, AP Nr. 14 zu § 611 BGB Beschäftigungspflicht; für die Betriebsvereinbarung BAG GS, Beschl. vom 7.11.1989, AP Nr. 46 zu § 77 BetrVG 1972.

[179] *Dürig*, Festschrift zum 75. Geburtstag von Hans Nawiawsky, S. 157ff.; Maunz/*Dürig*, Art. 1 III GG Rnr. 132.

[180] *Pieroth/Schlink*, Staatsrecht, Band 2, Rnr. 194.

[181] Vgl. Maunz/Dürig/*Scholz*, Art. 12 GG Rnr. 73, der deswegen auch von der regelmäßigen Ergebnisidentität von unmittelbarer und mittelbarer Drittwirkungslehre spricht.

[182] BVerfGE 84, 133 (147).

KSchG findet sich keine klare Aussage, ob die Unternehmerfreiheit generell Vorrang hat, ob also jede, gleich auf welchen Motiven beruhende unternehmerische Disposition zu einem „dringenden betrieblichen Erfordernis" führt. Zur Auslegung des unbestimmten Rechtsbegriffs „dringende betriebliche Erfordernisse" müssen daher die zugrundeliegenden Wertentscheidungen der Verfassung herangezogen werden[183].

Im Hinblick auf den gesetzlichen Ausgleich der kollidierenden Grundrechtspositionen durch das KSchG wird bei der verfassungskonformen Auslegung des § 1 II 1 KSchG in der Literatur allerdings zur Vorsicht ermahnt.

Dieterich hat betont, daß der Richter bei der Auslegung des Gesetzes auf subsidiäre Konkretisierungskompetenzen beschränkt ist[184].

Preis weist darauf hin, daß im Kündigungsschutzrecht im Umgang mit den Globalprinzipien der Verfassung Vorsicht geboten ist. Es sei eine stringente Gesetzesanwendung notwendig. Denn würde man bei der Gesetzesauslegung erneut Bestandsschutzinteresse sowie Recht auf Arbeit auf der einen und Unternehmerfreiheit auf der anderen Seite als Auslegungsmaximen heranziehen, würden die Gerichte die ordnungspolitische Grundentscheidung des Gesetzgebers in Frage stellen[185].

Dem kann insoweit zugestimmt werden, als bei der verfassungskonformen Auslegung der normative Gehalt einer Vorschrift nicht grundlegend neu bestimmt werden darf, da ein solches Vorgehen dem Gesetzgeber vorbehalten

---

[183] BVerfGE 7, 198 (206); 42, 143 (148); 89, 214 (230f.); ebenso *Bitter*, DB 1999, 1214 (1217), der ausführt, die weite Generalklausel des § 1 II 1 KSchG stelle eine Konkretisierung von Grundrechtsnormen dar, so daß ähnliches gelten müsse wie für § 242 BGB; vgl. hierzu BAG, Urt. vom 23.6.1994, AP Nr. 9 zu § 242 BGB.

[184] *Dieterich*, RdA 1995, 129 (134).

[185] *Preis*, Prinzipien, S. 117ff., 411ff.; *ders.* NZA 1995, 241 (243); ähnlich *Hesse*, JZ 1995, 265 (268), der davor warnt, die im Rahmen der Generalklauseln durchzuführenden Abwägungen und Konkretisierungen vorschnell mit dem Stigma der Grundrechtswidrigkeit zu versehen.

bleiben muß[186]. Bei der Konkretisierung der Verfassungsprinzipien hat der auslegende Richter den Konkretisierungsprimat[187] des Gesetzgebers zu beachten. Für den Fall, daß mehrere Auslegungsvarianten in Betracht kommen, ist derjenigen der Vorrang einzuräumen, welche dem Willen des Gesetzgebers am nächsten kommt, soweit sie noch im Rahmen des dem Gesetzgeber eingeräumten Konkretisierungsspielraums liegt[188], also verfassungsgemäß ist.

Bei der verfassungskonformen Auslegung wird der Inhalt des Begriffes „dringende betriebliche Erfordernisse" aber nicht neu bestimmt, vielmehr muß sein Aussagegehalt überhaupt erst ermittelt werden, da der Gesetzgeber sich diesbezüglich gar nicht geäußert hat. Soweit in der Literatur von „subsidiärer Konkretisierungskompetenz" gesprochen wird, bedeutet dies nicht mehr und nicht weniger, als daß sich die verfassungsrechtliche Lösung des Problems im Rahmen des Wortlauts des Begriffes „dringende betriebliche Erfordernisse" bewegen muß. Bei dem hinsichtlich der Reichweite unternehmerischer Entscheidungsfreiheit bestehenden Auslegungsspielraum müssen demzufolge die Wertungen des Grundgesetzes herangezogen werden.

3.3.5.3 Die Bedeutung der marktwirtschaftlichen Ordnung bei der verfassungskonformen Auslegung

Teilweise wird darauf hingewiesen, daß § 1 II 1 KSchG vor dem Hintergrund der marktwirtschaftlichen Ordnung auszulegen ist.

Die soziale Marktwirschaft beruhe auf einer Synthese miteinander im Spannungsverhältnis stehender Grundrechte[189], die es dem Arbeitgeber erlaube, frei im Markt zu produzieren mit dem Ziel, Gewinne zu erwirtschaften.

---

186 BVerfGE 8, 71 (79); 54, 277 (299).
187 *Larenz/Canaris*, Methodenlehre der Rechtswissenschaft, S. 165.
188 *Larenz/Canaris*, Methodenlehre der Rechtswissenschaft, S. 165.
189 *Stahlhacke*, DB 1994, 1361.

Ebenso dürfe der Unternehmer das Ziel verfolgen, seine Gewinne durch geeignet erscheinende Maßnahmen im Unternehmen zu erhöhen, da das marktwirtschaftliche System aus Unternehmersicht gerade auf die langfristige Gewinnerzielung angelegt sei[190]. Eine volle arbeitsgerichtliche Kontrolle unternehmerischer Entscheidungen verkenne, daß das KSchG auf eine marktwirtschaftliche Ordnung bezogen ist[191].

Auch das BAG beruft sich bei der Gerichtskontrollfreiheit der Unternehmerentscheidung auf die gegenwärtige Wirtschafts- und Sozialordnung, nach der der Arbeitgeber das wirtschaftliche Risiko für die zweckmäßige Errichtung und Gestaltung des Betriebes trägt[192].

Demgegenüber bemerkt *Reuter*[193] kritisch, daß das Grundgesetz keine unmittelbare Festlegung oder Gewährleistung einer bestimmten Wirtschaftsordnung enthält. Der Gesetzgeber sei deshalb innerhalb der durch das Grundgesetz gezogenen Grenzen befugt, frei über die Gestaltung der Wirtschafts- und Sozialordnung zu entscheiden[194]. Daraus folgert *Reuter*, das Kündigungsschutzgesetz selbst gestalte die Wirtschafts- und Sozialordnung, sei aber seinerseits nicht nach Maßgabe eines bestimmten Ordnungsmodells auszulegen. Die Begründung des BAG lasse damit auch eine Auslegung des Merkmals „dringende betriebliche Erfordernisse“ zu, die die unternehmerische Entscheidungsfreiheit begrenze und sie gerichtlicher Kontrolle unter-

---

[190] *Stahlhacke*, Die betriebsbedingte Kündigung, S.13; *ders.* DB 1994, 1361; *B. Preis*, NZA 1997, 625 (627).

[191] *Däubler*, Das Arbeitsrecht, Band 2, Rnr. 1031; Däubler hebt jedoch hervor, daß die marktwirtschaftliche Ordnung keineswegs Verfassungsrang genießt.

[192] BAG, Urt. vom 24.10.1979, AP Nr. 8 zu § 1 KSchG 1969 Betriebsbedingte Kündigung.

[193] *Reuter*, NZA 1989, 241 (243).

[194] BVerfGE 50, 290 (337).

werfe, etwa für den Fall, daß eine Rationalisierungsmaßnahme nur eine relativ geringe Verbesserung der Ertragslage erwarten lasse[195].

Beide Ansichten verkennen, daß bei der verfassungskonformen Auslegung streng zwischen der bestehenden Wirtschaftsordnung und den zugrundeliegenden grundrechtlich geschützten Freiheiten unterschieden werden muß. Das BVerfG geht davon aus, daß das GG keine bestimmte Wirtschaftsverfassung enthält und keine bestimmte Wirtschaftspolitik verlangt. Die Ordnung sei vielmehr innerhalb der durch das Grundgesetz gezogenen Grenzen dem Gesetzgeber überlassen. Dieser dürfe jede Wirtschaftspolitik verfolgen, sofern er dabei die Grundrechte beachte[196].

Das bedeutet, daß bei der verfassungskonformen Auslegung nicht unmittelbar auf die bestehende Wirtschaftsordnung zurückgegriffen werden kann, sondern lediglich auf die grundrechtlich geschützten Freiheiten, aus denen sich mittelbar die Grundpfeiler der marktwirtschaftlichen Ordnung ergeben. Auch wenn das BVerfG die These von der wirtschaftspolitischen Neutralität des GG vertritt[197], liegt doch auf der Hand, daß mit der Garantie des Eigentums, der Berufsfreiheit, der Freizügigkeit und der allgemeinen wirtschaftlichen Handlungsfreiheit auch die wesentlichen Prinzipien einer marktwirtschaftlich orientierten Wirtschaftsverfassung gewährleistet sind[198].

Es sind folglich die Grundrechte, die die Freiheit unternehmerischer Entscheidung schützen, nicht die Wirtschaftsordnung, da diese selbst nur durch ein Zusammenwirken grundrechtlich geschützter Freiheiten konkretisiert wird. Das System der sozialen Marktwirtschaft kann daher nicht unmittelbar

---

[195] *Reuter*, NZA 1989, 241 (243).
[196] BVerfGE 50, 292 (337).
[197] BVerfGE 4, 7 (12ff.); 50, 292 (337).
[198] Maunz/Dürig/*Herzog*, Art. 20 GG Rnr. 60.

zur Auslegung der Generalklausel des § 1 II 1 KSchG herangezogen werden.

Vielmehr müssen bei der Auslegung die kollidierenden Grundrechte im Wege praktischer Konkordanz so in einen verhältnismäßigen Ausgleich gebracht werden, daß sie für beide Seiten möglichst weitgehend wirksam, aber in ihrem Kernbereich nicht verletzt werden.

3.3.5.4 Auflösung der Grundrechtskollision im Rahmen des unbestimmten Rechtsbegriffs „dringende betriebliche Erfordernisse"

Art. 12 GG gewährt kein Recht auf Arbeit[199]. Ebenso wenig bietet Art. 12 GG Bestandsgarantie für den einmal gewählten Arbeitsplatz und Schutz gegen den Verlust eines Arbeitsplatzes aufgrund privater Dispositionen[200]. Auch die objektiv-rechtliche Dimension des Art. 12 GG als Schutzauftrag an den Gesetzgeber gewährleistet dem Arbeitnehmer Bestandsschutz am Arbeitsplatz nur in dem Sinne, daß er seinen Arbeitsplatz nicht ohne sachbezogene und als billig und gerecht anerkennenswerte Gründe verlieren darf[201], weshalb das KSchG mit der Bindung der Kündigung an Gründe nicht zu beanstanden ist.

Dem GG läßt sich lediglich die zwingende Mindestvorgabe entnehmen, daß der Schutz des Arbeitnehmers vor betriebsbedingten Kündigungen nicht dadurch vollständig ausgehöhlt werden darf, daß der Bereich freier Unternehmerentscheidung auf den Kündigungsentschluß selbst ausgedehnt wird, da dann jede Kündigung ein „dringendes betriebliches Erfordernis" schaffen würde und es im Rahmen dieses Tatbestandsmerkmals nichts mehr zu prü-

---

[199] *Herschel*, BB 1977, 708 (709); *Reuter*, RdA 1978, 344; *Zöllner*, Gutachten D zum 52. Deutschen Juristentag, S. 91ff.; *Badura*, Festschrift zum 75. Geburtstag von Friedrich Berber, 11 (33ff); Isensee/Kirchhof/*Murswiek*, Handbuch des Staatsrechts, Band V, Rnr. 59.

[200] BVerfGE 84, 133 (147); 85, 360 (373).

fen gäbe. Der Kündigungsgrund der „dringenden betrieblichen Erfordernisse“ hätte keinen materiellen Gehalt mehr.

Zur Erfüllung dieser Vorgaben ist es notwendig, aber auch hinreichend, im Rahmen des Merkmals „dringende betriebliche Erfordernisse“ zu prüfen, ob die betriebliche Umsetzung einer wirtschaftlichen Unternehmerentscheidung zum Wegfall einer Beschäftigungsmöglichkeit führt.

Hingegen fordert der Bestandsschutz des Arbeitsverhältnisses gem. Art. 12 I GG nicht zwingend, die Kontrolle unternehmerischer Entscheidungen auch auf ihre wirtschaftliche Dringlichkeit zu erstrecken. Die Überprüfung der betrieblichen Umsetzung verhindert die Aushöhlung des Tatbestandsmerkmals „dringende betriebliche Erfordernisse“ und trägt damit den genannten grundrechtlichen Postulaten Rechnung.

Auch die vom BVerfG aus Art. 12 GG entwickelte Pflicht des Staates zum Schutz gegen Arbeitsplatzverlust aufgrund privater Dispositionen fordert keine gerichtliche Kontrolle unternehmerischen Handelns.

Die Entscheidung, in der das BVerfG das erste Mal diese Schutzpflicht erwähnte, hatte Regelungen des Einigungsvertrages zum Gegenstand, die für Arbeitnehmer bestimmter Einrichtungen der ehemaligen DDR einen Arbeitsplatzverlust vorsahen. Der Arbeitsplatzverlust beruhte in diesen Fällen auf einem hoheitlichen Akt des Gesetzgebers und nicht auf einer Kündigung, die einer am Einzelfall orientierten Prüfung nach dem Kündigungsschutzgesetz unterliegt. Das BVerfG hat die Regelungen des Einigungsvertrages lediglich insoweit als mit dem Grundrecht auf freie Wahl des Arbeitsplatzes unvereinbar angesehen, als dadurch Kündigungsvorschriften des Mutterschutzrechts durchbrochen wurden und die besondere Lage vergleichbar

---

[201] *Scholz*, 25 Jahre Bundesarbeitsgericht, 511 (526); *Badura*, Festschrift zum 75. Geburtstag von Friedrich Berber, 11 (23).

schutzwürdiger Arbeitnehmer und Arbeitnehmerinnen (Schwerbehinderte, ältere Arbeitnehmer, Alleinerziehende) außer Acht gelassen wurde[202]. Hintergrund der Entscheidung war demnach die Aushebelung gesetzlicher Regelungen für besonders geschützte Personengruppen durch den Einigungsvertrag. Der Kontext dieses Urteils würde verfälscht, wenn man aus der darin postulierten staatlichen Pflicht zum Bestandsschutz die generelle Möglichkeit zur gerichtlichen Kontrolle unternehmerischer Dispositionen im Bereich der ordentlichen betriebsbedingten Kündigung ableitete[203].

Erfordern Gründe des Bestandsschutzes gem. Art. 12 GG eine Überprüfung unternehmerischen Handelns im Hinblick auf wirtschaftliche Dringlichkeit nicht zwingend, bleibt zu klären, inwieweit die durch Art. 12, 14 GG geschützte Freiheit unternehmerischen Handelns eine gerichtliche Kontrolle erlaubt.

Das BVerfG bezeichnet in seinem Mitbestimmungsurteil[204] die Eigentumsgarantie (Art. 14 GG) als elementares Grundrecht, das in engem inneren Zusammenhang mit der persönlichen Freiheit stehe. Ihm komme im Gesamtgefüge der Grundrechte die Aufgaben zu, seinem Träger einen Freiheitsraum im vermögensrechtlichen Bereich zu sichern und ihm dadurch eine eigenverantwortliche Gestaltung seines Lebens zu ermöglichen[205]. Eine Inhalts- und Schrankenbestimmung sei dann zulässig, wenn über das im Unternehmen investierte Kapital nicht gegen den Willen der Anteilseigner entschieden werden könne und diese nicht die Kontrolle der Führungsauswahl im Unternehmen verlören und wenn ihnen das Letztentscheidungsrecht belassen wer-

---

[202] BVerfGE 84, 133 (146f.).

[203] Ähnlich *B. Preis*, NZA 1997, 625 (627), der diesen Aussagen im Umkehrschluß entnimmt, daß das BVerfG den Ausgleich zwischen den kollidierenden Grundrechtspositionen im Sinne eines grundsätzlichen Vorranges unternehmerischer Entscheidungsfreiheit versteht.

[204] BVerfGE 50, 290 (340f.).

de. In diesem Fall sei nicht von einer ins Gewicht fallenden Beeinträchtigung des Vermögenswerts der Anteilsrechte und ihrer gesamtwirtschaftlichen Funktion auszugehen, so daß die Beschränkung der Eigentumsgarantie verhältnismäßig sei[206].

Diese Ausführungen lassen darauf schließen, daß das BVerfG die Freiheit der unternehmerischen Entscheidung bei der Unternehmensführung dem unantastbaren Kernbereich des Art. 14 I GG zuordnet.

Im Mitbestimmungsurteil führt das BVerfG weiter aus, auch der personale Kern des Grundrechts der Berufsfreiheit sei nur am Rande berührt, wenn den von den Anteilseignern der Gesellschaft als Unternehmensträger gewählten Aufsichtsratsmitgliedern das Letztentscheidungsrecht verbleibe[207].

Die Handlungsfreiheit auf wirtschaftlichem Gebiet werde schließlich auch durch Art. 2 I GG gewährleistet. Ein angemessener Spielraum zur Entfaltung der Unternehmerinitiative sei unantastbar[208].

Das BVerfG gelangt zu dem Ergebnis, daß unter dem Gesichtspunkt der Verhältnismäßigkeit der Eingriff der Unternehmensmitbestimmung in die Grundrechte der Unternehmer aus Art. 12, 14 GG gerechtfertigt ist, da deren personaler Kern nicht berührt wird.

Diese bei der Prüfung der Verfassungsgemäßheit der Unternehmensmitbestimmung entwickelten Grundsätze können auch auf das vorliegende Problem übertragen werden. Denn bei gerichtlicher Kontrolle unternehmerischer Maßnahmen, die zum Wegfall von Beschäftigungsmöglichkeiten führen, steht ebenfalls das Letztentscheidungsrecht des Unternehmers bzw. der von den Anteilseignern bestellten Unternehmensführung in Frage.

---

[205] BVerfG 50, 290 (341).
[206] BVerfG, 50, 292 (351).
[207] BVerfGE 50, 292 (365).
[208] BVerfGE 50, 292 (366).

Bei der Funktion der Grundrechte als Grundpfeiler einer objektiven Werteordnung unterstreicht das BVerfG nochmals die Bedeutung der unternehmerischen Freiheit im Bereich wirtschaftsordnender Gesetze. Das BVerfG führt aus[209], die Grundrechte seien nach ihrer Geschichte und ihrem heutigen Inhalt in erster Linie individuelle Rechte, Menschen- und Bürgerrechte, die den Schutz konkreter, besonders gefährdeter Bereiche menschlicher Freiheit zum Gegenstand haben. Die Funktion der Grundrechte als objektiver Prinzipien bestehe in der prinzipiellen Verstärkung ihrer Geltungskraft, habe jedoch ihre Wurzel in dieser primären Bedeutung. Sie lasse sich deshalb nicht von ihrem eigentlichen Kern lösen und zu einem Gefüge objektiver Normen verselbständigen, welches den ursprünglichen und bleibenden Sinn der Grundrechte zurücktreten lasse. Der unaufhebbare Zusammenhang, der sich hieraus ergebe, sei für die Frage der Verfassungsmäßigkeit wirtschaftsordnender Gesetze von wesentlicher Bedeutung: Diese sei unter dem Gesichtspunkt der Grundrechte primär eine solche der Wahrung der Freiheit des einzelnen Bürgers, die der Gesetzgeber auch bei der Ordnung der Wirtschaft zu respektieren habe[210].

Das BVerfG relativiert mit diesen Aussagen im Mitbestimmungsurteil ausdrücklich die Funktion der Grundrechte als objektiver Werteordung und betont ihre ursprüngliche Funktion als Freiheitsrechte bei wirtschaftsordnenden Gesetzen. Im Bereich der Wirtschaftsordnung soll die Bedeutung der Grundrechte primär auf der Freiheit der einzelnen Bürger liegen.

Die Aussagen des BVerfG sind so zu verstehen, daß die Freiheit unternehmerischen Handelns auch verfassungsrechtlich abgesichert ist.

---

[209] BVerfGE 50, 290 (337).

[210] BVerfG, 50, 292 (337).

Überträgt man diese Aussagen auf das Problem der gerichtlichen Kontrolle von unternehmerischen Entscheidungen bei der ordentlichen betriebsbedingten Kündigung gem. § 1 II 1 KSchG, muß die Freiheit unternehmerischer Entscheidung dem Kernbereich der Art. 12, 14 GG zugerechnet werden, der einer gerichtlichen Kontrolle nicht zugänglich ist[211].

Auch *Scholz* hat darauf hingewiesen, daß unternehmerische Dispositions-, Produktions- und Marktfreiheit besonders geschützte Annexfreiheiten aus Art. 12, 14 GG sind, die aus der typischen Grundrechtsausübung resultieren und sich in dieser Typik unmittelbar um den Gewährleistungskern von Berufs- und Eigentumsfreiheit gruppieren. Unternehmerische Berufe würden durch Einschränkung oder Entzug dieser Grundrechte bereits unmittelbar im Kern ausgehöhlt[212].

Die Beschränkung dieser typischen Grundrechtsausübungen führe dazu, daß die freie Berufswahl zwar mittelbar, aber doch mit gleichem Effekt wie beim unmittelbaren Eingriff in die Berufswahlfreiheit beeinträchtigt werde[213]. Der Eingriff in diese funktionstypischen Annexfreiheiten bewirke eine tatbestandliche Aushöhlung des Berufs des Unternehmers[214].

Oben wurde in einem ausführlichen Beispiel gezeigt, welche Folgen gerichtliche Kontrolle und ggf. nachträgliche Korrektur unternehmerischer Entscheidungen haben können. Abgesehen davon, daß derartige gerichtliche Eingriffe für kleine Unternehmen den wirtschaftlichen Ruin bedeuten können, ist die Handlungsfreiheit auf wirtschaftlichem Gebiet, das Wesen freien Unternehmertums, nicht mehr gewährleistet. Können die Gerichte unterneh-

---

[211] A.A. *Tenczer*, Freie Unternehmerentscheidung und betriebsbedingte Kündigung, S. 26f., die der Auffassung ist, daß es einen verfassungsrechtlich gefestigten Grundsatz der Gerichtskontrollfreiheit unternehmerischer Entscheidungen nicht geben kann.

[212] Maunz/Dürig/*Scholz*, Art. 12 GG Rnr. 130.

[213] Maunz/Dürig/*Scholz*, Art. 12 GG Rnr. 130.

[214] Maunz/Dürig/*Scholz*, Art. 12 GG Rnr. 130.

merische Entscheidungen aus Gründen des Bestandsschutzes der Arbeitnehmer aufheben oder verändern, wäre dies ein Eingriff in die Berufsfreiheit, der die Intensität von Berufsausübungsregelungen überschritte. Die Gerichte wären dann nämlich in der Lage, die gesamte unternehmerische Konzeption zu Fall zu bringen und dem Unternehmer andere Maßnahmen vorzuschreiben. Wesentliche Eigenschaften wie unternehmerische Initiative und Wagnis liefen damit ins Leere.

Anders als bei der Unternehmensmitbestimmung ist der Kern der Grundrechte der Art. 12, 14 GG berührt, weil dem Unternehmer gerade nicht mehr das Letztentscheidungsrecht verbleibt. Der gerichtliche Eingriff würde sich nicht darauf beschränken, die Art und Weise der Verfolgung der vom Unternehmer selbst festgelegten Ziele zu modifizieren, was noch dem Bereich der Berufsausübung zugerechnet werden könnte. Die Gerichte könnten partiell die Unternehmensführung auch hinsichtlich der Ziele an sich ziehen, z.B. die Stillegung eines Betriebsteils wegen fehlenden Rentabilitätsinteresses verbieten, so daß die Grundprinzipien des Berufs des Unternehmers und damit auch der Kernbereich von Berufsfreiheit und Eigentumsgarantie gem. Art. 12, 14 GG berührt würden.

An die verfassungsrechtliche Rechtfertigung eines gerichtlichen Eingriffs in unternehmerische Entscheidungen müssen daher nach der Stufentheorie dieselben Anforderungen gestellt werden wie an einen Eingriff in die Berufswahl.

Das BVerfG hat früh erkannt, daß besonders intensive Beschränkungen der Berufsausübung auf die Freiheit der Berufswahl durchschlagen können, dann nämlich, wenn die Berufsausübung an derart strenge Voraussetzungen gebunden wird, daß in Wahrheit bereits von einer Beschränkung der freien Berufswahl gesprochen werden muß[215]. Dabei ist die Gestaltungsbefugnis des Gesetzgebers um so freier, je mehr der Eingriff reine Ausübungsregelung ist, dagegen um so beschränkter, je mehr die Regelung unmittelbar oder mittelbar die Berufswahl betrifft[216].

Da ein Eingriff in die unternehmerische Entscheidungsfreiheit nach der hier vertretenen Ansicht die Intensität eines Eingriffs in die Berufswahlfreiheit erreicht, ist dieser nur zulässig, soweit der Schutz besonders wichtiger Gemeinschaftsgüter es zwingend erfordert[217]. Das Übermaßverbot in der besonderen Ausprägung in Gestalt der Stufentheorie stellt die entscheidende Schranken-Schranke dar, neben der der allgemeine Schrankenvorbehalt der Wesensgehaltsgarantie des Art. 19 II GG praktisch keine Bedeutung mehr hat, wie das BVerfG ausdrücklich betont[218].

Es sind aber gerade im Bereich der ordentlichen betriebsbedingten Kündigung keine besonders wichtigen Gemeinschaftsgüter ersichtlich, die die generelle Möglichkeit eines gerichtlichen Eingriffs in unternehmerische Entscheidungen zwingend erfordern.

Das Kündigungsverbot des § 9 I MuSchG, das grundsätzlich Vorrang vor unternehmerischen Entscheidungen hat, die zum Wegfall von Beschäftigungsmöglichkeiten führen, rechtfertigt sich durch die Schutzpflicht des Art. 6 GG.

Ebenso verstärkt der Ausschluß der ordentlichen Kündigung nach § 15 KSchG den Bestandsschutz der Funktionsträger der betrieblichen Mitbe-

---

[215] BVerfGE 7, 377 (400ff.); 8, 71 (81); 9, 338 (344); 11, 30 (43ff.); 12, 144 (148); 12, 281 (294f.); 13, 181 (186ff.); 14, 76 (101); 25, 1 (22); 29, 327 (333ff.); 30, 292 (313ff.); 38, 61 (85f.).

[216] Grundlegend BVerfGE 7, 377 (402ff.; 405ff.).

[217] BVerfGE 7, 377 (378f.).

[218] BVerfGE 7, 377 (403f.); 13, 97 (122); die vom BVerfG vorgeschriebene Güterabwägung entspricht nämlich der relativen Lehre, wie sie zur Erfassung des Begriffs des Wesensgehalts entwickelt worden ist.

stimmung. Die Gefahren für das Verhältnis zum Arbeitgeber, die die Wahrnehmung eines solchen Amtes mit sich bringt, sollen abgemildert werden. Bei etwaigen emotionsgeladenen Konflikten ist nicht der Verlust des Arbeitsplatzes zu befürchten.

Das Bestandsschutzinteresse des Arbeitnehmers stellt jedoch kein solch besonders wichtiges Gemeinschaftsgut dar, das einen Eingriff in unternehmerische Entscheidungen zwingend erfordert. Art. 12 I GG gewährleistet, wie ausführlich dargelegt wurde, gerade kein Recht auf Arbeit oder auf Erhaltung eines bestimmten Arbeitsplatzes. Den grundrechtlichen Vorgaben ist hinreichend Rechnung getragen, wenn im Rahmen des unbestimmten Rechtsbegriffes „dringende betriebliche Erfordernisse" (§ 1 II 1 KSchG) betriebliche Umsetzung und Auswirkung der Unternehmerentscheidung auf die Beschäftigungsmöglichkeiten überprüft werden. Schon aus diesem Grund kann das Bestandsschutzinteresse des Arbeitnehmers keine Einschränkung der Grundrechte des Arbeitgebers bewirken.

Ebensowenig kann ein Eingriff in die unternehmerische Entscheidung durch die Berücksichtigung sozialer Interessen gerechtfertigt werden, weil der Gesetzgeber durch die Sozialauswahl in § 1 III KSchG bereits das geeignete Instrumentarium hierfür zur Verfügung gestellt hat. Dieser gesetzgeberische Wille würde ignoriert, wenn die Gerichte gleichwohl zur Berücksichtigung sozialer Härten in die unternehmerischen Entscheidungen eingriffen.

Diese Ausführungen gelten entsprechend für die verfassungsrechtliche Rechtfertigung des Eingriffs in Art. 14 GG, der bei einem Eingriff in unternehmerische Entscheidungen ebenfalls in seinem Kernbereich verletzt würde. Art. 12 I und 14 I GG stehen beim verfassungsrechtlichen Schutz der Freiheit unternehmerischer Betätigung im Verhältnis der Idealkonkurrenz. Eine genaue Abgrenzung der beiden Schutzbereiche ist nicht notwendig, da die Anforderungen an die verfassungsrechtliche Rechtfertigung eines Eingriffs in die unternehmerische Freiheit bei beiden Grundrechten dieselben sind[219].

Eine Gerichtskontrolle unternehmerischer Entscheidungen ist damit aus Gründen des Bestandsschutzinteresses der Arbeitnehmer weder geboten noch läßt die durch Art. 12, 14 GG geschützte Freiheit unternehmerischer Betätigung sie zu.

Für die verfassungskonforme Auslegung des § 1 II 1 KSchG folgt daraus, daß der Arbeitgeber nicht gezwungen werden darf, Arbeitnehmer weiterzubeschäftigen, deren Arbeitsplätze bzw. Beschäftigungsmöglichkeiten im Betrieb nachweislich weggefallen sind. Das wäre im Ergebnis ein Zwang zur Schaffung von Arbeitsplätzen, den Art. 12 GG gerade nicht vorsieht. *Zöllner* stellt in seinem Gutachten zum 52. Deutschen Juristentag zu Recht fest, wer einen privaten Arbeitgeber zwinge, Mitarbeiter, die er nicht mehr produktiv einsetzen kann, über längere Zeit zu behalten, der müsse, wenn ein gewisses Maß überschritten werde, für den Ausgleich einer solchen privatwirtschaftlichen Lastenaufbürdung sorgen.

Die verfassungskonforme Auslegung führt somit zu dem Ergebnis, daß der Vorrang unternehmerischer Freiheit auch grundrechtlich abgesichert ist[220].

---

[219] Das BVerfG spricht von schrankenrechtlich wesentlicher Identität beider Grundrechte, vgl. BVerfGE 8, 71 (79ff.); 21, 130 (154f.); 50, 290 (339ff., 361ff., 365).

[220] Im Ergebnis ebenso *Reuter*, NZA 1989, 241 (245); er betrachtet den Rückzug gerichtlicher Kontrolle als Ausdruck der Rollendifferenzierung zwischen Staat und Gesellschaft, die dem Privaten einen durch Grundrechte konstituierten Bereich autonomer Gestaltung gewährleistet. Zur Begründung dieser Ansicht bringt Reuter ein Beispiel aus dem Familienrecht: Eine unbeschränkte gerichtliche Kontrolle der in § 1626 II BGB enthaltenen unbestimmten Rechtsbegriffe bzgl. der Grundsätze der elterlichen Erziehung durch die Vormundschaftsgerichte wäre durch das staatliche Wächteramt gem. Art. 6 II 2 GG nicht mehr gerechtfertigt und würde das den Eltern durch Art. 6 II 1 GG gewährleistete Recht auf Erziehung ihrer Kinder verletzen. Der Kernbereich des Rechts auf Kindeserziehung führt somit zu einer Beschränkung der Prüfungskompetenz der Gerichte im einfachen Gesetzesrecht.

3.3.5.5 Auswirkung des Sozialstaatsprinzips

Auch der Einfluß des Sozialstaatsprinzips gem. Art. 20 I GG verändert diese grundrechtlichen Wertentscheidungen nicht.

Das Sozialstaatsprinzip gewährt kein soziales Grundrecht und kann daher ebenfalls kein verfassungsunmittelbares Recht auf Arbeit begründen. Es fordert lediglich eine aktive staatliche Vollbeschäftigungspolitik, wobei konkrete Maßnahmen und Inhalte dem Gesetzgeber überlassen bleiben[221].

Das Sozialstaatsprinzip stellt lediglich eine Staatszielbestimmung dar, die den Gesetzgeber verpflichtet, für eine gerechte Sozialordnung zu sorgen[222]. Er soll das Arbeitsrecht den Anforderungen der Zeit entsprechend gestalten[223]; dabei kommt ihm ein weiter Beurteilungsspielraum zu[224]. Als Grundlage für die Ableitung konkreter, einklagbarer Rechtsansprüche kommt das Sozialstaatsprinzip nicht in Betracht[225]. Aus diesem Grund läßt sich dem Sozialstaatsgebot nur das Verbot einer eindeutig unsozialen Politik entnehmen[226].

Die Bedeutung des Sozialstaatsprinzips für die Rechtsfindung kann darin liegen, daß es bei der Auslegung von Generalklauseln des Privatrechts, bei mehreren möglichen Auslegungen und bei der Schließung von Gesetzeslükken zu berücksichtigen ist[227]. Es enthält jedoch keine Ermächtigung für den Richter, Gesetze wegen Verstoßes gegen Art. 20 I GG zu verwerfen oder

---

221 Maunz/Dürig/*Scholz*, Art. 12 Rnr. 46.

222 BVerfGE 5, 85 (198); 22, 180 (204); 27, 253 (283); 35, 202 (235f.); 69, 272 (314); *Söllner*, Grundriß des Arbeitsrechts, § 5 IV, S. 38; MünchArbR/*Richardi*, § 9 Rnr.7.

223 *Schaub*, Arbeitsrechts-Handbuch, § 3 Rnr.1.

224 BVerfGE 5, 85 (198); 18, 257 (273); 29, 221 (235); 59, 231 (263).

225 BSozGE 6, 213 (219); 10, 97 (1oo); 19, 88 (92); BVerfGE 27, 253 (283); 39, 302 (315).

226 Maunz/Dürig/*Scholz*, Art. 12 Rnr. 26.

227 BVerfGE 59, 231 (262f.); *Hromadka/Maschmann*, Arbeitsrecht, Band 1, § 2 Rnr. 38; *Söllner*, Grundriß des Arbeitsrechts, § 5 IV, S. 38.

neue Ansprüche zu schaffen[228]. Ebenso wenig kann das Sozialstaatprinzip zur Korrektur gesetzlicher Regelungen herangezogen werden, die sich im Einzelfall nachteilig oder als Härte auswirken können[229].

Überdies ist bei der Verwendung des Sozialstaatsprinzips als Auslegungsmaxime zu beachten, daß bei Wirtschafts-, Sozial- und Arbeitsgesetzen der Gesetzgeber selbst schon das Sozialstaatsprinzip berücksichtigt haben müßte. Ist das geschehen, würde eine zusätzliche Heranziehung dieses Grundsatzes durch das Gericht den Gesetzeszweck verfälschen[230].

Das KSchG ist dem Bereich des Arbeitnehmerschutzrechts zuzuordnen und daher gerade Ausdruck des sozialstaatlichen Regelungsauftrags, so daß bei der Auslegung des § 1 II 1 KSchG davon auszugehen ist, daß der Gesetzgeber das Sozialstaatsprinzip bedacht hat; in der Tat war es die erklärte Absicht des Gesetzgebers, durch Erlaß des KSchG den arbeitsrechtlichen Bestandsschutz zu verbessern[231]. Dennoch wollte der Gesetzgeber durch das KSchG in unternehmerische Entscheidungen nicht eingreifen. Die historische Auslegung hat gezeigt, daß dem Wort „dringend" keine solche Bedeutung beizumessen ist.

Im übrigen hat der Gesetzgeber durch die Verpflichtung des Arbeitgebers zur Durchführung der Sozialauswahl in § 1 III KSchG seinen sozialstaatlichen Regelungsauftrag wahrgenommen.

Hieraus wird deutlich, daß der Gesetzgeber bei Erlaß des KSchG dem Sozialstaatsprinzip hinreichend Rechnung getragen hat. Deshalb verbietet sich

---

[228] *Hromadka/Maschmann*, Arbeitsrecht, Band 1, § 2 Rnr. 38; *Degenhart*, Staatsrecht, Band 1, Rnr. 361.

[229] BVerfGE 26, 44 (61f.); 66, 234 (248); 67, 231 (239).

[230] *Söllner*, Arbeitsrecht, § 5 IV, S. 38.

[231] Vgl. die Begründung zum Regierungsentwurf des KSchG, RdA 1951, 61 (63).

schon aus dem von *Söllner* genannten Gesichtspunkt eine nochmalige Berücksichtigung bei der Auslegung des KSchG[232].

Selbst wenn man das Sozialstaatsprinzip zur Auslegung des Tatbestandsmerkmals „dringende betriebliche Erfordernisse" nochmals heranziehen wollte, würde dies nicht zu dem Ergebnis führen, daß die Gerichte in unternehmerische Entscheidungen eingreifen können. Das wäre, wie soeben ausgeführt, eine Verletzung der durch Art. 12, 14 GG gewährleisteten Handlungsfreiheit des Unternehmers auf wirtschaftlichem Gebiet.

Das Sozialstaatsprinzip ist wegen seiner Offenheit nicht geeignet, andere Grundrechte unmittelbar einzuschränken. Das würde einen verbindlichen Auftrag voraussetzen[233].

Es führt demnach nicht zu einer Erweiterung des Bestandsschutzes des Arbeitsverhältnisses gem. Art. 12 GG im Wege mittelbarer Drittwirkung. Auch in Verbindung mit dem Sozialstaatsprinzip gewährt Art. 12 GG kein Recht auf Arbeit oder auf Erhaltung eines bestimmten Arbeitsplatzes innerhalb der privaten Rechtsordnung[234].

Eine gerichtliche Kontrolle unternehmerischer Entscheidungen und damit ein Eingriff in die Grundrechte des Arbeitgebers kann folglich auch durch das Sozialstaatsprinzip nicht legitimiert werden[235].

---

[232] Insoweit äußerst bedenklich ArbG Gelsenkirchen, Urt. vom 28.10.1997, NZA 1998, 944; in dem Urteil wird ausgeführt, ein Personalabbau trotz jahrelanger herausragender Gewinne verstoße gegen das Sozialstaatprinzip, weshalb entsprechende unternehmerische Maßnahmen als willkürlich zu betrachten seien.

[233] Vgl. BVerfGE 52, 283 (298) zur Begrenzung der Pressefreiheit durch das Sozialstaatsprinzip; ebenso BVerfGE 59, 231 (262f.) zur Einschränkung der Rundfunkfreiheit.

[234] Maunz/Dürig/*Scholz*, Art. 12 GG Rnr. 75.

[235] Vgl. auch hierzu ArbG Gelsenkirchen, Urt. vom 28.10.1997, NZA 1998, 944; das Gericht zieht in dem Urteil das Sozialstaatsprinzip heran, um die der Gewinnmaximierung dienende, der Kündigung zugrundeliegende Unternehmerentscheidung als willkürlich einzustufen. Einen solchen Eingriff kann das Sozialstaatsprinzip jedoch nicht legitimieren.

3.3.5.6 Zusammenfassung

Bei der Auslegung des unbestimmten Rechtsbegriffs „dringende betriebliche Erfordernisse“ (§ 1 II 1 KSchG) ist der Einfluß der Grundrechte zu beachten.

Das Gesetz enthält keine eindeutige Aussage über die Reichweite unternehmerischer Entscheidungsfreiheit, so daß der bestehende Auslegungsspielraum einen Rückgriff auf die Wertungen des Grundgesetzes erfordert.

Eine verfassungskonforme Auslegung führt zu dem Ergebnis, daß die Freiheit unternehmerischer Entscheidung grundrechtlich abgesichert ist. Auch das Sozialstaatsprinzip ermächtigt die Gerichte nicht, unternehmerische Entscheidungen auf Zweckmäßigkeit oder wirtschaftliche Dringlichkeit zu kontrollieren. Die gerichtliche Überprüfung unternehmerischer Entscheidungen beschränkt sich auf den Wegfall einer Beschäftigungsmöglichkeit als Folge der Umsetzung einer unternehmerischen Entscheidung.

3.3.6 Verhältnis der Auslegungskriterien zueinander

Bei den behandelten Auslegungsgesichtspunkten handelt es sich nicht um verschiedene Auslegungsmethoden, unter denen beliebig gewählt werden könnte, sondern um leitende Gesichtspunkte, denen ein unterschiedliches Gewicht zukommt[236].

Die Auslegung nach dem Wortsinn bildet den Ausgangspunkt und bestimmt zugleich die Grenze der Auslegung, da das, was jenseits des möglichen Wortsinns liegt und mit ihm auch bei weitester Auslegung nicht mehr vereinbar ist, nicht als Inhalt des Gesetzes gelten kann[237]. Der grammatikalischen Auslegung kommt danach in erster Linie eine Eingrenzungsfunktion

---

[236] *Larenz/Canaris*, Methodenlehre der Rechtswissenschaft, S. 163.
[237] *Larenz/Canaris*, Methodenlehre der Rechtswissenschaft, S. 164.

zu[238]. Da der Wortsinn in der Regel nicht eindeutig ist, sondern Raum für mehrere Varianten läßt[239], muß zur Präzisierung der Auslegung auf die anderen Kriterien zurückgegriffen werden.

Dabei ist zunächst der Bedeutungszusammenhang des Gesetzes als Kontext unentbehrlich. Darüber hinaus ist zu erwarten, daß Normen desselben Regelungskomplexes sachlich miteinander übereinstimmen. Im Zweifel ist daher die Norm im Hinblick auf die gesetzliche Systematik so auszulegen, daß die Übereinstimmung gewahrt wird[240].

Von den verbleibenden Auslegungsvarianten ist diejenige zu bevorzugen, die der Regelungsabsicht des Gesetzgebers und dem Zweck der betreffenden Norm am ehesten gerecht wird[241].

Sofern die bisherigen Kriterien zur Ermittlung des Bedeutungsgehalts immer noch nicht ausreichen, ist auf objektiv teleologische Kriterien zurückzugreifen, auch wenn diese dem Gesetzgeber vielleicht nicht voll bewußt waren[242].

Besondere Bedeutung kommt schließlich der verfassungskonformen Auslegung zu. Im Falle mehrerer, nach obigen Kriterien möglichen Auslegungen des Gesetzes ist derjenigen der Vorzug zu geben, bei der die Norm, an den Verfassungsprinzipien gemessen, Bestand haben kann[243].

3.3.7 Ergebnis

Die unternehmerische Entscheidung ist im Rahmen der Prüfung der sozialen Rechtfertigung der betriebsbedingten Kündigung durch das Tatbestands-

---

[238] *Larenz/Canaris*, Methodenlehre der Rechtswissenschaft, S. 166; hier wird der Auffassung von Larenz gefolgt, nach der innerhalb der genannten Auslegungsmethoden kein festes Rangverhältnis besteht; a.A. *Koch/Rüssmann*, Juristische Begründungslehre, 1982, S. 176ff.; *Alexy*, Theorie der juristischen Argumentation, S. 302ff.

[239] Vgl. *Weinsheimer*, NJW 1959, 566.

[240] *Larenz/Canaris*, Methodenlehre der Rechtswissenschaft, S. 164.

[241] *Larenz/Canaris*, Methodenlehre der Rechtswissenschaft, S. 164.

[242] *Larenz/Canaris*, Methodenlehre der Rechtswissenschaft, S. 165.

[243] *Larenz/Canaris*, Methodenlehre der Rechtswissenschaft, S. 165.

merkmal „dringende betriebliche Erfordernisse“ (§ 1 II 1 KSchG) keiner gerichtlichen Kontrolle zugänglich.

Zwar führt die grammatikalische Auslegung zu keinem eindeutigen Ergebnis, doch die Auslegung nach systematischen, historischen, objektiv-teleologischen Gesichtspunkten und die letztlich entscheidende verfassungskonforme Auslegung sprechen gegen eine gerichtliche Kontrollierbarkeit unternehmerischer Maßnahmen. Es ist den Arbeitsgerichten daher nicht möglich, die unternehmerische Entscheidung auf Notwendigkeit und Zweckmäßigkeit zu überprüfen und dem Unternehmer eine andere Entscheidung vorzuschreiben.

Ebenso ist den Gerichten die Prüfung verwehrt, ob die schlechte wirtschaftliche Situation des Unternehmens einen Arbeitsplatzabbau erfordert. Die Unternehmerentscheidung kann von den Gerichten nicht deswegen zurückgewiesen werden, weil es an einem Rentabilitätsinteresse fehlt oder das Unternehmen ohnehin hohe Gewinne erzielt[244]. Kosten- und Rentabilitätsgesichtspunkte als Motive für eine unternehmerische Entscheidung sind für die soziale Rechtfertigung einer betriebsbedingten Kündigung ohne Bedeutung und müssen vom Unternehmer im Prozeß folglich nicht dargelegt werden[245].

---

244 *Hueck/v. Hoyningen-Huene*, § 1 KSchG, Rnr. 382; *B. Preis*, NZA 1997, 625 (631); *v. Hoyningen-Huene*, NZA 1994, 1009 (1011); *Stahlhacke*, DB 1994, 1361 (1364f.); *Hillebrecht*, ZfA 1991, 87 (110) *Buchner*, DB 1984, 504 (506); a.A. *U. Preis*, Prinzipien, S. 305ff.; *ders.*, Anm. zu BAG, Urt. vom 29.3.1990, EzA § 1 KSchG Soziale Auswahl Nr. 29; ders., NZA 1995, 240 (248); Weiss/Gagel/*Preis*, § 19 F Rnr. 25ff.; *Borrmann*, Das Arbeitsrecht der Gegenwart 1986 (Band 24), 71 (85); ebenso *Oetker*, SAE 1991, 11 (16); zweifelnd angesichts der Art und Weise der Personalfreisetzung in Zeiten des „shareholder value“ *Bitter*, DB 1999, 1214 (1219); skeptisch auch *Zepter*, DB 2000, 474 (476); auch *Tenczer*, Freie Unternehmerentscheidung und betriebsbedingte Kündigung, S. 112, erwägt in diesen Fällen wegen gestörter Vertragsparität eine gerichtliche Korrektur unternehmerischer Entscheidungen im Rahmen der aus Art. 12 GG folgenden Schutzpflicht.

245 Dies betonen explizit *Reuter*, NZA 1989, 241 (242); *Ascheid*, NZA 1991, 873 (874); *Buchner*, DB 1984, 504 (508); *Schaub*, RdA 1981, 371 (374); Gericke, Gerichtskon-

Die wirtschaftliche Unternehmerentscheidung und die darauf aufbauende betriebsorganisatorische Entscheidung, die zum Wegfall von Beschäftigungsmöglichkeiten führt, dürfen von den Gerichten nicht angetastet werden.

Die gerichtliche Kontrolle muß sich demnach auf die Auswirkungen der betrieblichen Umsetzung der unternehmerischen Entscheidung beschränken.

3.4 Darlegungslast hinsichtlich der unternehmerischen Entscheidung

Nachdem dargelegt worden ist, daß den Gerichten ein Eingriff in unternehmerische Entscheidungen verwehrt ist, muß nun geklärt werden, welcher Tatsachenvortrag für eine Unternehmerentscheidung erforderlich ist, damit als Folge ihrer Umsetzung von einem „dringenden betrieblichen Erfordernis" zur sozialen Rechtfertigung einer betriebsbedingten Kündigung auszugehen ist.

3.4.1 Der Wegfall einer Beschäftigungsmöglichkeit als Folge der Umsetzung der Unternehmerentscheidung

Ausgangspunkt der folgenden Überlegungen ist das soeben gefundene Ergebnis, daß die wirtschaftliche Unternehmerentscheidung vom Gericht als gegeben hinzunehmen ist. Die Motive einer Unternehmerentscheidung, die zur Personalreduzierung führt, wie der Wille, rentabler zu arbeiten, oder das Streben nach Gewinnmaximierung sind deshalb nicht Gegenstand gerichtlicher Prüfung.

Gleichwohl reichen diese Motive ebenso wie der bloße Wille zur Personalreduzierung zur sozialen Rechtfertigung der betriebsbedingten Kündigung nicht aus, solange sie sich nicht auf die Beschäftigungsmöglichkeiten im Be-

---

trollfreiheit von Unternehmerentscheidungen, S. 27; *Osthold*, DB 1956, 112; kritisch *Zepter*, DB 2000, 474 (476).

trieb auswirken, da das KSchG sonst keinen Schutz vor betriebsbedingten Kündigungen mehr gewähren könnte[246].

Voller gerichtlicher Kontrolle unterliegt daher, ob die Umsetzung einer Unternehmerentscheidung eine Beschäftigungsmöglichkeit entfallen läßt[247]. Das ist der Fall, wenn der Arbeitnehmer nicht mehr vertragsgerecht beschäftigt werden kann[248], wenn Identität und Kontinuität[249] des bisherigen Arbeitsplatzes nicht mehr gegeben sind.

Aus dem Tatsachenvortrag des Unternehmers muß sich ergeben, daß als Folge der Unternehmerentscheidung die Aufgabe des gekündigten Arbeitnehmers im Betrieb entweder nicht mehr anfällt oder von anderen Arbeitnehmern miterledigt wird[250], daß also ein Arbeitskräfteüberhang besteht[251].

3.4.2 Notwendigkeit der Reduzierung der anfallenden Arbeitsmenge oder der Veränderung der betrieblichen Organisation als Folge der Unternehmerentscheidung

Zu den umstrittenen Problemen gehört es, inwieweit eine Unternehmerentscheidung auf betrieblicher Ebene objektivierbar sein muß, damit vom Wegfall einer Beschäftigungsmöglichkeit auszugehen ist und ein „dringendes be-

---

[246] *Stahlhacke/Preis/Vossen*, Kündigung und Kündigungsschutz im Arbeitsverhältnis, Rnr. 658; *Quecke*, NZA 1999, 1247 (1249); *Preis*, NZA 1995, 241 (245); *Ascheid*, Kündigungsschutzrecht, Rnr. 260 ff. (269); *Meisel*, ZfA 1991, 213 (219); *Schwerdtner*, ZIP 1984, 10 (11).

[247] *Hueck/v. Hoyningen-Huene*, KSchG, § 1 Rnrn. 371b, 389; *Buchner*, DB 1984, 504; zustimmend *Borrmann*, Das Arbeitsrecht der Gegenwart 1986 (Band 24), 71 (76); *Ascheid*, Kündigungsschutzrecht, Rnr. 236; *ders.* DB 1987, 1144 (1145); *ders.* NZA 1991, 873 (875); *Hueck/v.Hoyningen-Huene*, KSchG, § 1 Rnr. 389; *v. Hoyningen-Huene*, NZA 1994, 1009; *Preis*, NZA 1995, 241 (243).

[248] *Schaub*, BB 1993, 1089 (1091); ErfKomm/*Ascheid*, § 1 KSchG Rnr. 426.

[249] *V. Hoyningen-Huene*, NZA 1994, 1009 (1011).

[250] Vgl. *Preis*, NZA 1995, 241 (246); Weiss/Gagel/*Preis*, § 19 F Rnr. 24.

[251] *Borrmann*, Das Arbeitsrecht der Gegenwart 1986 (Band 24), 71 (87); ähnlich *Stahlhacke*, Die betriebsbedingte Kündigung, S.17, der ausführt, auf dem arbeitsgerichtlichen Prüfstand stehe das Verhältnis zwischen Arbeitsmenge und verbleibenden Arbeitnehmern.

triebliches Erfordernis“ zur sozialen Rechtfertigung einer betriebsbedingten Kündigung vorliegt.

Eine Beschäftigungsmöglichkeit ist jedenfalls dann entfallen, wenn sich infolge der Unternehmerentscheidung nachweislich die im Betrieb anfallende Arbeitsmenge verringert, wenn z.B. Produktionsbereiche stillgelegt werden, Aufgabenfelder wegfallen oder der Unternehmer sich entschließt, einem Umsatzrückgang Rechnung zu tragen und den Personalbestand dem verringerten Personalbedarf anzupassen.

Schwieriger gestaltet sich die Überprüfung des Wegfalls einer Beschäftigungsmöglichkeit, wenn die Unternehmerentscheidung keinen Einfluß auf das im Betrieb anfallende Arbeitsvolumen hat, sondern lediglich die betriebliche Organisation verändert wird. Die Bestimmung des notwendigen Personalbedarfs liegt in diesen Fällen zu einem großen Teil im Ermessen des Arbeitgebers. Die Möglichkeit der Überprüfung anhand objektiver Kriterien nimmt ab, so daß die Gefahr besteht, daß die Schutzfunktion des KSchG unterlaufen wird.

Die Organisationsentscheidung ist in diesen Fällen nur dann als Unternehmerentscheidung, die zu „dringenden betrieblichen Erfordernissen“ führt, anzuerkennen, wenn sie klar vom bloßen Entschluß zur Personalreduzierung abgegrenzt werden kann. Der Unternehmer muß darlegen, daß er durch eine Umstrukturierung die betriebliche Organisation so verändert hat, daß die Aufgaben des gekündigten Arbeitnehmers künftig entweder von anderen Arbeitnehmern miterledigt werden[252] oder daß sie infolge der Veränderung des betrieblichen Konzepts künftig wegfallen[253].

---

[252] *Preis*, NZA 1995, 241 (246).

[253] *Stahlhacke*, DB 1994, 1362 (1364); *ders.*, Die betriebsbedingte Kündigung, S. 19; *Ascheid*, DB 1987, 1144 (1146); *ders.*, Kündigungsschutzrecht, Rnr. 239ff. (244, 253); zweifelnd allerdings *B. Preis*, ArbuR 1997, 60 (64).

Der Arbeitgeber kann demzufolge einem Betriebsassistenten kündigen, wenn er sich entschließt, dessen Arbeit entweder ganz oder teilweise nicht mehr ausführen zu lassen oder anders zu verteilen[254]. Dasselbe gilt für die Kündigung eines Verkaufsleiters[255] und die Einsparung von Stabsstellen[256], wobei ohne Belang ist, ob diese Tätigkeiten an sich noch ausgeführt werden könnten.

Stahlhacke führt in dem von ihm als Beispiel herangezogenen „Polierfall[257]" aus, ein Bauunternehmer könne zwei von fünf Polieren kündigen, wenn er der Auffassung ist, die ständige Überwachung der Baustellen sei nicht mehr notwendig, und er deswegen auf die Aufsichtstätigkeit dauernd verzichten will.

Preis[258] lehnt dies ab, da sonst die bloße Leistungsverdichtung ohne Umorganisation und ohne Veränderung der Arbeitsmenge die betriebsbedingte Kündigung rechtfertigen könne. Er verlangt, der Arbeitgeber müsse plausibel darlegen, daß er die Aufgaben anders verteilt habe, daß sie weggefallen seien oder daß er bislang überflüssiges Personal beschäftigt habe.

Preis verkennt meiner Ansicht nach, daß sehr wohl eine Unternehmerentscheidung in Form einer Veränderung des betrieblichen Konzepts vorliegt, die zum Wegfall einer Beschäftigungsmöglichkeit führt. Die Veränderung liegt darin, daß der Unternehmer auf ständige Qualitätskontrolle verzichtet, die sich seiner Ansicht nach als überflüssig erwiesen hat. Damit fällt die entsprechende Beschäftigungsmöglichkeit weg.

---

[254] Vgl. LAG Köln, Urt. vom 28.10.1986, LAGE § 1 KSchG Betriebsbedingte Kündigung Nr. 8.

[255] Vgl. LAG Köln, Urt. vom 16.10.1986, LAGE § 1 KSchG Betriebsbedingte Kündigung Nr. 10.

[256] LAGE § 1 KSchG, Betriebsbedingte Kündigung Nr.21.

[257] *Stahlhacke*, DB 1994, 1361 (1364).

[258] *Preis*, NZA 1995, 241 (247).

Auch *Ascheid*, der die Auffassung vertritt, daß die kündigungsrelevante Unternehmerentscheidung stets auf die Arbeitsmenge durchschlagen muß[259], gesteht dem Unternehmer in dem von ihm konstruierten „Kaffeehausfall[260]" zu, ein gehobenes Kaffee in eine Art Schnellimbiß umzuwandeln. Mit dieser Veränderung des Servicekonzeptes sei es dem Kaffeehausbetreiber möglich, Personal zu reduzieren, da sich der Bedienungsaufwand in diesem Fall verringere und dadurch Beschäftigungsmöglichkeiten wegfielen.

Die Gerichte können in den Fällen, in denen die Unternehmerentscheidung in einer reinen Organisationsentscheidung besteht, einen Arbeitskräfteüberhang nicht mehr dadurch feststellen, daß sie Arbeitsmenge und vorhandene Arbeitnehmerzahl in Beziehung setzen und den künftigen Arbeitskräftebedarf aus der prognostizierten Verringerung des Arbeitsvolumens streng objektiv bestimmen. Die Größe des künftigen Personalbestandes hängt bei reinen Veränderungen der betrieblichen Organisation und Umverteilung der Arbeit vielmehr größtenteils von subjektiven Einschätzungen des Unternehmers ab[261].

Dem Unternehmer muß bei solchen Organisationsentscheidungen hinsichtlich des Personalbedarfs eine Einschätzungsprärogative zugestanden werden[262]. Allein der Arbeitgeber kennt die betrieblichen Arbeitsabläufe so genau, daß er absehen kann, welche Tätigkeiten auf andere Arbeitnehmer ver-

---

[259] *Ascheid*, DB 1987, 1144 (1146); *ders.* Kündigungsschutzrecht, Rnr. 239ff. (244, 253).

[260] *Ascheid*, DB 1987, 1144 (1146).

[261] Diese Überlegung beruht natürlich auf der Voraussetzung, daß die verbleibenden Arbeitnehmer nach ihrem Arbeitsvertrag verpflichtet sind, die zusätzliche Arbeit zu übernehmen.

[262] So auch *B. Preis*, ArbuR 1997, 60 (68); *ders*, NZA 1997, 625 (632); von einer Plausibilitätskontrolle spricht auch *U. Preis*, NZA 1995, 241 (247); vgl. auch *Stahlhacke*, DB 1994, 1361 (1363), der in diesem Problem eine der noch recht gering konkretisierten „Feinabstimmungen" der sozialen Rechtfertigung der betriebsbedingten Kündigung

teilt werden können und welche Aufgaben sich als überflüssig erwiesen haben. Es muß ihm im Rahmen der Bestimmung des betrieblichen Konzeptes auch überlassen bleiben, Verlangsamungen und Verzögerungen in Kauf zu nehmen.

Die Anerkennung einer Einschätzungsprärogative ist vor allem im Dienstleistungsbereich von Bedeutung, denn bei der Neuausrichtung von Servicekonzepten, die im Hinblick auf Bedienungsintensität stark variieren können, sind die Arbeitsgerichte schwerlich in der Lage, dem Unternehmer zu sagen, wieviele Arbeitnehmer notwendig sind.

Wenn der Inhaber eines Warenhauses oder eines Restaurants die unternehmerische Entscheidung trifft, sein Bedienungskonzept zu ändern, um von der Vollbedienung auf mehr Selbstbedienung der Kunden bzw. Gäste überzugehen, kann er am besten beurteilen, wie viele Arbeitnehmer er nach der Organisationsveränderung noch benötigt, da nur er die spezifischen Besonderheiten seines Betriebes kennt[263].

Die Veränderung des Konzeptes stellt die im Prozeß darzulegende Unternehmerentscheidung dar. Der Unternehmer muß einsichtig und nachvollziehbar machen, daß für die gekündigten Arbeitnehmer durch die Organisationsveränderung keine Beschäftigungsmöglichkeit mehr besteht und daß die Arbeit von den verbleibenden Arbeitnehmern ohne dauerhaft überobligationsmäßige Leistungen erledigt werden kann.

Dem Bestandsschutz der Arbeitnehmer ist in diesen Fällen hinreichend Rechnung getragen, da der Unternehmer die Veränderung des betrieblichen Konzepts darlegen muß und dadurch sichergestellt ist, daß nicht schon der

---

sieht; BAG, Urt. vom 17.6.1999, AP Nr. 101 zu § 1 KSchG 1969 Betriebsbedingte Kündigung; kritisch *Zepter*, DB 2000, 474 (476).

bloße Wille zu Kostensenkung und Personalabbau „dringende betriebliche Erfordernisse" begründet, mit den Worten von *Preis* gesprochen „auf den Kündigungsgrund durchschlägt[264]".

Entscheidend für die Darlegung der Unternehmerentscheidung ist, daß die Grenzen zwischen der Organisationsentscheidung, welche von den Gerichten überprüft werden kann, und der Kündigung nicht verwischt werden.

3.4.3 Die Kündigung zur Leistungsverdichtung

Umstritten ist, ob eine Unternehmerentscheidung zum Wegfall einer Beschäftigungsmöglichkeit und damit zu „dringenden betrieblichen Erfordernissen" führen kann, die weder mit einer Reduzierung der Arbeitsmenge noch mit einer Veränderung der betrieblichen Organisation einhergeht. Das ist der Fall, wenn der Unternehmer bestimmte Arbeitsplätze abbauen will, weil er der Auffassung ist, die vorhandene Arbeit reiche nicht aus, um alle Arbeitnehmer in vertraglichem Umfang zu beschäftigen. Die Unternehmerentscheidung zielt in diesem Fall auf eine „Leistungsverdichtung" ab.

Da sich weder Arbeitsvolumen noch Betriebsorganisation ändern, läßt sich der Wegfall einer Beschäftigungsmöglichkeit in diesen Fällen kaum an objektiven Kriterien messen.

Wegen der Nähe zum bloßen Kündigungsentschluß besteht bei der Anerkennung der Leistungsverdichtung als einer zu „dringenden betrieblichen Erfordernissen" führenden Unternehmerentscheidung die Gefahr des Leerlaufens des KSchG. Ermöglicht eine grundlegende Änderung der betrieblichen Organisation bzw. des unternehmerischen Konzepts und eine damit einhergehende Neuverteilung der Aufgaben noch eine Plausibilitätskontrolle,

---

[263] Die Veränderung des Servicekonzeptes erkennt auch *Ascheid* als unternehmerische Entscheidung an, vgl. DB 1987, 1144 (1146); für eine Einschätzungsprärogative des Dienstleistungsunternehmers auch *Sowka*, MDR 1995, 1195 (1196).

[264] *Preis*, NZA 1995, 241 (247)

ob eine Beschäftigungsmöglichkeit entfallen ist, kann dies bei der Kündigung zur Leistungsverdichtung kaum noch gerichtlich überprüft werden.
Das BAG hat mittlerweile klargestellt, daß eine Unternehmerentscheidung auch darin liegen kann, künftig auf Dauer mit weniger Personal zu arbeiten. Soweit dadurch eine Leistungsverdichtung eintrete, müsse dieses Konzept anerkannt werden, da der rationelle Einsatz des Personals Sache des Unternehmers sei[265]. Das BAG hat die Kündigung zur Leistungsverdichtung folglich anerkannt.

3.4.3.1 Die Ansichten in der Literatur

Im Schrifttum ist die Zulässigkeit einer Kündigung zur Leistungsverdichtung sehr umstritten [266].
Ascheid erkennt das Konzept der Leistungsverdichtung nicht als Unternehmerentscheidung an. Seiner Ansicht nach muß die kündigungsrelevante Unternehmerentscheidung zu einer Verringerung der Arbeitsmenge führen. Ein Arbeitgeber kann folglich bei gleichbleibender Arbeitsmenge nicht betriebsbedingt kündigen[267].

---

[265] BAG, Urt. vom 24.4.1997, AP Nr. 42 zu § 2 KSchG 1969.

[266] Bejahend *Tenczer*, Freie Unternehmerentscheidung und betriebsbedingte Kündigung, S. 104; *Hümmerich/Spirolke*, NZA 1998, 797 (799); *Fischermeier*, NZA 1997, 1089 (1090); *Berkowsky*, Die betriebsbedingte Kündigung, § 6 Rnr. 25; *Sowka*, MDR 1995, 1195; *v. Hoyningen-Huene*, NZA 1994, 1009 (1011); *Hromadka/Maschmann*, Arbeitsrecht, Band 1, § 10 Rnr. 200; *Hillebrecht*, ZfA 1991, 87 (110); *Meisel*, ZfA 1991, 213 (221); *Schwerdtner*, ZIP 1984, 10 (13); KR-*Etzel*, § 1 KSchG Rnr. 577; *Löwisch*, KSchG, § 1 KSchG Rnr. 239; *ders.*, Schriftenreihe Otto-Brenner-Stiftung, Band 73, S. 66; *Tenczer/Stahlhacke*, Anm. zu LAG Bremen, Urt. vom 3.5.1996, LAGE § 1 KSchG Soziale Auswahl Nr. 16; dagegen *Ascheid*, Kündigungsschutzrecht, Rdnr.239ff (244); *ders.* DB 1987, 1144 (1146); *Preis*, NZA 1995, 245 (247); *ders.* NZA 1997, 1073 (1079); *Stahlhacke/Preis*/Vossen, Kündigung und Kündigungsschutz im Arbeitsverhältnis, Rdnr.633; *Dorndorf/Weller/Hauck*, KSchG, § 1 KSchG Rnr. 879; kritisch *Stahlhacke*, DB 1994, 1361 (1363ff.); zweifelnd *B. Preis*, NZA 1997, 625 (632f.); *ders.* ArbuR 1997, 60 (64).

[267] *Ascheid*, NZA 1991, 876; *ders.* DB 1987, 1144 (1146); *ders.*, Kündigungsschutzrecht, Rnrn. 239ff. (244, 253); ErfKomm/*Ascheid*, § 1 KSchG Rnr. 423; zustimmend

Auch *Preis* lehnt eine Kündigung zur Leistungsverdichtung ab. Der bloße Entschluß, die gleichen Aufgaben mit weniger Personal durchzuführen, könne kein „dringendes betriebliches Erfordernis" begründen, da ansonsten das KSchG leer liefe. Es sei demnach ausgeschlossen, bei gleichbleibender Arbeitsmenge ohne organisatorische Maßnahmen betriebsbedingte Kündigungen zum Zwecke der Leistungsverdichtung auszusprechen[268].

Dagegen vertritt *von Hoyningen-Huene* die Ansicht, eine Unternehmerentscheidung könne auch darin bestehen, Personal abzubauen, also die Leistungsdichte zu erhöhen, ohne die Betriebsorganisation zu verändern (Ausdünnung)[269].

Berkowsky fragt sogar, ob der Unternehmer nicht während des Betriebs der Unternehmung alle diejenigen Entscheidungen justizfrei treffen kann, die er auch zu Beginn seiner Unternehmung justizfrei treffen konnte. Niemand könne geltend machen, ein Unternehmer habe bei Beginn seiner Tätigkeit zu wenige Arbeitnehmer eingestellt[270]. *Berkowsky* hält es daher für legitim zu fragen, ob nicht auch die Entscheidung, den Betrieb anstatt bislang mit – beispielsweise – 100 Arbeitnehmern künftig nur noch mit 80 Arbeitnehmern zu führen, justizfrei getroffen werden kann[271].

Auch *Hillebrecht* vertritt den Standpunkt, der Arbeitgeber müsse im Rahmen einer Personalreduzierung lediglich den Entschluß fassen, künftig unge-

---

Stahlhacke/Preis/Vossen, Kündigung und Kündigungsschutz im Arbeitsverhältnis, Rnr. 633; *Preis*, NZA 1995, 241 (247).

268 *Preis*, NZA 1997, 1075 (1079); *ders.*, NZA 1995, 245 (247).; Weiss/Gagel/*Preis*, § 19 F Rnr. 39; *Stahlhacke/Preis/Vossen*, Kündigung und Kündigungsschutz im Arbeitsverhältnis, Rnr. 633.

269 *V. Hoyningen-Huene*, NZA 1994, 1009 (1011).

270 *Berkowsky*, Die betriebsbedingte Kündigung, § 6 Rnr. 24.

271 *Berkowsky*, Die betriebsbedingte Kündigung, § 6 Rnr. 25.

achtet der Auftragslage nur noch eine verringerte Zahl von Arbeitnehmern in der Produktion oder der Verwaltung einzusetzen[272].

Meisel[273] geht sogar so weit zu behaupten, es sei ohne Belang, ob objektiv ein Bedarf für die Arbeitsleistung des gekündigten Arbeitnehmers bestehe, wenn der Arbeitgeber sich aus sachlichen Gründen dazu entschlossen habe, die Arbeitsleistung nicht abzufordern. Entschließe sich der Arbeitgeber beispielsweise aus Altersgründen, seinen Betrieb zu verkleinern, indem er weniger Aufträge hereinnehme, dann sei dies ebenso eine unternehmerische Entscheidung wie der Beschluß der Geschäftsleitung, von zehn Sekretärinnen zwei zu entlassen und deren Arbeitspensum auf die verbleibenden acht Schreibkräfte zu verteilen unter Inkaufnahme, daß gewisse Schreibarbeiten liegen bleiben oder weniger sorgfältig bearbeitet werden. Niemand könne verpflichtet werden, andere in abhängiger Arbeit zu beschäftigen und zu bezahlen. Für den Wegfall eines Arbeitplatzes sei nur entscheidend, ob der Arbeitgeber auf die Arbeitsleistung des gekündigten Arbeitnehmers auf Dauer verzichte, sie durch außenstehende Dritte erledigen lasse oder sie auf andere, im Betrieb bereits vorhandene Arbeitnehmer verteile.

Aus den Überlegungen von *Berkowsky*, *Hillebrecht* und *Meisel* ergibt sich eine unumschränkte Anerkennung der Kündigung zur Leistungsverdichtung. Problematisch ist aber, daß dann jeglicher Entschluß zur Personalreduzierung eine betriebsbedingte Kündigung rechtfertigt, so daß nicht mehr ersichtlich ist, welchen Bestandsschutz das Merkmal „dringende betriebliche Erfordernisse“ noch gewähren kann.

Sie verkennen, daß das KSchG die unternehmerische Freiheit einerseits voraussetzt und daß es ihr andererseits Grenzen setzt[274]. Das KSchG be-

---

[272] *Hillebrecht*, ZfA 1991, 87 (107).

[273] *Meisel*, ZfA 1991, 213 (221).

[274] *Preis* Anm. zu BAG, Urt. vom 29.3.1990, EzA § 1 KSchG Soziale Auswahl Nr. 29.

schränkt die unternehmerische Freiheit dahin, daß die Beendigung des Arbeitsverhältnisses an das Vorliegen „dringender betrieblicher Erfordernisse" (§ 1 II 1 KSchG) geknüpft ist. Dieser Schutz läuft ins Leere, wenn schon der bloße Kündigungsentschluß zur sozialen Rechtfertigung der betriebsbedingten Kündigung ausreichen würde.

Schwerdtner sieht es deshalb als problematisch an, ob es eine von den Arbeitsgerichten hinzunehmende Unternehmerentscheidung darstellt, Personal ohne innerbetrieblichen oder außerbetrieblichen Anlaß abzubauen. Er erachtet dies dennoch für notwendig und begründet dies damit, daß sich viele Unternehmen in Zeiten der Hochkonjunktur eine Personalreserve geschaffen haben, von der sie zwischenzeitlich wissen oder ahnen, daß sie langfristig nicht haltbar ist[275].

Sowka vertritt ebenfalls die Ansicht, daß die Unternehmerentscheidung auch darin bestehen kann, ohne Änderung der betrieblichen Strukturen Personal abzubauen und die Leistungsdichte zu erhöhen[276]. Hinsichtlich des Beschäftigungsbedürfnisses und der notwendigen Anzahl an Arbeitnehmern müsse dem Unternehmer eine Einschätzungsprärogative eingeräumt werden[277].

3.4.3.2 Kritik und eigene Lösung

Meiner Ansicht nach muß der Unternehmer die Möglichkeit haben, zur Leistungsverdichtung betriebsbedingte Kündigungen auszusprechen. Entscheidend ist aber auch in diesem Fall nicht der bloße Entschluß, Personal abzubauen, sondern das Konzept der Leistungsverdichtung. Der Arbeitgeber muß sich wieder verkleinern dürfen, wenn er feststellt, daß die vorhandene Arbeit mit weniger Personal erledigt werden kann, da sie nicht ausreicht, um alle

---

[275] *Schwerdtner*, ZIP 1984, 10 (13); ähnlich *Tenczer*, Freie Unternehmerentscheidung und betriebsbedingte Kündigung, S. 104.

[276] *Sowka*, MDR 1995, 1195.

[277] *Sowka*, MDR 1995, 1195 (1196).

Arbeitnehmer in vertraglichem Umfang zu beschäftigen. Dieses Erfordernis gilt es mit dem Kündigungsschutz in Einklang zu bringen, ohne daß dessen Schutzfunktion ausgehöhlt wird.

Man muß vom Arbeitgeber daher einen plausiblen, gegebenenfalls durch entsprechende Berechnungen verdeutlichten Sachvortrag verlangen, daß er die Arbeitsmenge mit weniger Personal erledigen kann, ohne daß dieses dauerhaft überobligationsmäßige Leistungen erbringen muß. Bei der Bestimmung der notwendigen Personalstärke muß dem Unternehmer wiederum eine Einschätzungsprärogative zuerkannt werden. Die Gerichte können nur prüfen, ob die Arbeit offensichtlich nicht vom verbleibenden Personal erledigt werden kann, sind also auf eine Evidenzkontrolle beschränkt.

Die Leistungsverdichtung muß schon aus praktischen Gründen möglich sein, wenn man sich vor Augen führt, wie ein Unternehmer seinen Personalbedarf bestimmt. Als Beispiel kann der von *Ascheid* gebildete Kaffeehausfall[278] herangezogen werden. Ein Unternehmer, der ein Cafe eröffnet, wird sich am Anfang Gedanken darüber machen, wie viel Personal er in Anbetracht der von ihm angebotenen Leistungen (Getränke, aber auch eine mehr oder weniger umfangreiche Speisekarte) und der erwarteten Anzahl von Gästen wohl benötigen wird. Nach Aufnahme des Betriebes und Abwarten einer gewissen Einlaufphase kann der Kaffeehausbetreiber feststellen, daß die anfallende, ihrem Umfang nach von ihm richtig eingeschätzte Arbeitsmenge[279] auch von weniger Bedienungspersonal bewältigt werden kann oder daß er beispielsweise in der Küche mit weniger Arbeitskräften auskommt. Er wird dann bestrebt sein, die Arbeitsintensität in seinem Kaffeehaus zu verdichten,

[278] *Ascheid*, DB 1987, 1144 (1146).

[279] Hier soll betont werden, daß gerade nicht weniger Arbeit anfällt als prognostiziert, sondern der Unternehmer sich bei der Bestimmung der notwendigen Anzahl an Arbeitkräften verkalkuliert hat.

also so viel Personal entlassen wollen, daß die Restbelegschaft mit der anfallenden Arbeitsmenge vertragsgerecht beschäftigt werden kann.
Würde man generell bei jeder Kündigung verlangen, daß die Unternehmerentscheidung auf die Arbeitsmenge durchschlägt[280], wäre eine solche Kündigung nicht möglich. Das prekäre Ergebnis wäre, daß es besonders in Dienstleistungsbetrieben geradezu als unternehmerisches Risiko angesehen werden müßte, am Anfang zu viel Personal einzustellen.
Dasselbe Problem tritt auf, wenn sich der Unternehmer bei einem Auftragsrückgang entschließt, sozialverträglich zu handeln, er also weniger Arbeitnehmer entläßt, als eigentlich zulässig wäre, und sich so eine Personalreserve schafft. Bessert sich die wirtschaftliche Situation auch in der Folgezeit nicht, könnte der Unternehmer seinen Personalbestand nicht mehr dem tatsächlichen Bedarf anpassen, da sich die Arbeitsmenge nicht mehr verändert. Wenn man in diesem Fall eine Kündigung zur Leistungsverdichtung ohne Änderung von Arbeitsmenge oder Betriebsorganisation nicht zuläßt, müßte der Unternehmer im Prozeß vortragen, wie nicht vorhandene (!) Arbeit durch Umorganisation künftig von den verbleibenden Arbeitnehmern miterledigt werden soll: ein sehr fragwürdiges Ergebnis.
Schon in einer sehr frühen Entscheidung aus dem Bereich des öffentlichen Dienstes[281] hat das BAG beispielhaft ausgeführt, die Umsetzung einer vom Gesetzgeber angeordneten Stelleneinsparung könne darin bestehen, daß man in Dienstellen und Betrieben der öffentlichen Hand mögliche Unterbeschäftigungen ausfindig macht und beseitigt. Auch das BAG hat also in dieser bislang unbeachtet gebliebenen Entscheidung die Leistungsverdichtung als

[280] *Ascheid*, DB 1987, 1144 (1146); *ders.*, Kündigungsschutzrecht, Rnr. 239ff. (244, 253).
[281] BAG GS, Beschl. vom 28.11.1956, AP Nr. 20 zu § 1 KSchG

organisatorisches Konzept zur Umsetzung einer Unternehmerentscheidung anerkannt.

Eine Kündigung zur Leistungsverdichtung ist nur dann nicht mehr zulässig, wenn vom verbleibenden Personal dauerhaft überobligationsmäßige Leistungen erbracht werden müßten.

Bei der Kündigung zur Leistungsverdichtung liegen zwar das organisatorische Konzept und der Entschluß zur Personalreduzierung sehr nahe beieinander, dennoch ist eine objektive Prüfung der „dringenden betrieblichen Erfordernisse" (§ 1 II 1 KSchG) möglich. Die Leistungsverdichtung als Konzept ist daher als Unternehmerentscheidung anzuerkennen, die zum Wegfall von Beschäftigungsmöglichkeiten führt.

Der Unternehmer muß nur plausibel darlegen, welche Arbeitsplätze von Unterbeschäftigung betroffen sind und daß die verbleibenden Arbeitnehmer nach der geplanten Stellenstreichung die Arbeit bewältigen können, ohne dauerhaft überobligationsmäßige Leistungen zu erbringen. Dieser Sachvortrag ist notwendig, um zu verhindern, daß schon der bloße Entschluß zur Stellenstreichung die betriebsbedingte Kündigung rechtfertigen kann und der Schutz des KSchG leerläuft.

3.4.4 Ergebnis

Zur Darlegung einer Unternehmerentscheidung, die zum Wegfall einer Beschäftigungsmöglichkeit führt und eine Beendigungskündigung sozial rechtfertigt, bestehen für den Arbeitgeber folgende Möglichkeiten: Er kann sich einerseits auf eine Reduktion der Arbeitsmenge berufen und hat andererseits die Möglichkeit, die gleichgebliebene Arbeitsmenge entweder durch Umverteilung und Umorganisation des Betriebes oder Ausgleich von Unterbeschäftigung (=Leistungsverdichtung) mit weniger Arbeitnehmern zu bewältigen.

Diese Überlegungen sollen anhand eines Beispielsfalles verdeutlicht werden.

In einer aus 40 Rechtsanwälten bestehenden Anwaltskanzlei mit 10 Sekretärinnen soll 2 Sekretärinnen gekündigt werden. Die Kanzlei könnte sich im Prozeß zum einen auf eine Reduzierung der Arbeitsmenge berufen, was hinreichend verdeutlicht wäre, wenn z.B. 8 Anwälte die Sozietät verlassen, um sich selbständig zu machen. Sie könnte aber auch geltend machen, die Arbeit sei durch eine Veränderung der Organisation so umverteilt worden, daß für zwei Sekretärinnen keine Arbeit mehr vorhanden sei. Nachdem alle Anwälte im Büro mit einem eigenen Internetanschluß ausgestattet worden seien, würden diese einen großen Teil der Mandantenkorrespondenz geringeren Umfangs selbst durch E-Mails erledigen, so daß eine Sekretärin künftig den Schriftverkehr von 5 statt bisher nur von 4 Anwälten betreuen könne.
Schließlich könnte die Kanzlei im Kündigungsschutzprozeß auch darlegen, es habe sich im Laufe der Zeit herausgestellt, daß eine Sekretärin mit der Betreuung von 4 Anwälten nicht voll ausgelastet sei und diese Unterbeschäftigung durch die Entlassung von 2 Sekretärinnen ausgeglichen werden solle.
In den beiden letzteren Fällen ist dem Arbeitgeber eine Einschätzungsprärogative hinsichtlich des künftigen Personalbedarfs einzuräumen, so daß die Gerichte nur überprüfen können, ob die Arbeit von dem verbleibenden Personal offensichtlich nicht bewältigt werden kann.
Dagegen kann der bloße Wille, künftig mit weniger Personal zu arbeiten, keine die Gerichte bindende Unternehmerentscheidung sein, da sich aus diesem Vortrag des Arbeitgebers nicht ergibt, weshalb Beschäftigungsmöglichkeiten weggefallen sein sollen. Sofern man schon diesen Willen des Arbeitgebers als „dringendes betriebliches Erfordernis" anerkennt, wäre dies ein „Freibrief" zur Personalfreisetzung mit der Folge, daß es im Rahmen der sozialen Rechtfertigung einer betriebsbedingten Kündigung mit Ausnahme der Sozialauswahl nichts mehr zu prüfen gäbe.

Dies wäre mit der staatlichen Pflicht zum Schutz der Arbeitnehmer vor Arbeitsplatzverlust aufgrund privater Dispositionen nicht vereinbar, da der für eine Kündigung notwendige sachliche Grund der „dringenden betrieblichen Erfordernisse“ ausgehöhlt und damit seines materiellen Gehalts entkleidet würde.

4 Dringlichkeitsprüfung

Die Befürworter der Dringlichkeitsprüfung sind der Ansicht, daß dem Wort „dringend“ weitergehende Bedeutung zukommt als lediglich die Verweisung auf das Verhältnismäßigkeitsprinzip. Sie streben eine strengere, über die momentane gerichtliche Praxis hinausgehende Kontrolle unternehmerischer Entscheidungen an. Insbesondere Rationalisierungsmaßnahmen sollen auf ihre wirtschaftliche Notwendigkeit für das Unternehmen untersucht werden. Eine Unternehmerentscheidung, die zum Wegfall von Arbeitsplätzen führt, soll eine betriebsbedingte Kündigung nur dann sozial rechtfertigen können, wenn sich das Unternehmen in einer wirtschaftlichen Notlage befindet.

Die Dringlichkeitsprüfung betrifft nicht die betriebliche Umsetzung der Unternehmerentscheidung, sondern die Frage, inwieweit die „Triftigkeit[282]“ der Unternehmerentscheidung selbst überprüfungsfähig ist.

4.1 Dogmatische Entwicklung und Inhalt der Dringlichkeitsprüfung

Die Kontrolle der Unternehmerentscheidung auf ihre wirtschaftliche Dringlichkeit für das Unternehmen wird von Teilen der Literatur schon seit der Entstehung des KSchG als notwendig und zulässig erachtet.

Die Wurzeln der Dringlichkeitsprüfung finden sich bei der Interessenabwägung, die man über eine lange Zeit nach Inkrafttreten des KSchG in Rechtsprechung und Teilen der Literatur für erforderlich hielt[283]. Sie unterscheidet sich von der Interessenabwägung dadurch, daß nur noch isoliert die wirt-

---

[282] *Preis*, NZA 1995, 241 (248).

[283] So auch *Alp*, Die Berücksichtigung der unternehmerischen Entscheidungsfreiheit im Rahmen des Kündigungsschutzgesetzes, S. 165f.; zur Unvereinbarkeit der Interessenabwägung mit der unternehmerischen Entscheidungsfreiheit vgl. die Ausführungen unter 9.

schaftliche Notwendigkeit der Kündigung für das Unternehmen betrachtet wird.

Bei der ursprünglichen Dringlichkeitsprüfung wurden zwar auch noch die sozialen Folgen für die Arbeitnehmer miteinbezogen, im Vordergrund stand aber die Frage, ob die wirtschaftliche Situation des Unternehmens die Personalfreisetzung unumgänglich machte[284].

Molitor[285] spricht sich gegen eine Freistellung der unternehmerischen Entscheidung von einer Notwendigkeits- und Zweckmäßigkeitsprüfung aus. Bei Rationalisierungen solle sich die Lage des Betriebes so wesentlich verbessern, daß demgegenüber die Folgen für die zu kündigenden Arbeitnehmer nicht ins Gewicht fielen.

Ebenso hält *Wolter*[286] die Überprüfung der Notwendigkeit von Rationalisierungen für unverzichtbar und will die unternehmerische Entscheidungsfreiheit dadurch einschränken, daß er die Notwendigkeit von Kündigungen in einer Abwägung von wirtschaftlicher Dringlichkeit und sozialen Folgen überprüft.

Die Vertreter der Dringlichkeitsprüfung in jüngerer Zeit, welche diese zunehmend dogmatisch verselbständigt haben[287], sind *Borrmann*[288], *Preis*[289] und *Colneric*[290].

---

[284] *Diekhoff*, ArbuR 1957, 197 (198); *Joachim*, BB 1954, 1114 (1116); *Molitor*, BB 1953, 34 (35); *Wolter*, Der Schutz des Arbeitnehmers vor betriebsbedingten Kündigungen, S. 168ff.

[285] *Molitor*, BB 1953, 34 (35).

[286] *Wolter*, Der Schutz des Arbeitnehmers vor betriebsbedingten Kündigungen, S. 168ff.

[287] So auch *Alp*, Die Berücksichtigung der unternehmerischen Entscheidungsfreiheit im Rahmen des Kündigungsschutzgesetzes, S. 166.

[288] *Borrmann*, Das Arbeitsrecht der Gegenwart 1986 (Band 24), 71 (84).

[289] Weiss/Gagel/*Preis*, § 19 F Rnr. 25ff.; *ders.* NZA 1995, 241 (248f.); *ders.* Prinzipien des Kündigungsrechts, S. 305ff.; *ders.*, Anm. zu BAG, Urt. vom 29.3.1990, EzA § 1 KSchG Soziale Auswahl Nr. 29.

[290] *Colneric*, Schriftenreihe Otto-Brenner-Stiftung, Band 73, 11 (32ff.)

Nach Ansicht von *Borrmann* ist im Rahmen des Tatbestandsmerkmals „dringend" nicht nur die betriebsorganisatorische, sondern auch die wirtschaftliche Vertretbarkeit der weiteren Beschäftigung des an seinem Arbeitsplatz nicht mehr benötigten Arbeitnehmers zu prüfen[291]. *Borrmann* unterscheidet zwischen der nicht überprüfbaren Unternehmerentscheidung und der objektiven Notwendigkeit der Entlassung. Bei letzterer komme es auf die Dringlichkeit der Entlassung an, wofür die wirtschaftliche Lage des Unternehmens von ausschlaggebender Bedeutung sei[292]. Bei einem wirtschaftlich notleidenden Unternehmen sei die Notwendigkeit der Entlassung so evident, daß demgegenüber auch noch so gewichtige Interessen auf Arbeitnehmerseite nicht ausschlaggebend sein könnten[293]. Anders verhalte es sich hingegen, wenn ein wirtschaftlich florierendes Unternehmen eine Personalreduzierung vornehme[294]. Dann sei für den Arbeitgeber die Weiterbeschäftigung eines Arbeitnehmers mit erheblichem sozialem Besitzstand zumutbar. Unter Einbeziehung wirtschaftlicher Erwägungen im Einzelfall könne es daher durchaus hinzunehmen sein, daß der Arbeitgeber seine Vorstellungen von der Unternehmensführung vorübergehend nicht in der ihm optimal erscheinenden Weise durchführen könne. Diese Einschränkung der unternehmerischen Freiheit müsse unter Berücksichtigung der Wertentscheidungen des KSchG hingenommen werden[295]. Sozial gerechtfertigt sei nur die aus dringenden betrieblichen Gründen erforderliche Entlassung, nicht aber schon die vom Unternehmer aus betrieblichen Motiven gewollte Entlassung[296].

---

[291] *Borrmann*, Das Arbeitsrecht der Gegenwart 1986 (Band 24), 71 (84.)
[292] *Borrmann*, a.a.O.
[293] *Borrmann*, a.a.O.
[294] *Borrmann*, a.a.O., S. 85
[295] *Borrmann*, a.a.O.
[296] *Borrmann*, a.a.O.

Zugleich stellt *Borrmann* klar, daß für eine abschließende Interessenabwägung kein Raum ist, da alle für die Streitentscheidung maßgeblichen Interessen bereits bei der Dringlichkeit der Entlassung berücksichtigt wurden[297].
Preis liefert die umfassendste dogmatische Begründung für die Dringlichkeitsprüfung.
Das Merkmal „dringend“ sei ein Kriterium zur Bewertung der Gewichtigkeit des betrieblichen Interesses[298] und fordere, daß der betriebsbedingten Kündigung ein triftiges Rentabilitätsinteresse zugrunde liege[299].
Das Erfordernis der Dringlichkeit sei eine von mehreren Präferenzregeln, die in der Methodik der Güter- und Interessenabwägung angewandt würden. Dabei handele sich um einen Bewertungsfaktor, der zum Ausdruck bringe, daß ein bestimmtes Interesse eine besondere Intensität oder Stärke hat bzw. haben müsse. Diesen Bewertungsfaktor verwende das KSchG in § 1 II 1 KSchG, um damit auf das notwendige Gewicht des Betriebserfordernisses zur Legitimation der Kündigung hinzuweisen. Dies sei eine Besonderheit, die bei den anderen wesentlich dürftiger geregelten personen- und verhaltensbedingten Gründen nicht gelte. Insoweit sei von einer bewußten Entscheidung des Gesetzgebers auszugehen. Das Merkmal der Dringlichkeit sei zugleich ein Beleg dafür, daß es einer umfassenden Abwägung zwischen Arbeitgeber- und Arbeitnehmerinteressen, einer Verhältnismäßigkeitsprüfung im engeren Sinne, bei der betriebsbedingten Kündigung nicht bedürfe, da bereits eine gesetzliche Interessenbewertung vorliege[300]. Die Berücksich-

---

[297] *Borrmann*, a.a.O.
[298] *Preis*, NZA 1995, 241 (248).
[299] Weiss/Gagel/*Preis*, § 19 F Rnr. 27; ähnlich *Borrmann*, Das Arbeitsrecht der Gegenwart 1986 (Band 24), 71 (84f.)
[300] *Preis*, Prinzipien, S. 306.

tigung der Schutzbedürftigkeit des Arbeitnehmers sei eine Frage der Sozialauswahl[301].

Preis geht es bei der Dringlichkeitsprüfung also nicht um eine Abwägung von Vor- und Nachteilen auf Arbeitnehmer- und Arbeitgeberseite, sondern sie betrifft nur die Frage, ob der Kündigungsgrund triftig genug ist, um ein „dringendes" betriebliches Erfordernis verursachen zu können. Er prüft isoliert das wirtschaftliche Interesse des Arbeitgebers an der Personalfreisetzung.

Preis faßt den normativen Inhalt des Merkmals der Dringlichkeit wie folgt zusammen[302]:

Kraft unternehmerischer Entscheidungsfreiheit stehe es dem Arbeitgeber frei, arbeitskräftesparende Umorganisationen seines Betriebes vorzunehmen, um eine höhere Rendite zu erzielen. Hiervon sei jedoch die Frage zu trennen, ob der hierdurch verursachte Wegfall eines Arbeitsplatzes auch als dringendes betriebliches Erfordernis anerkannt werden könne. Bei einem Unternehmen, das mit Verlust arbeite, seien kostensparende Personalreduzierungen immer dringlich, nicht aber bei wirtschaftlich florierenden Unternehmen. Ein im Kündigungszeitpunkt rentabel arbeitendes Unternehmen müsse darlegen, daß die personalreduzierende Maßnahme zur Erhaltung der Ertragsfähigkeit notwendig sei. Trage der Arbeitgeber keine triftigen wirtschaftlichen Gründe für die Maßnahme vor, sei die Kündigung unwirksam, obwohl der Arbeitsplatz weggefallen sei.

Preis knüpft die soziale Rechtfertigung der betriebsbedingten Kündigung an das Vorliegen einer betrieblichen Zwangslage[303], an das Erfordernis not-

---

301 *Preis*, Prinzipien, S. 248; *ders.*, Anm. zu BAG, Urt. vom 29.3.1990, EzA § 1 KSchG Soziale Auswahl Nr. 29; *Preis*, NZA, 1995, 241 (248).

302 Weiss/Gagel/*Preis*, § 19 F, Rnr. 27; *ders.* NZA 1995, 241 (248f.); *ders.* Prinzipien des Kündigungsrechts, S. 305ff.

wendiger Kostenersparnis[304]. Nicht die Gewinnmaximierung, sondern die Verhinderung von Gewinnverfall legitimiere die betriebsbedingte Kündigung[305].

Preis glaubt, in der Entscheidung des BAG vom 30.4.1987[306] Bestätigung für seine Ansicht zu finden. In jenem Rechtsstreit wurde die soziale Rechtfertigung von betriebsbedingten Kündigungen der Angehörigen eines werksinternen Reinigungsdienstes überprüft. Dieser war aufgelöst, und die Aufgaben waren kostengünstiger fremdvergeben worden. Bei der Prüfung der Willkürlichkeit der unternehmerischen Maßnahme führte das BAG aus, die Übertragung der Reinigungsarbeiten auf ein Reinigungsunternehmen sei nicht offensichtlich unsachlich oder willkürlich. Sie sei vielmehr unter Kostengesichtspunkten offensichtlich sinnvoll[307].

Preis zieht hieraus die Schlußfolgerung, es fehle dann an einem dringenden betrieblichen Erfordernis, wenn eine unternehmerische Maßnahme erkennbar keine Ersparnis bringe[308]. Er verkennt, daß die Ausführungen des BAG nur der Entkräftung des Einwandes der Willkürlichkeit galten, nicht aber eine Dringlichkeitsprüfung bezweckten. Das Argument von *Preis* dürfte inzwischen auch überholt sein, da das BAG im Urteil vom 9.5.1996[309] klargestellt hat, daß der Nachweis eines nicht bestehenden Verlustes allein keines-

---

[303] BAG, Beschl. vom 28.6.1956, AP Nr. 20 zu § 1 KSchG Betriebsbedingte Kündigung.

[304] *Stahlhacke/Preis/Vossen*, Kündigung und Kündigungsschutz im Arbeitsverhältnis, Rnr. 657; *ders.*, NZA 1995, 241 (248f.).

[305] Weiss/Gagel/*Preis*, § 19 F Rnr. 85; kritisch hierzu *Tenczer*, Freie Unternehmerentscheidung und betriebsbedingte Kündigung, S. 145: *Tenczer* hält diese Interpretation des Wortes „dringend" für überflüssig, da nach ihrer Ansicht schon aufgrund der aus Art. 12 GG folgenden Schutzpflicht bei der Auslegung des § 1 II 1 KSchG der Unternehmerentscheidung die Anerkennung versagt werden kann.

[306] BAG, Urt. vom 30.4.1987, AP Nr. 42 zu § 1 KSchG 1969 Betriebsbedingte Kündigung.

[307] BAG, a.a.O.

[308] Weiss/Gagel/*Preis*, § 19 F Rnr. 84.

falls für die Annahme des Mißbrauchs ausreicht. Das BAG bezieht folglich die wirtschaftliche Situation des Unternehmens nicht in die Prüfung der sozialen Rechtfertigung der betriebsbedingten Kündigung ein.

Mittlerweile relativiert *Preis* seine Anforderungen an die Dringlichkeit der unternehmerischen Maßnahme. Auch nichtwirtschaftliche Gründe könnten ein triftiges Interesse des Arbeitgebers begründen, wie zum Beispiel die Einführung und Erprobung neuer Produktionstechniken, was sich unter Umständen auch als nachteilig für die Rentabilität erweisen könne[310].

Preis gesteht selbst ein, daß es dem Arbeitgeber wohl nahezu immer gelingen wird, eine ausreichende Begründung zu finden - mit den Worten *Herschels* gesprochen, den Datenkranz entsprechend zu setzen[311] - , womit das Merkmal der Dringlichkeit weiter an Schärfe verliert. *Preis* scheint von der Sinnhaftigkeit seiner Dringlichkeitsprüfung nach alledem selbst nicht mehr sonderlich überzeugt zu sein.

Nach der Ausweitung des Bereichs freier Unternehmerentscheidung durch das BAG in den Urteilen vom 17.6.1999[312] wird auch in jüngster Zeit wieder eine Dringlichkeitsprüfung in Erwägung gezogen[313].

B. Preis ist der Ansicht, die unternehmerische Entscheidung sei nicht frei, sondern müsse auf ihre wirtschaftliche Notwendigkeit untersucht werden, wenn sie auf die Veränderung der Arbeitsorganisation unterhalb der Qualität einer Betriebsänderung ausgerichtet sei[314]. Dabei gesteht *B. Preis* ein, daß es kaum möglich ist, unternehmerische Entscheidungen exakt einer der beiden

---

309 BAG, Urt. vom 9.5.1996, AP Nr.79 zu § 1 KSchG 1969 Betriebsbedingte Kündigung.

310 *Preis*, NZA 1995, 241 (250).

311 *Herschel*, Anm. BAG EzA § 1 KSchG, Betriesbedingte Kündigung Nr.14.

312 BAG, Urt. vom 17.6.1999, AP Nrn. 101, 102, 103 zu § 1 KSchG 1969 Betriebsbedingte Kündigung.

313 *B. Preis*, DB 2000, 1122 (1125); *Quecke*, NZA 1999, 1247 (1251).

314 *B.Preis*, DB 2000, 1122 (1125).

Kategorien zuzuordnen. Aus diesem Grund bezweifelt er selbst die Praktikabilität seiner Lösung[315].

Die Vertreter der Dringlichkeitsprüfung versuchen, diese dogmatisch durch einen Vergleich mit der Änderungskündigung zur Lohnkostensenkung zu begründen[316]. Eine solche Kündigung sei nur bei einer akuten wirtschaftlichen Notlage des Betriebs zulässig[317]. Das führe zu einem Wertungswiderspruch mit der betriebsbedingten Beendigungskündigung, wenn man bei ihr auf die Prüfung der wirtschaftlichen Notwendigkeit der unternehmerischen Maßnahme verzichte.

4.2 Kritik

Den Vertretern der Dringlichkeitsprüfung ist zwar zuzugestehen, daß man bei einer grammatikalischen Auslegung des Wortes „dringend" durchaus zu dem Ergebnis gelangen kann, daß unternehmerische Maßnahmen gerichtlich auf ihre wirtschaftliche Notwendigkeit überprüft werden können. Die mit der Dringlichkeitsprüfung einhergehende Einschränkung unternehmerischer Entscheidungsfreiheit ist aber nach historischer, teleologischer und verfassungskonformer Auslegung des Tatbestandsmerkmals „dringende betriebliche Erfordernisse" (§ 1 II 1 KSchG) nicht haltbar. Insoweit kann auf die Ausführungen unter 3.3 verwiesen werden.

Die Dringlichkeitsprüfung führt zu einem Eingriff in den Kernbereich unternehmerischer Entscheidungsfreiheit, da der Unternehmer ohne ein triftiges

---

315 *B. Preis*, a.a.O.

316 *Preis*, NZA 1995, 241(249); *Colneric*, Schriftenreihe Otto-Brenner-Stiftung, Band 73, 11 (38); ähnlich auch *Däubler*, Das Arbeitsrecht, Band 2, Rnr. 1033, der diesen Gesichtspunkt aber im Rahmen der Mißbrauchskontrolle berücksichtigt; *B. Preis*, DB 2000, 1122 (1125).

317 Zum Widerruf von Versorgungszusagen vgl. BAG, 11.12.1971, AP Nr. 154 zu § 242 BGB Ruhegehalt, bestätigt durch BAG, Urt. vom 18.5.1977, 24.11.1977, AP Nrn. 175 und 177 zu § 242 BGB Ruhegehalt; BAG, Urt. vom 16.3.1993, EzA § 7 Be-

Rentabilitätsinteresse für die wirtschaftliche Situation des Unternehmens keine Umstrukturierungen durchführen könnte, die zum Wegfall von Beschäftigungsmöglichkeiten führen. Sie versagt unternehmerischen Maßnahmen die kündigungsschutzrechtliche Anerkennung, die entweder der Gewinnmaximierung dienen oder rentabilitätsneutral sind, die also mit keiner wesentlichen Kostenersparnis für das Unternehmen verbunden sind. Damit unterliegen Notwendigkeit und Zweckmäßigkeit unternehmerischer Entscheidungen vollumfänglich gerichtlicher Kontrolle, wodurch in das Nervenzentrum einer freien Marktwirtschaft eingegriffen wird[318].

Auch wenn die Dringlichkeitsprüfung die Unternehmerentscheidung pro forma unangetastet läßt und nur kontrollieren will, ob die Kündigung angesichts der wirtschaftlichen Situation des Unternehmens notwendig ist, kann sie im Ergebnis zur Korrektur unternehmerischer Maßnahmen führen. Der Entschluß zur Ausgliederung von Aufgabenbereichen aus dem Unternehmen wird unterlaufen, wenn das bisherige Personal trotzdem weiterbeschäftigt werden muß, weil die Arbeitsgerichte der Ansicht sind, es fehle angesichts herausragender Gewinne des Unternehmens an der Dringlichkeit.

Im übrigen verschließen sich die Vertreter der Dringlichkeitsprüfung der Realität einer marktwirtschaftlichen Ordnung, da der Wille zur Gewinnmaximierung die Triebfeder jeder Marktwirtschaft bildet.

Hinzu kommt, daß weder *Preis* noch *Borrmann* konkrete Angaben machen, bei welchen rechnerischen Werten eine wesentliche Kostenersparnis anzunehmen ist und wann die Grenze zur unzulässigen Gewinnmaximierung überschritten wird. Damit liefern sie auch keine Rahmendaten für eine der

---

trAVG Nr. 46; BAG, Urt. vom 20.3.1986, EzA § 2 KSchG Nr. 6 zur Änderungskündigung zur Lohnkostensenkung

[318] Das kritisieren auch *Stahlhacke*, DB 1994, 1361 (1365), und *Alp*, Die Berücksichtigung unternehmerischer Entscheidungsfreiheit im Kündigungsschutzgesetz, S. 172.

Rechtssicherheit genügende praktische Umsetzung der Dringlichkeitsprüfung.

Im Ergebnis unterscheidet sich die Dringlichkeitsprüfung nur unwesentlich von der mit dem Grundsatz unternehmerischer Entscheidungsfreiheit ebenfalls nicht zu vereinbarenden Interessenabwägung[319] und führt zu den gleichen untragbaren Ergebnissen.

Preis lehnt eine umfassende Interessenabwägung mit der Begründung ab, daß bereits der Tatbestand des § 1 II 1 KSchG durch das Merkmal „dringende betriebliche Erfordernisse" eine gesetzliche Interessenbewertung enthalte. Diese würde durch eine erneute richterliche Interessenabwägung ignoriert[320]. Diese These wird erst dann voll verständlich, wenn man sie mit der von ihm befürworteten Dringlichkeitsprüfung in Beziehung setzt. Aus seinem dogmatischen Ansatz heraus wird klar, daß die Triftigkeit des Arbeitgeberinteresses, die er im Rahmen der Dringlichkeit überprüft, ein Bestandteil der von ihm abgelehnten Interessenabwägung ist. *Preis* rechtfertigt die isolierte Prüfung des Arbeitgeberinteresses damit, daß das Gesetz selbst sie durch das Merkmal der Dringlichkeit angeordnet habe. Er greift folglich einen wesentlichen Aspekt der Interessenabwägung, nämlich die wirtschaftliche Notwendigkeit unternehmerischer Maßnahmen, heraus und berücksichtigt diesen isoliert im Rahmen der Dringlichkeitsprüfung. Die Ausführungen von *Preis* täuschen darüber hinweg, daß über das Merkmal der Dringlichkeit ein wesentlicher Bestandteil der die unternehmerische Entscheidungsfreiheit einschränkenden Interessenabwägung nur unter einem anderen Namen durchgeführt wird.

---

[319] Genauere Ausführungen hierzu unter 9.

[320] Vgl. hierzu die Ausführungen unter 9.1.2.

Borrmann spricht im Rahmen der Dringlichkeitsprüfung sogar von der „Berücksichtigung der Interessen beider Vertragsparteien[321]" und vom „Überwiegen des Interesses des Arbeitnehmers an der Aufrechterhaltung des Beschäftigungsverhältnisses[322]" in Anbetracht der wirtschaftlichen Situation des Unternehmens. Unklar bleibt damit, welches für sie der Unterschied zwischen Interessenabwägung und Dringlichkeitsprüfung ist. *Borrmann* führt aus, für eine nochmalige Interessenabwägung sei insoweit kein Raum, da einschließlich der wirtschaftlichen Belastbarkeit des Betriebes alle für die Streitentscheidung maßgebenden Interessen bei der Überprüfung der Dringlichkeit der Entlassung zu berücksichtigen seien[323]. Damit gibt sie offen zu, daß die Dringlichkeitsprüfung mit Ausnahme der ihrer Ansicht nach nicht mehr zu berücksichtigenden sozialen Gesichtspunkte des Arbeitnehmers an die Stelle der Interessenabwägung getreten ist.
Die prekären Ergebnisse der Interessenabwägung, nämlich im Extremfall die Weiterbeschäftigung eines Arbeitnehmers trotz weggefallener Beschäftigungsmöglichkeit, sind aber auch als Konsequenz der Dringlichkeitsprüfung denkbar. Beispielsweise müßte Reinigungspersonal trotz Ausgliederung des unternehmensinternen Reinigungsdienstes weiterbeschäftigt werden, wenn dies den Gerichten in Anbetracht der wirtschaftlichen Situation des Unternehmens nicht notwendig erschiene oder wenn mit der Maßnahme keine nennenswerte Kostenersparnis verbunden wäre. Das Phänomen des „Heizers auf der E-Lok" wäre auch bei Ablösung der Interessenabwägung durch die Dringlichkeitsprüfung denkbar[324].

[321] *Borrmann*, Das Arbeitsrecht der Gegenwart 1986, 71 (85).
[322] *Borrmann*, Das Arbeitsrecht der Gegenwart 1986, 71 (85).
[323] *Borrmann*, Das Arbeitsrecht der Gegenwart 1986, 71 (85).
[324] Vgl. auch *Alp*, Die Berücksichtigung der unternehmerischen Entscheidungsfreiheit im KSchG, S. 174, der die Dringlichkeitsprüfung aus diesem Grund wohl auch als halb abgeschlossene Interessenabwägung bezeichnet.

Die Berücksichtigung der wirtschaftlichen Notwendigkeit unternehmerischer Entscheidungen im Rahmen einer Dringlichkeitsprüfung kann auch nicht durch einen Vergleich mit der Änderungskündigung begründet werden. Beide Rechtsinstitute haben unterschiedliche Sachverhalte zum Gegenstand und sind schon deshalb nicht vergleichbar. Anders als bei einer Beendigungskündigung betrifft die Unternehmerentscheidung bei einer Änderungskündigung zur Lohnkostensenkung nicht die Leistungsseite, sondern die Gegenleistungsseite. In diesem Fall führt die unternehmerische Entscheidung gerade nicht zu einer Veränderung der Tätigkeit, sondern die gleiche Tätigkeit soll zu günstigeren Konditionen verrichtet werden.

Hromadka hat darauf hingewiesen, daß auch eine Änderungskündigung zur Entgeltsenkung grundsätzlich nur dann zulässig sein kann, wenn die Tätigkeitsseite berührt ist. Die Tätigkeit müsse das Unternehmen nach seinen Vorstellungen gestalten können – das sei der richtige Gedanke, der den Satz von der freien Unternehmerentscheidung trage - , bei allen anderen Arbeitsbedingungen, vor allem beim Entgelt, sei es aber wie jeder andere Vertragspartner gebunden[325]. Die bloße Entgeltsenkung sei nach unserem Recht kein Primärinstitut, sondern komme nur dann in Frage, wenn das Unternehmen gefährdet sei[326].

Das Problem der sozialen Rechtfertigung einer Änderungskündigung zur Lohnkostensenkung ist, ob man dem Arbeitgeber angesichts der wirtschaftlichen Lage seines Betriebes eine Durchbrechung des Grundsatzes pacta sunt servanda zubilligen kann. Es geht rechtsdogmatisch um die Frage des Wegfalls der Geschäftsgrundlage, wobei aber Arbeitsplatz und Beschäftigungsmöglichkeit erhalten bleiben, die Tätigkeitsseite folglich nicht berührt

---

325 *Hromadka*, Anm. zu BAG, Urt. vom 26.9.1996, EWiR 1997, S. 231f.

326 *Hromadka* anläßlich eines Gesprächs der Otto-Brenner-Stiftung am 12.12.1997, Schriftenreihe Otto-Brenner-Stiftung, Band 73, S. 108f.

ist. Die Gerichte stellen nur in Form einer Momentaufnahme die wirtschaftliche Situation fest, greifen aber nicht in Entscheidungen der Unternehmensführung ein.
Bei der Beendigungskündigung geht es dagegen um die Frage, ob nach Umsetzung einer Unternehmerentscheidung der Arbeitsplatz in der bisherigen Form noch besteht. In diesem Fall führt eine Unternehmerentscheidung zu einer Veränderung der Tätigkeit oder zum Wegfall des Arbeitsplatzes. Würde man vom Arbeitgeber verlangen, daß er ein triftiges Interesse an dem Wegfall des Arbeitsplatzes darlegt, wäre dies ein nicht mehr vertretbarer Eingriff in die unternehmerische Entscheidungsfreiheit, da die Gerichte ihm zugleich sagen müßten, warum an der Fremdvergabe oder Ausgliederung von Betriebsteilen kein unternehmerisches Interesse besteht. In diesem Fall stellen die Gerichte Notwendigkeits- und Zweckmäßigkeitserwägungen an, welche im Hinblick auf die finanzielle Situation des Unternehmens größtenteils prognostischer Natur und daher dem Kernbereich unternehmerischer Freiheit zuzurechnen sind. Die Grundsätze der Änderungskündigung zur Lohnkostensenkung können daher nicht zur Begründung der Dringlichkeitsprüfung herangezogen werden.

4.3 Ergebnis

Die Dringlichkeitsprüfung ist mit dem Grundsatz unternehmerischer Entscheidungsfreiheit nicht vereinbar. Mit der Bindung der sozialen Rechtfertigung einer betriebsbedingten Kündigung an das Vorliegen einer wirtschaftlichen Notlage bzw. an ein triftiges Rentabilitätsinteresse des Unternehmens könnten die Gerichte Notwendigkeit und Zweckmäßigkeit unternehmerischer Maßnahmen vollumfänglich nachprüfen und diese gegebenenfalls korrigieren. Rechtsdogmatisch ist die Dringlichkeitsprüfung lediglich ein Teilaspekt der umfassenden Interessenabwägung, die ebenfalls im Widerspruch zur unternehmerischen Entscheidungsfreiheit steht. Die Dringlichkeitsprüfung ist deshalb abzulehnen.

5 Sachlichkeitsprüfung

5.1 Inhalt der Sachlichkeitsprüfung

Die Sachlichkeitsprüfung stellt ein von *Ascheid* entwickeltes Kriterium für die gerichtliche Überprüfung der Unternehmerentscheidung dar. Dabei geht es darum, den Wegfall einer Beschäftigungsmöglichkeit als Folge der Umsetzung der Unternehmerentscheidung möglichst objektiv nachprüfen zu können.

Ascheid tastet mit der Sachlichkeitsprüfung die unternehmerische Entscheidungsfreiheit nicht an. Er betont, der Unternehmer bestimme frei, was unternehmerisch erforderlich sei und was und wie viel er produzieren wolle. Er könne sich an vorhandene Aufträge binden (selbstbindende Unternehmerentscheidung) oder völlig frei gestaltendende Unternehmerentscheidungen treffen[327].

Die Gerichtskontrollfreiheit der Unternehmerentscheidung betreffe jedoch nicht deren Umsetzung, diese sei auf ihre Sachlichkeit voll überprüfbar[328]. Was betrieblich erforderlich sei, müsse unter Beachtung der subjektiven unternehmerischen Erwägungen und Umsetzungen nach objektiven Kriterien bestimmt werden. Bei dem Wie der Produktion entstünden demzufolge innerbetriebliche Bindungen[329].

Ascheid nimmt bei seinem Lösungsansatz eine Trennung nach Bereichen „freier" und gesetzlich oder vertraglich „gebundener" Unternehmerentscheidung vor. Er führt aus, eine sog. freie Unternehmerentscheidung sei in den Bereichen ausgeschlossen, in denen der Unternehmer gesetzlich oder ver-

---

[327] *Ascheid*, Kündigungsschutzrecht, Rnr. 259.

[328] *Ascheid*, Kündigungsschutzrecht, Rnr. 258.

[329] *Ascheid*, Kündigungsschutzrecht, Rnrn. 234 und 259; *ders.* NZA 1991, 873 (875).

traglich in seiner Freiheit gebunden sei[330]. In diesem Bereich unterliege unternehmerisches Handeln nicht nur einer Mißbrauchskontrolle dahingehend, ob die Unternehmerentscheidung offensichtlich unsachlich, unvernünftig oder willkürlich sei, sondern darüber hinaus einer Gesetzes- oder Vertragskontrolle[331].

In dogmatischer Hinsicht stellt *Ascheid* klar, daß die Sachlichkeitsprüfung nicht mit der vom BAG postulierten Prüfung gleichzusetzen ist, ob die Unternehmerentscheidung offensichtlich unsachlich, unvernünftig oder willkürlich ist, da diese Prüfung nur die Hintergründe des unternehmerischen Entschlusses an sich betreffe. Die Sachlichkeitsprüfung habe dagegen die Umstände der Umsetzung der Unternehmerentscheidung zum Gegenstand[332].

Diese Überprüfung nimmt *Ascheid* anhand der Betriebs- und Vertragsfaktoren vor[333]. Vertrags- und Betriebsfaktoren dienten der Bestimmung von Arbeitsmenge und Erledigungszeit und damit der Erfassung der vorhandenen Beschäftigungsmöglichkeiten.

Bei seiner unternehmerischen Tätigkeit sei der Unternehmer in der Regel gezwungen, eine Vielzahl von Verträgen abzuschließen., wie z. B. Mietverträge, Darlehensverträge, Lieferverträge, Werk- oder Dienstverträge mit Kunden[334]. Ferner habe der Unternehmer die Bindungen aus den Arbeitsverträgen mit seinen Mitarbeitern und aus Tarifverträgen und Betriebsvereinbarungen zu beachten[335]. Inhalte von Arbeits- und Kundenverträgen bezeichnet *Ascheid* als Vertragsfaktoren[336].

---

330 *Ascheid*, DB 1987, 1144 (1146).
331 *Ascheid*, a.a.O.
332 *Ascheid*, Kündigungsschutzrecht, Rnr. 290.
333 *Ascheid*, DB 1987, 1144 (1145); *ders.*, Kündigungsschutzrecht, Rnr. 243ff.
334 *Ascheid*, Kündigungsschutzrecht, Rnr. 242.
335 *Ascheid*, DB 1987, 1144 (1145); *ders.*, Kündigungsschutzrecht, Rnr. 242.
336 *Ascheid*, Kündigungsschutzrecht, Rnr. 259; *ders.*, DB 1987, 1144 (1145).

Daneben habe der Unternehmer die sog. Betriebsfaktoren, wie Produktionsmittel (Handarbeit, Maschineneinsatz) und Fertigungsmethoden (z.B. Fließband), zu berücksichtigen[337].

Für den Einsatz der Arbeitnehmer seien ferner die gesetzlichen Bindungen von Bedeutung. Der Arbeitgeber könne den Arbeitskräftebedarf nicht danach ermitteln, daß er organisatorisch von einer 60-Stunden-Woche ausgehe, da dies eine unsachliche, weil rechtswidrige (§ 3 ArbZG) Entscheidung darstellen würde. Ebenso könne der Arbeitgeber seiner Planung keine 48-Stunden-Woche zugrundelegen, wenn er tariflich oder einzelvertraglich an eine 40-Stunden-Woche gebunden sei. Eine solche Art und Weise der Erledigung der Auftragsmenge, die die gegebenen Vertrags- und Betriebsfaktoren sowie die bestehenden Gesetze mißachte, sei unsachlich und könne keinen Arbeitnehmerüberhang ergeben[338].

5.2 Auswirkungen auf die Darlegungs- und Beweislast

Fraglich ist die Verteilung der Darlegungs- und Beweislast für Mißbrauch einerseits, Gesetz- oder Vertragswidrigkeit der Unternehmerentscheidung andererseits.

Ascheid differenziert bei der Beweislastverteilung nach den Bereichen der „freien" und der durch Vertrag oder Gesetz „gebundenen" Unternehmerentscheidung[339]. Die Beweislastregel des BAG, wonach der Arbeitnehmer die Beweislast für offensichtliche Unsachlichkeit, Unvernünftigkeit oder Willkür einer Unternehmerentscheidung trage[340], beziehe sich nur auf die außerhalb

---

[337] *Ascheid*, Kündigungsschutzrecht, Rnr. 259; *ders.*, DB 1987, 1144 (1145).

[338] *Ascheid*, DB 1987, 1144 (1146); *ders.*, Kündigungsschutzrecht, Rnr. 258; zustimmend *Stahlhacke/Preis/Vossen*, Kündigung und Kündigungsschutz im Arbeitsverhältnis, Rnr. 627.

[339] *Ascheid*, DB 1987, 1144 (1149).

[340] BAG, Urt. vom 27.2.1958, AP Nr.1 zu § 1 KSchG Betriebsbedingte Kündigung; BAG, Urt. vom 22.11.1973, AP Nr. 22 zu § 1 KSchG Betriebsbedingte Kündigung;

gesetzlicher und vertraglicher Bindungen getroffenen „freien" Unternehmerentscheidungen[341]. Dagegen habe der Arbeitgeber darzulegen und zu beweisen, daß sich die Unternehmerentscheidung im Rahmen von Gesetzen und Verträgen bewege[342].

Für die Gesetzes- und Vertragskontrolle soll die Beweislastregel des BAG zur Unsachlichkeit der Unternehmerentscheidung also nicht gelten. In diesem Bereich greift *Ascheid* auf die gesetzliche Beweislastregel des § 1 II 4 KSchG zurück, wobei er einräumt, daß es im Zusammenhang mit der Darlegungs- und Beweislast zur Sachlichkeit der Unternehmerentscheidung und derjenigen, die dem Arbeitgeber aus § 1 II 4 KSchG für die Darlegung der „dringenden betrieblichen Erfordernisse" obliegt, zu Überschneidungen kommen kann. Dem Arbeitgeber dürfte bei Vorliegen einer unsachlichen Unternehmerentscheidung kaum der Nachweis gelingen, daß ein Arbeitnehmerüberhang besteht[343].

5.3 Kritik und eigene Lösung

Ascheids Sachlichkeitsprüfung zielt auf eine objektive Kontrolle der Umsetzung der Unternehmerentscheidung und des Wegfalls einer Beschäftigungsmöglichkeit ab. Auch wenn der Begriff der Sachlichkeitsprüfung diesbezüglich täuschen mag, werden Zweckmäßigkeit und Notwendigkeit der Unternehmerentscheidung nicht überprüft. Ebenso wenig werden soziale und wirtschaftliche Interessen in die Prüfung einbezogen. Die Sachlichkeitsprüfung versucht lediglich, die nach Umsetzung der Unternehmerentscheidung noch

---

BAG, Urt. vom 24.10.1979, AP Nr.8 zu § 1 KSchG 1969 Betriebsbedingte Kündigung; BAG, Urt. vom 17.10.1980, AP Nr. 10 zu § 1 KSchG 1969 Betriebsbedingte Kündigung; BAG, Urt. vom 9.5.1996, AP Nr. 79 zu § 1 KSchG 1969 Betriebsbedingte Kündigung; offengelassen in BAG, Urt. vom 17.6.1999, AP Nr. 101 zu § 1 KSchG 1969 Betriebsbedingte Kündigung.

[341] *Ascheid,* DB 1987, 1144 (1149).

[342] *Ascheid,* DB 1987, 1144 (1149).

vorhandene Arbeitsmenge und die zu ihrer Erledigung notwendige Personalstärke objektiv zu ermitteln.

Die Prüfung der Sachlichkeit der Unternehmerentscheidung anhand der von *Ascheid* entwickelten Kriterien steht mit der Freiheit unternehmerischer Betätigung im Einklang.

Dagegen meint *Alp*, die Sachlichkeitsprüfung stelle im Ergebnis eine Zweckmäßigkeitsprüfung dar, die zu einem rechtswidrigen Eingriff in die unternehmerische Entscheidungsfreiheit führe[344]. Die Berücksichtigung von Aufträgen oder Geschäftsbeziehungen bedeute eine Einbeziehung der „geschäftspolitischen Verantwortung"[345] des Unternehmers in den Kündigungsschutzprozeß und damit eine Prüfung der unternehmerischen Entscheidung auf ihre Richtigkeit. Dies wiederum würde bedeuten, daß die Gerichte dem Arbeitgeber eine bessere Betriebsorganisation vorschreiben und Unternehmerentscheidungen als „falsch" oder „unzweckmäßig" einstufen könnten[346]. Die Auffassung von *Alp*, die Sachlichkeitsprüfung laufe letztlich auf eine Zweckmäßigkeitskontrolle der Unternehmerentscheidung hinaus, ist abzulehnen. Die Überprüfung der Unternehmerentscheidung im Hinblick auf die Bindungen aus Arbeits-, Kunden-, und kollektivrechtlichen Verträgen bedeutet gerade keine Zweckmäßigkeitskontrolle dahin, daß dem Arbeitgeber eine bessere betriebliche Organisation vorgeschrieben werden soll[347]. *Ascheid* will nicht in die Geschäftspolitik des Unternehmers eingreifen, sondern er verlangt lediglich, daß der Personalbestand der nach Umsetzung der Unternehmerentscheidung anfallenden Arbeitsmenge angepaßt wird. Die

---

[343] *Ascheid*, DB 1987, 1144 (1149).
[344] *Alp*, a.a.O., S. 187.
[345] *Alp*, a.a.O., S. 185.
[346] *Alp*, a.a.O., S. 187.

unternehmerischen Entscheidungen, die zur Reduzierung des Personalbestandes führen, läßt *Ascheid* gänzlich unangetastet. Auch die Berücksichtigung von Aufträgen und Geschäftsbeziehungen dient entgegen der Auffassung von *Alp* nicht einer Zweckmäßigkeitskontrolle, sondern lediglich der Erfassung der vorhanden Arbeitsmenge. Die Kritik von *Alp* ist daher unzutreffend.

Fraglich ist aber, ob der Sachlichkeitsprüfung selbständige dogmatische Bedeutung zukommt.

Im Rahmen der Vertrags- und Betriebsfaktoren prüft *Ascheid*, welches Arbeitsvolumen nach Umsetzung der unternehmerischen Entscheidung im Betrieb künftig anfällt und ob dieses unter Beachtung vertraglicher und gesetzlicher Arbeitszeiten von der verbleibenden Belegschaft bewältigt werden kann. Ist dies nicht der Fall, kann die Unternehmerentscheidung als unsachlich bezeichnet werden, da sie Vertrags- und/oder Gesetzesbruch gegenüber den verbleibenden Arbeitnehmern zur Folge hat. Kündigungsschutzrechtlich relevant ist aber nur die durch die Unsachlichkeit indizierte Tatsache, daß es am Wegfall einer Beschäftigungsmöglichkeit fehlt, weil objektiv mehr Arbeit vorhanden ist, als von der Restbelegschaft bewältigt werden kann. Nur das ist im übrigen Prüfungsgegenstand der sozialen Rechtfertigung einer betriebsbedingten Kündigung, nicht aber, ob die Unternehmerentscheidung zu einem Vertrags- oder Gesetzesbruch gegenüber anderen Arbeitnehmern führt. Derartige Verstöße sind zwar insofern zu berücksichtigen, als sie einen Anhaltspunkt dafür liefern, daß die Arbeitsmenge von der verbleibenden Belegschaft nicht ohne dauerhaft überobligationsmäßige Leistungen bewältigt werden kann und damit nach wie vor Beschäftigungsbedarf für den ge-

[347] Vgl. hierzu *Ascheid*, DB 1987, 1144 (1146), der die Freiheit der Unternehmerentscheidung hinsichtlich der Zweckmäßigkeit ausdrücklich betont; *ders.* Kündigungsschutzrecht, Rnr. 289.

kündigten Arbeitnehmer besteht. Das KSchG hat aber keine drittschützende Funktion, so daß Vertrags- oder Gesetzesverstöße auf die Wirksamkeit einer Kündigung keinen unmittelbaren Einfluß haben können.

Kündigungsschutzrechtlich entscheidend ist somit nicht die Unsachlichkeit der Unternehmerentscheidung, sondern die Tatsache, daß sie keine Beschäftigungsmöglichkeit entfallen läßt, weil ihre Umsetzung an rechtliche Grenzen stößt.

Die Prüfung der Sachlichkeit der Unternehmerentscheidung ist deshalb lediglich ein Teil der im Rahmen des Tatbestandsmerkmals „dringende betriebliche Erfordernisse" (§ 1 II 1 KSchG) vorzunehmenden Prüfung; sie hat keine selbständige dogmatische Bedeutung.

Das geht auch indirekt aus den Ausführungen *Ascheids* zur Darlegungs- und Beweislast für die Sachlichkeit der Unternehmerentscheidung hervor. *Ascheid* räumt selbst ein, daß sich Überschneidungen zwischen der dem Arbeitgeber obliegenden Darlegung der Sachlichkeit der Unternehmerentscheidung und der Darlegungs- und Beweislast nach § 1 II 4 KSchG[348] für die kündigungsbegründenden Tatsachen, nämlich für den Wegfall einer Beschäftigungsmöglichkeit, ergeben. Er führt aus, dem Arbeitgeber dürfte im Falle einer unsachlichen Unternehmerentscheidung kaum der Nachweis gelingen, daß ein Arbeitnehmerüberhang besteht[349].

Eine solche Überschneidung bedeutet aber, daß auch die Sachlichkeitsprüfung nur die kündigungsbegründenden Umstände, nämlich den Wegfall einer Beschäftigungsmöglichkeit zum Gegenstand hat. Das beweist die von mir aufgestellte These, daß die Sachlichkeitsprüfung nur eine Präzisierung der

[348] *Ascheid*, DB 1987, 1144 (1149).
[349] *Ascheid*, DB 1987, 1144 (1149).

Prüfung des Vorliegens „dringender betrieblicher Erfordernisse" (§ 1 II 1 KSchG) darstellt.

Alp hält es generell für falsch, daß Faktoren mit einem arbeitsrechtlichen Bezug[350], wie arbeitsrechtliche Gesetze und Vereinbarungen aus individuellen und kollektiven Verträgen, aus denen sich die Verpflichtungen des Arbeitgebers gegenüber seinem Arbeitnehmer ergeben, im Kündigungsschutzprozeß berücksichtigt werden. Relevant seien lediglich die Kündigungsgründe, es komme nicht darauf an, ob der Arbeitgeber die Arbeitsmenge mit den verbleibenden Arbeitnehmern im Rahmen der bestehenden Gesetze und Verträge bewältigen könne[351]. Weder sei es die Aufgabe des KSchG, noch sei dieses hierfür ein geeignetes Instrument, die ganze Belegschaft gegenüber vertrags-, gesetz-, betriebsvereinbarungs- und tarifwidrigem Verhalten des Arbeitgebers zu schützen. Dafür gebe es andere Rechtsbehelfe.

Diese Kritik ist nur teilweise berechtigt.

Alp ist insofern zuzustimmen, als es für die soziale Rechtfertigung einer betriebsbedingten Kündigung, wie ausgeführt, einzig und allein auf den Wegfall der Beschäftigungsmöglichkeit ankommt. Hierfür ist maßgeblich, ob die verbleibenden Arbeitnehmer die Arbeit ohne dauerhaft überobligationsmäßige Leistungen erledigen können[352]. Bei der Prüfung des Wegfalls einer Beschäftigungsmöglichkeit werden daher inzident auch die Arbeitsverhältnisse der verbleibenden Arbeitnehmer eine Rolle spielen.

Alp scheint jedoch fälschlicherweise davon auszugehen, daß *Ascheid* einem etwaigen Vertrags- oder Gesetzesverstoß gegenüber den verbleibenden Arbeitnehmern unmittelbare Wirkung auf die soziale Rechtfertigung der betriebsbedingten Kündigung beimißt. Insofern ist seine Kritik unzutreffend.

---

[350] *Alp*, a.a.O., S. 184.

[351] *Alp*, a.a.O., S. 185.

[352] So auch BAG, Urt. vom 24.4.1997, AP Nr. 42 zu § 2 KSchG 1969.

5.4 Zusammenfassung

Die Sachlichkeitsprüfung ist mit dem Grundsatz unternehmerischer Entscheidungsfreiheit vereinbar. Sie zielt allerdings lediglich auf die Prüfung des Wegfalls einer Beschäftigungsmöglichkeit ab, weshalb ihr keine eigenständige dogmatische Bedeutung beizumessen ist.

6 Die Grundzüge der Rechtsprechung des Bundesarbeitsgerichts

6.1 *Inner- oder außerbetriebliche Gründe als Anlaß der Kündigung*

6.1.1 Begriffliches Vorliegen von inner- und außerbetrieblichen Gründen

Hinsichtlich des Anlasses für die Kündigung hat das BAG erstmals in seiner Entscheidung vom 7.12.1978 in Anlehnung an die Ausführungen von *G. Schmidt*[353] differenziert, ob die Kündigung durch innerbetriebliche Umstände oder außerbetriebliche Gründe bedingt sei[354]. Seitdem hat das BAG an dieser Unterscheidung festgehalten[355].

Schmidt führt zur Systematik der inner- und außerbetrieblichen Gründe aus, die betrieblichen Erfordernisse könnten durch Maßnahmen des Arbeitgebers hervorgerufen werden, wie z.B. durch Rationalisierungsmaßnahmen, Umstellung der Produktion oder Änderung der Produktionsmethoden, Stillegung oder Einschränkung des Betriebes oder von Betriebsteilen, Zusammenlegung mit anderen Betrieben, Änderung der Arbeitsorganisation und anderes mehr. Auch diese Aufzählung von innerbetrieblichen Gründen könne bei der Vielfalt des Arbeitslebens nur beispielhaften Charakter haben[356].

Die betrieblichen Erfordernisse könnten aber auch außerbetrieblicher Art sein, nämlich beispielsweise durch konjunkturelle Schwierigkeiten, Auf-

---

[353] AR-Blattei/*Schmidt*, Abschnitt D, Kündigungsschutz IV, Nachprüfung betrieblicher Maßnahmen im Kündigungsschutzverfahren, Buschstabe A.

[354] BAG, Urt. vom 7.12.1978, AP Nr.6 zu § 1 KSchG 1969 Betriebsbedingte Kündigung.

[355] Vgl. u.a. BAG, Urt. vom 20.2.1986 und 29.3.1990, AP Nrn. 6 und 50 zu § 1 KSchG 1969 Betriebsbedingte Kündigung; zuletzt bestätigt im Urt. vom 17.6.1999, BAG AP Nr.101 zu § 1 KSchG 1969 Betriebsbedingte Kündigung.

tragsmangel, Absatzrückgang, Brand- oder Überschwemmungskatastrophen, Energie- oder Rohstoffmangel hervorgerufen sein[357].

Bei den außerbetrieblichen Gründen unterscheidet das BAG wiederum zwischen Gründen, die sich unmittelbar auf den Arbeitsplatz des gekündigten Arbeitnehmers auswirken, und solchen, die nicht unmittelbar zu dringenden betrieblichen Erfordernissen führen, sondern lediglich den Anlaß für eine Unternehmerentscheidung darstellen.

Ein Umsatzrückgang könne beispielsweise eine betriebsbedingte Kündigung dann rechtfertigen, wenn dadurch der Arbeitsanfall so zurückgehe, daß für einen oder mehrere Arbeitnehmer das Bedürfnis zur Weiterbeschäftigung entfalle.

Gewinnverfall oder Unrentabilität des Betriebes führten dagegen nicht ohne weiteres zu „dringenden betrieblichen Erfordernissen", weil sie auf den verschiedensten Gründen beruhen könnten und sich nicht unmittelbar auf die Arbeitsplätze auswirkten. Diese Umstände würden nur dann kündigungsrelevant, wenn der Arbeitgeber sie zum Anlaß nehme, zum Zwecke der Kostenersparnis Rationalisierungsmaßnahmen durchzuführen[358].

Die Besonderheit bei den sogenannten innerbetrieblichen Gründen besteht darin, daß sie regelmäßig mit der Unternehmerentscheidung zusammenfallen. Ein Umsatzrückgang scheint nach den Ausführungen des BAG unmittelbar, also ohne zwischengeschaltete Unternehmerentscheidung, zum Wegfall eines Arbeitsplatzes zu führen.

---

[356] AR-Blattei/*Schmidt*, Abschnitt D, Kündigungsschutz IV, Nachprüfung betrieblicher Maßnahmen im Kündigungsschutzverfahren, Buschstabe A.

[357] AR-Blattei/*Schmidt*, a.a.O.

[358] BAG, Urt. vom 7.12.1978, AP Nr.6 zu § 1 KSchG 1969 Betriebsbedingte Kündigung.

6.1.2 Darlegungs- und Beweislast

Das BAG hat ausgeführt, der Arbeitgeber dürfe sich nicht auf schlagwortartige Umschreibungen beschränken, wenn er sich auf Umsatzrückgang, Gewinnverlust oder einschneidende Rationalisierungsmaßnahmen berufe[359]. Er müsse seine tatsächlichen Angaben vielmehr so im einzelnen substantiieren, daß sie vom Arbeitnehmer mit Gegentatsachen bestritten und vom Gericht überprüft werden könnten[360]. Sein Sachvortrag müsse erkennen lassen, wie sich die von ihm behaupteten Umstände, nämlich entweder eine innerbetriebliche Maßnahme oder ein außerbetrieblicher Anlaß, unmittelbar oder mittelbar auf den Arbeitsplatz des gekündigten Arbeitnehmers auswirkten. Es müsse beispielsweise dargelegt werden, ob sich unmittelbar durch den Umsatzrückgang oder mittelbar durch eine Rationalisierungsmaßnahme Arbeitsanfall und Bedarf an Arbeitskräften verringert hätten und welche Folgen die betriebliche Veränderung für den Arbeitsplatz bzw. die Beschäftigungsmöglichkeit des gekündigten Arbeitnehmers habe[361].

6.1.3 Die Ansichten in der Literatur

Im Schrifttum wird die Unterscheidung des BAG in inner- und außerbetriebliche Gründe als Anlaß der Kündigung überwiegend sehr skeptisch bewertet. Vor allem die Auffassung des BAG, wonach ein außerbetrieblicher Grund ohne eine Unternehmerentscheidung unmittelbar zum Wegfall einer Beschäftigungsmöglichkeit führen soll, ist auf nahezu einhellige Kritik gestoßen. Es wird darauf hingewiesen, daß der Wegfall einer Beschäftigungsmöglichkeit ohne einen entsprechenden Willensakt des Arbeitgebers, nämlich eine Un-

---

359 BAG, Urt. vom 7.12.1978, AP Nr.6 zu § 1 KSchG 1969 Betriebsbedingte Kündigung.

360 BAG, Urt. vom 24.10.1979, 17.6.1999, AP Nrn.8, 101 zu § 1 KSchG 1969 Betriebsbedingte Kündigung.

361 BAG, Urt. vom 7.12.1978, AP Nr. 6 zu § 1 KSchG 1969 Betriebsbedingte Kündigung.

ternehmerentscheidung, nicht denkbar sei. Auch ein Umsatzrückgang könne niemals unmittelbar „dringende betriebliche Erfordernisse" begründen[362]. *Zepter* stellt überzeugend dar, daß es keine, von wo auch immer herrührenden Faktoren gibt, die unmittelbar in das betriebliche Geschehen eingreifen und den Bedarf an Arbeitskräften verringern[363]. Das geschehe erst dann, wenn die Unternehmensführung auf die veränderten Rahmendaten durch innerbetriebliche Organisationsmaßnahmen reagiere. Außerbetriebliche Umstände könnten schon deswegen nicht zwingend den Verlust von Beschäftigungsmöglichkeiten bewirken, weil der Unternehmer auf Lager produzieren und seine Arbeitnehmer oder zumindest einen Teil davon als Personalreserve behalten könne. Das Vorliegen außerbetrieblicher Gründe bedeute nichts anderes als eine Veränderung der Marktlage. Es hänge aber von der Entscheidung des Unternehmers ab, ob er sich den Veränderungen des Marktes anpasse und Arbeitnehmer entlasse[364].

B. Preis weist deshalb auch zu Recht darauf hin, daß der Arbeitgeber – jedenfalls im Bereich der stationären Produktion – schon dadurch eine sichtbare Entscheidung über die Arbeitsorganisation trifft, daß er die Produktion drosselt oder gar Maschinen stillegt, um nicht auf Halde zu produzieren[365].

---

[362] *Zepter*, DB 2000, 474; *B. Preis*, NZA 1997, 625 (632); *v. Hoyninen-Huene*, NZA 1994, 1009; *Hueck/v. Hoyningen-Huene*, KSchG, § 1 Rnr. 366, 368; *Preis*, Prinzipien, S. 244; *Ascheid*, Kündigungsschutzrecht, Rnr. 231, 237f.; *ders.* DB 1987, 1144 (1146); *ders.* NZA 1991, 873 (875); *Hümmerich/Spirolke*, NZA 1998, 797 (798); *Wank*, RdA 1987, 129 (135); ähnlich *Stahlhacke*, Die betriebsbedingte Kündigung, S. 20; *Berkowsky*, Die betriebsbedingte Kündigung, § 6 Rnr. 33; *ders.*, NJW 1983, 1293; *Bitter*, DB 1999, 1214; *Stahlhacke/Preis/Vossen*, Kündigung und Kündigungsschutz im Arbeitsverhältnis, Rnr. 631; *v. Maydell/Borchert*, Anm. zu BAG, Urt. vom 24.10.1979, SAE 1981, 214 (219); *Schaub*, BB 1993, 1089 (1091); *Däubler*, Das Arbeitsrecht, Band 2, Rnr. 1024; *Buchner*, DB 1984, 504 (505); offengelassen bei *Tenczer*, Freie Unternehmerentscheidung und betriebsbedingte Kündigung, S. 68.

[363] *Zepter*, DB 2000, 474.

[364] *Zepter*, DB 2000, 474; ähnlich *Zwanziger*, NJW 1995, 916, der lediglich zwischen gebundenen und ungebundenen Unternehmerentscheidungen differenzieren will.

[365] *B. Preis*, NZA 1997, 625 (632).

Ascheid[366] führt aus, daß im Gegensatz zu einer gestaltenden, zu innerbetrieblichen Gründen führenden Unternehmerentscheidung eine Reaktion des Unternehmers auf außerbetriebliche Gründe belassenden Inhalt hat[367]. Der Unternehmer treffe die Entscheidung, alles betrieblich so zu belassen, wie es sei, folglich die Sachzwänge walten zu lassen[368].
Obwohl der Unterscheidung in inner- und außerbetriebliche Gründe keine rechtliche Bedeutung beigemessen wird, wird sie dennoch teilweise als sinnvoll erachtet, weil sie dazu beitrage, den für die Kündigung maßgeblichen Sachverhalt zu erfassen und Entscheidungsvorgänge zu verdeutlichen[369]. Sie zwinge den Unternehmer vor dem Ausspruch von betriebsbedingten Kündigungen zum genauen Durchdenken der Gegebenheiten und erleichtere eine plausible prozessuale Darstellung der von ihm getroffenen unternehmerischen Entscheidungen und ihrer Auswirkungen auf das Beschäftigungsvolumen[370].

---

366 *Ascheid*, DB 1987, 1144 (1146); *ders.*, Kündigungsschutzgesetz, Rnr. 231.

367 *Ascheid*, DB 1987, 1144 (1146).

368 *Ascheid*, DB 1987, 1144 (1146); unter Berufung auf seine Erfahrungen in Kündigungsschutzprozessen beschreibt *Ascheid* die Reaktionen der Unternehmer auch mit den Formulierungen „keine andere Wahl haben", „sich gezwungen sehen", „die Dinge einfach laufen lassen".

369 *Zepter*, DB 2000, 474; *Stahlhacke*, Die betriebsbedingte Kündigung, S.20; *B. Preis*, NZA 1997, 625 (631); *Hueck/v.Hoyningen-Huene*, Kündigungsschutzgesetz, (12. Auflage), § 1 KSchG Rnr.119; *Hillebrecht*, ZfA 1991, 87 (98) spricht von einer Hilfskonstruktion für die Rechtsprechung. *Preis*, NZA 1995, 241 (245) warnt aber davor, an die nur als Hilfskonstruktion taugliche Schablone zur Erfassung und Bewertung möglicher Kündigungsursachen gewichtige, und durch das Gesetz nicht indizierte rechtliche Konsequenzen zu knüpfen.

370 *B. Preis*, NZA 1997, 625 (631); *Ascheid*, DB 1987, 1144 (1146); *ders.*, Kündigungsschutzrecht, Rnr. 261; *ders.* NZA 1991, 873 (875); *Bitter*, DB 1999, 1214 (1216); nach Ansicht von *Hillebrecht*, ZfA 1991, 92 (98) ist die Unterscheidung des BAG deswegen entgegen der überwiegenden Auffassung in der Literatur gerade kein überflüssiges Glasperlenspiel; *ders.*, ZIP 1985, 257; *Buchner*, DB 1984, 504 (505).

Dagegen halten *Meisel*[371] und *Sowka*[372] die Unterscheidung des BAG für überflüssig. Das KSchG habe eine solche Unterscheidung richtigerweise nicht getroffen, da es hierfür keine sicheren Abgrenzungskriterien gebe. Die Entscheidung, auf Auftragsmangel oder Umsatzrückgang zu reagieren, sei letztlich immer eine innerbetriebliche organisatorische Maßnahme. Umgekehrt seien die vom BAG als innerbetriebliche Maßnahmen bezeichneten technischen oder organisatorischen Entscheidungen vielfach durch außerbetriebliche Gründe motiviert. Ausschlaggebend sei daher nur, daß eine umgesetzte Unternehmerentscheidung zum Wegfall von Beschäftigungsmöglichkeiten führe.

Aus demselben Grund hält auch *Reuter* die Anknüpfung des BAG an inner- und außerbetriebliche Gründe für verfehlt. Richtig wäre es seiner Ansicht nach vielmehr, an die Frage anzuknüpfen, mit welcher Begründung die Unternehmensleitung die Maßnahmen eingeleitet habe, die in die angegriffene Kündigung gemündet seien[373]. *Reuter* sieht damit zutreffend allein die Unternehmerentscheidung, unabhängig von ihrem Anlaß, als Ausgangspunkt für eine gerichtliche Kontrolle.

Nach Auffassung von *Ranckes* geht die vom BAG vorgenommene Differenzierung an der betriebswirtschaftlichen Realität vorbei; sie sei für die Entscheidung eines Kündigungsschutzprozesses bedeutungslos und damit überflüssig. Organisatorische Maßnahmen entstünden aus betriebswirtschaftlicher Sicht vielmehr immer als eine Reaktion auf eine Veränderung der Marktsituation[374].

---

[371] *Meisel*, ZfA 1991, 213 (219).

[372] *Sowka*, MDR 1995, 1195.

[373] Anm. zu BAG, Urteil vom 7.12.1978, AP Nr.6 zu § 1 KSchG 1969 Betriebsbedingte Kündigung.

[374] Anm. zu BAG, Urt. vom 7.12.1978, EzA § 1 KSchG Betriebsbedingte Kündigung Nr.10.

Stahlhacke gibt zu bedenken, daß inner- und außerbetriebliche Gründe miteinander verknüpft werden können, so daß auf einen außerbetrieblichen Grund noch eine gestaltende innerbetriebliche Maßnahme folgt[375], was dann zu Verwirrungen bei der Darlegungs- und Beweislast führen könne[376].

6.1.4 Kritik und eigene Lösung

Die Unterscheidung des BAG zwischen inner- und außerbetrieblichen Gründen als Ursache für das Entstehen „dringender betrieblicher Erfordernisse" ist abzulehnen.

Die Auffassung, wonach außerbetriebliche Gründe wie Auftragsmangel oder Umsatzrückgang ohne Unternehmerentscheidung unmittelbar zum Wegfall von Beschäftigungsmöglichkeiten führen und bei Vorliegen einer Unternehmerentscheidung immer von einem innerbetrieblichen Grund auszugehen ist, ist verfehlt.

Auch Auftragsmangel und Umsatzrückgang haben ohne eine unternehmerische Reaktion auf die veränderte Marktlage unmittelbar und zwingend lediglich einen Rückgang der Rentabilität des Betriebes, aber keinen Wegfall von Arbeitsplätzen zur Folge. Ob im Betrieb Beschäftigungsmöglichkeiten wegfallen, hängt von den Entscheidungen und Maßnahmen ab, mit denen der Unternehmer auf außerbetriebliche Gründe reagiert. Bleibt er bei Auftrags- und Umsatzrückgang untätig, führt dies lediglich zur Schaffung einer Personalreserve oder zur Produktion auf Lager.

---

375 *Stahlhacke*, DB 1994, 1361 (1363).

376 Vgl. hierzu den von Stahlhacke angeführten Kontrukteur-Fall, BAG, Urteil vom 7.12.1978, AP Nr. 6 zu § 1 KSchG 1969 Betriebsbedingte Kündigung: Das BAG hatte die Unwirksamkeit der Kündigung eines Konstrukteurs festgestellt, dem wegen eines Umsatzrückganges (außerbetrieblicher Grund) gekündigt worden war. Das BAG hatte ausgeführt, der Umsatzrückgang habe sich nicht auf die Arbeit im Entwicklungsbüro ausgewirkt. Stahlhacke kritisiert insoweit zu Recht, das BAG habe übersehen, daß hier noch eine unternehmerische Entscheidung zwischengeschaltet war, nämlich die Entwicklung des Projekts, an dem der Ingenieur arbeitete, einzustellen.

Charakteristisch für die vom BAG so bezeichneten außerbetrieblichen Gründe ist letztendlich nur, daß sich der Personalbedarf, der benötigt wird, um den Betrieb rentabel zu führen, offensichtlich verringert. Die Anpassung des Personalbestandes an den veränderten Personalbedarf hängt aber auch bei außerbetrieblichen Gründen von einer diesbezüglichen Unternehmerentscheidung ab. In diesem Punkt ist der nahezu einhelligen Auffassung in der Literatur zuzustimmen.
Außerdem lassen sich inner- und außerbetriebliche Gründe nicht exakt voneinander abgrenzen.
Die Stillegung eines Betriebes oder Betriebsteiles ist eine Maßnahme, die das BAG als innerbetrieblichen Grund bezeichnet. Hierbei bleibt jedoch unberücksichtigt, daß ein Unternehmer solche Entscheidungen als Reaktion auf eine Veränderung bzw. auf eine erwartete Veränderung der marktwirtschaftlichen Rahmendaten trifft. Die betriebliche Maßnahme beruht also letztlich auf außerbetrieblichen Gründen. Auch Rationalisierungsmaßnahmen durch Veränderung der Produktionsmethoden oder Veränderung der Arbeitsorganisation finden ihre Ursache in der Notwendigkeit zur Kostensenkung, welche wiederum oft durch sinkende Aufträge oder fallende Preise, also durch außerbetriebliche Faktoren bedingt ist. Außerbetriebliche Gründe werden also fast immer eine Rolle spielen. Hier nur von einem „innerbetrieblichen" Grund zu sprechen, wäre daher nicht richtig und ginge an der betriebswirtschaftlichen Realität vorbei.
Sicherlich können die Motive für die Stillegung des Betriebes durch den Unternehmer auch ausschließlich in seinem Alter, seiner Gesundheit oder familiären Situation liegen. Auch dabei kann aber eine Rolle spielen, daß er aufgrund einer ohnehin unsicheren gesamtwirtschaftlichen Lage von weiterer unternehmerischer Betätigung Abstand nehmen will.

Hier wird deutlich, daß die Ursachen für eine Unternehmerentscheidung kaum jemals nur dem einen oder dem anderen Bereich zugeordnet werden können, daß sie sich vielmehr häufig aus einer Mischung von außer- und innerbetrieblichen Gründen ergeben werden.

Die Unterscheidung zwischen inner- und außerbetrieblichen Gründen bildet demzufolge kein exaktes und logisches System und ist daher weder geeignet noch notwendig, um die für den Wegfall von Beschäftigungsmöglichkeiten ausschlaggebenden Ursachen im Kündigungsschutzprozeß zu verdeutlichen. Der Tatsachenvortrag für das Vorliegen „dringender betrieblicher Erfordernisse" sollte sich vielmehr auf das beschränken, was letztlich sowohl bei inner- als auch bei außerbetrieblichen Gründen ausschlaggebend ist, nämlich auf Inhalt und Folgen der betrieblichen Umsetzung der Unternehmerentscheidung.

Die unternehmerische Entscheidung kann darin bestehen, den Personalbedarf bei rückläufigen Aufträgen oder sinkenden Absatzzahlen ohne Veränderung der betrieblichen Organisation den Verhältnissen des Marktes anzupassen. Bei einem solchen Anpassungsbeschluß muß der Unternehmer darlegen und beweisen, daß ein Umsatzrückgang in der angegebenen Größenordnung vorliegt und daß dieser sich unmittelbar auf die Beschäftigungsmöglichkeit des gekündigten Arbeitnehmers auswirkt. Hierdurch werden die Konstellationen der vom BAG so bezeichneten außerbetrieblichen Gründe erfaßt.

Der Arbeitgeber kann auch vortragen, er habe eine gestaltende Unternehmerentscheidung getroffen, wodurch sich die Arbeitsmenge verringert oder die betriebliche Organisation verändert habe. Dann muß im Kündigungsschutzprozeß plausibel vorgetragen werden, welche Entscheidung getroffen wurde, daß diese Entscheidung im Betrieb umgesetzt wurde und weshalb hierdurch Beschäftigungsmöglichkeiten weggefallen sind. Die Unternehmerentscheidung kann schließlich darin bestehen, daß im Betrieb vorhandene

Unterbeschäftigungen ausgeglichen werden sollen. Dann muß der Arbeitgeber darlegen und beweisen, daß die Arbeit nicht ausreicht, um alle Arbeitnehmer vertragsgerecht zu beschäftigen, und wie viele Arbeitsplätze im Rahmen der Leistungsverdichtung eingespart werden können, ohne von den verbleibenden Arbeitnehmern überobligationsmäßige Leistungen zu verlangen.

Die Darlegungslast des Arbeitgebers im Kündigungsschutzprozeß ist folglich dahingehend zu korrigieren, daß dieser lediglich den Inhalt seiner Unternehmerentscheidung, die tatsächliche Durchführung dieser Entscheidung und ihre Auswirkungen auf die Beschäftigungsmöglichkeit des gekündigten Arbeitnehmers darzulegen und zu beweisen hat.

6.2 *Freiheit unternehmerischer Entscheidung*

Im folgenden werden die Grundzüge der Rechtsprechung des BAG zur Kontrolle der unternehmerischen Entscheidung dargestellt. Dem schließen sich eine kritische Analyse und eigene Lösungsvorschläge an.

6.2.1 Überprüfbarkeit und Reichweite unternehmerischer Entscheidungsfreiheit

Nachdem die Reichweite unternehmerischer Entscheidungsfreiheit bei betriebsbedingten Kündigungen im Schrifttum schon bald nach Erlaß des Kündigungsschutzgesetzes im Jahre 1951 kontrovers diskutiert wurde, hatte sich das BAG erstmals 1956 bei einem aus dem öffentlichen Dienst stammenden Fall mit der Problematik zu befassen[377].

Im Zuge einer Kürzung von Haushaltsmitteln waren Behörden zur Stellenstreichung angewiesen worden. Die Umsetzung dieser Vorgaben durch die einzelnen Behörden führte zum Ausspruch betriebsbedingter Kündigungen.

---

[377] BAG, GS, Beschl. vom 28.11.1956, AP Nr.20 zu § 1 KSchG.

Der Senat führte in seinem Beschluß aus, daß eine solche Stelleneinsparung nicht schematisch durchgeführt werden könne, um schlicht und einfach den Anforderungen des Stellenplans zu genügen, sondern daß zuerst organisatorische Maßnahmen ergriffen werden müßten, die zum Wegfall von Arbeitsstellen führten. Gerichtlicher Kontrolle unterliege, ob die Arbeit zweckmäßiger eingeteilt oder etwaige Unterbeschäftigungen ausgeglichen worden seien.

Das BAG prüfte in dem entschiedenen Fall folglich nur, ob organisatorische Maßnahmen der Behörde zu einem Wegfall der Arbeitsstellen geführt hatten. Notwendigkeit und Zweckmäßigkeit sowohl der gesetzgeberischen Vorgabe als auch der behördlichen Maßnahmen wurden keiner Kontrolle unterzogen.

In einer weiteren, ebenfalls den öffentlichen Dienst betreffenden Entscheidung aus dem Jahre 1957[378] stellte das BAG sodann klar, daß die Kündigung selbst keine betriebsorganisatorische Maßnahme im Sinne der vorangehenden Entscheidung sei. Eine solche liege nur dann vor, wenn ein auf einer Prüfung der Geschäftsbelastung im Bereich des gesamten Verwaltungszweigs beruhender Plan aufgestellt werde, wie die im Haushaltsgesetz vorgeschriebene Stellenkürzung in die Praxis umgesetzt werden solle. Die Angestellten gewannen damals den Prozeß, weil das Gericht eine derartige Umsetzung der Vorgaben nicht feststellen konnte.

Der Begriff der unternehmerischen Entscheidung wurde vom BAG erstmals im Urteil vom 18.11.1960[379] ausdrücklich verwendet. Auch diese Entscheidung, die sog. „Truppenvertragsentscheidung", hatte wieder einen Fall aus dem öffentlichen Dienst zum Gegenstand. Die alliierten Streitkräfte hatten

---

[378] BAG, Urt. vom 21.5.1957, AP Nr. 31 zu § 1 KSchG mit Anm. Herschel.
[379] BAG, Urt. vom 18.11.1960, AP Nr. 28 zu Art. 44 Truppenvertrag.

zivilem Wachpersonal gekündigt, nachdem sie beschlossen hatten, daß zukünftig die Streitkräfte selbst diese Aufgabe wahrnehmen sollten. Diese Entscheidung – so das Gericht - sei nicht auf wirtschaftliche, technische oder organisatorische Zweckmäßigkeit zu prüfen, sondern nur darauf, ob sie als unternehmerische Entscheidung unsachlich, unvernünftig oder willkürlich sei[380], wobei die Freiheit der Unternehmerentscheidung im Vordergrund stehen müsse. Da von den Gerichten nicht zu prüfen sei, ob der maßgebende Anlaß die vom Arbeitgeber getroffene organisatorische Maßnahme auch erforderlich gemacht habe und ob die Unternehmerentscheidung geeignet sei, den mit ihr verfolgten Zweck zu erreichen, brauche der Arbeitgeber die Notwendigkeit und Zweckmäßigkeit der Maßnahme auch nicht zu begründen[381].

Diese bei Kündigungen im öffentlichen Dienst entwickelten Grundsätze wurden schon in der Truppenvertragsentscheidung auch auf Arbeitgeber in

---

[380] St. Rspr. seit BAG, Urt. vom 18.11.1960, AP Nr. 28 zu Art.44 Truppenvertrag; BAG, Urt. vom 25.6.1964, AP Nr. 14 zu § 1 KSchG Betriebsbedingte Kündigung; BAG, Urt. vom 12.12.1968, AP Nr. 20 zu § 1 KSchG Betriebsbedingte Kündigung; BAG, Urt. vom 22.11.1973, AP Nr. 22 zu § 1 KSchG Betriebsbedingte Kündigung; BAG, Urt. vom 26.6.1975, AP Nr. 1 zu § 1 KSchG 1969 Betriebsbedingte Kündigung; BAG, Urt. vom 11.3.1976, AP Nr. 6 zu § 1 KSchG 1969 Betriebsbedingte Kündigung; BAG, Urt. vom 1.7.1976, AP Nr. 2 zu § 1 KSchG 1969 Betriebsbedingte Kündigung; BAG, Urt. vom 12.10.1979, AP Nr. 7 zu § 1 KSchG 1969 Betriebsbedingte Kündigung; BAG, Urt. vom 24.10.1979, AP Nr. 8 zu § 1 KSchG 1969 Betriebsbedingte Kündigung; BAG, Urt. vom 17.10.1980, AP Nr. 10 zu § 1 KSchG 1969 Betriebsbedingte Kündigung; BAG, Urt. vom 24.3.1983, AP Nr. 12 zu § 1 KSchG 1969 Betriebsbedingte Kündigung; BAG, Urt. vom 27.2.1987, AP Nr. 41 zu § 1 KSchG 1969 Betriebsbedingte Kündigung; BAG, Urt. vom 30.4.1987, AP Nr. 42 zu § 1 KSchG 1969 Betriebsbedingte Kündigung; BAG, Urt. vom 29.3.1990, AP Nr. 50 zu § 1 KSchG 1969 Betriebsbedingte Kündigung; zuletzt bestätigt in BAG, Urt. vom 17.6.1999. AP Nrn. 101, 102, 103 zu § 1 KSchG 1969 Betriebsbedingte Kündigung.

[381] Vgl. BAG, Urt. vom 24.10.1979, AP Nr. 8 zu § 1 KSchG 1969 Betriebsbedingte Kündigung; das BAG führte in dieser Entscheidung, welche die Kündigung eines Verkaufsleiters zum Gegenstand hatte, aus, daß das Unternehmen nicht gehalten war, den Verlust im entsprechenden Geschäftsjahr mit weiteren Angaben und Zahlen zu belegen, da dieser nur der Anlaß für die Kündigung gewesen sei. Dies wäre nur dann er-

der Privatwirtschaft für anwendbar erklärt. Nach Ansicht des BAG ist der Begriff „dringende betriebliche Erfordernisse" auch in der privaten Wirtschaft dahin auszulegen, daß einer vernünftigen und sachgerechten Entscheidung des Unternehmers über die Gestaltung des Betriebs und den sich daraus ergebenden Notwendigkeiten ein besonderes Gewicht beizulegen ist. Diese Gestaltungsmaßnahmen könnten die Gerichte im allgemeinen nicht auf ihre Notwendigkeit und Zweckmäßigkeit kontrollieren[382]. Die Gerichte könnten jedoch vollumfänglich nachprüfen, ob die unternehmerische Entscheidung offenbar unsachlich, unvernünftig oder willkürlich ist. Dieses Urteil legte den Grundstein für die – im folgenden so bezeichnete[383] - Willkürprüfung der Unternehmerentscheidung, an der das BAG bis heute festhält. Die Beschränkung der Überprüfung der unternehmerischen Entscheidung lediglich auf Willkür und offensichtliche Unsachlichkeit hat das BAG vor allem damit begründet, daß nach der gegenwärtigen Wirtschafts- und Sozialordnung der Arbeitgeber das wirtschaftliche Risiko für die zweckmäßige Errichtung und Gestaltung des Betriebes trägt und die Gerichte schlicht überfordert wären, wenn sie ihm eine bessere betriebliche Organisation vorschreiben wollten[384]. Bisher hat das BAG allerdings in keinem einzigen Fall eine Unternehmerentscheidung als offenbar unsachlich, unvernünftig oder willkürlich erachtet.

---

forderlich gewesen, wenn nur notwendige und zweckmäßige innerbetriebliche Maßnahmen betriebsbedingte Gründe für Kündigungen sein könnten.

[382] Diesbezüglich nimmt das BAG vor allem im Urt. vom 14.10.1979, AP Nr.8 zu § 1 KSchG 1969 Betriebsbedingte Kündigung, genau Stellung.

[383] Vgl. zur im Schrifttum gebrauchten Begrifflichkeit vgl. *Ascheid,* Kündigungsschutzrecht, Rnr. 291; *ders.* DB 1987, 1144: Mißbrauchskontrolle; *Preis,* Prinzipien, S. 218: Rechtsmißbrauch; KR-*Becker*, Rnr. 297: Willkürkontrolle; *Herschel/Löwisch*, KSchG, § 1 KSchG Rnr. 179: Mißbrauchskontrolle.

[384] BAG, Urt. vom 24.10.1979, AP Nr.8 zu § 1 KSchG 1969 Betriebsbedingte Kündigung.

Im Urteil vom 4.2.1960[385] führte das BAG zur sozialen Rechtfertigung der betriebsbedingten Kündigung aus, die betrieblichen Gründe müßten die Kündigung bei verständiger Würdigung in Abwägung der Interessen der Vertragsparteien und des Betriebes als billigenswert und angemessen erscheinen lassen. Das Gericht habe bei der Prüfung der dringenden betrieblichen Erfordernisse die schutzwerten Interessen des Arbeitnehmers an der Erhaltung seines Arbeitsplatzes gegenüber den Belangen des Arbeitgebers abzuwägen[386].

Dieses Urteil begründete die im Rahmen der betriebsbedingten Kündigung sehr umstrittene Interessenabwägung. Aufgrund der Interessenabwägung konnte eine Kündigung für sozialwidrig erklärt werden, „wenn die zu erwartenden Vorteile des Unternehmers zu den Nachteilen für die betroffenen Arbeitnehmer in keinem vernünftigen Verhältnis stehen"[387].

Das BAG bestätigte diese Rechtsprechung im Urteil vom 25.6.1964[388] und stellte klar, nicht nur bei personen- und verhaltenbedingten, sondern auch bei betriebsbedingten Kündigungen gehöre zum Tatbestand des § 1 II 1 KSchG eine umfassende Interessenabwägung.

Das BAG wollte mit der Interessenabwägung sicherstellen, daß bei der Prüfung der sozialen Rechtfertigung der betriebsbedingten Kündigung auch „Härtefälle[389]", in denen ein Arbeitnehmer aufgrund schwerwiegender persönlicher Umstände besonders schutzwürdig ist, berücksichtigt werden. Die Folge war, daß sich das BAG bei der Bestimmung der betrieblichen Erfordernisse von nun an auch weitgehend von Billigkeitserwägungen leiten las-

---

[385] BAG, Urt. vom 4.2.1960, AP Nr. 5 zu § 1 KSchG Betriebsbedingte Kündigung.

[386] BAG, Urt. vom 4.2.1960, AP Nr. 5 zu § 1 KSchG Betriebsbedingte Kündigung.

[387] BAG, Urt. vom 4.2.1960, AP Nr. 5 zu § 1 KSchG Betriebsbedingte Kündigung.

[388] BAG, Urt. vom 25.6.1964, AP Nr. 14 zu § 1 KSchG Betriebsbedingte Kündigung.

[389] BAG, Urt. vom 24.10.1979. AP Nr. 8 zu § 1 KSchG 1969 Betriebsbedingte Kündigung; kritisch hierzu *Herschel*, SAE 1979, 141 (144).

sen konnte. Da der Wegfall einer Beschäftigungsmöglichkeit nicht mehr das allein ausschlaggebende Kriterium für die soziale Rechtfertigung einer betriebsbedingten Kündigung war, wurde die Verpflichtung zur Weiterbeschäftigung eines Arbeitnehmers trotz Wegfalls des Arbeitsplatzes denkbar.
Auch wenn das Kriterium der Interessenabwägung nie formal aufgegeben wurde[390], hat es bei der betriebsbedingte Kündigung mittlerweile keine Bedeutung mehr. Das BAG hat klargestellt, daß sich bei einer ordentlichen Kündigung, die „an sich" betriebsbedingt im Sinne des § 1 II 1 KSchG ist, die Interessenabwägung nur in seltenen Ausnahmefällen zugunsten des Arbeitnehmers auswirken kann[391].
Im Urteil vom 7.12.1978 führte das BAG aus, ein „dringendes betriebliches Erfordernis" liege nur dann vor, wenn die betrieblichen Erfordernisse die Kündigung im Interesse des Betriebs notwendig machen. Diese weitere Voraussetzung sei erfüllt, wenn es dem Arbeitgeber nicht möglich sei, der betrieblichen Lage durch andere Maßnahmen auf technischem, organisatorischem oder wirtschaftlichem Gebiet zu entsprechen[392]. Das BAG wendet in dieser Entscheidung erstmals den ultima-ratio-Grundsatz im Kündigungsschutzrecht an. Dieses Urteil war jedoch mißverständlich, weil nicht klar wurde, was unter dem Begriff „betriebliche Lage" zu verstehen war und inwieweit durch dieses Erfordernis auch die Zwecksetzung der Unternehmer-

---

[390] Vgl. BAG, Urt. vom 17.6.1999, AP Nr. 101, 102 zu § 1 KSchG 1969 Betriebsbedingte Kündigung; in den Entscheidungsgründen findet sich die Feststellung, es werde im Rahmen des § 1 KSchG geprüft, ob das Gericht bei der gebotenen Interessenabwägung, bei der ihm ein Beurteilungsspielraum zustehe, alle wesentlichen Umstände berücksichtigt hat und ob das Urteil in sich widerspruchsfrei ist.

[391] BAG, Urt. vom 24.10.1979, 30.4.1987, AP Nrn. 8, 42 zu § 1 KSchG 1969 Betriebsbedingte Kündigung; genauere Ausführungen zur Interessenabwägung unter 9.

[392] St. Rspr., BAG, Urt. vom 7.12.1978, AP Nr. 6 zu § 1 KSchG 1969 Betriebsbedingte Kündigung; BAG, Urt. vom 27.4.1984, EzA § 2 KSchG Nr.5; BAG, Urteil vom 14.10.1982, 27.1.1994, AP Nrn. 14, 20 zu § 1 KSchG 1969 Betriebsbedingte Kündi-

entscheidung verändert werden konnte. Wird bei Betrachtung der betrieblichen Lage die Unternehmerentscheidung nicht als verbindlich anerkannt, so können die Arbeitsgerichte den Unternehmern auch ganz andere unternehmerische Konzepte als solche, die zum Personalabbau führen, vorschreiben. Ob ein solcher gerichtlicher Eingriff zulässig ist, soll bei der Frage der Erforderlichkeit der Kündigung geprüft werden[393].

Der bloße Entschluß, Arbeitskräfte abzubauen[394] oder Lohnkosten[395] zu senken, wurde nicht als eine die Gerichte bindende Unternehmerentscheidung anerkannt, da ansonsten das KSchG leerlaufe.

Ebenso wenig stelle die Kündigung selbst eine gerichtlich nicht überprüfbare unternehmerische Entscheidung im Sinne des KSchG dar, da sie die Frage offen lasse, in welcher Weise die bisher von dem Arbeitnehmer geleistete Arbeit künftig bewältigt werden solle[396]. Die Unternehmerentscheidung sei ein normativer Begriff, der keinen für alle Fälle feststehenden Inhalt habe, sondern stets im Hinblick auf den Zusammenhang, in dem er jeweils stehe, zu bestimmen sei. Jede Disposition, die der Arbeitgeber in seinem Betrieb treffe, sei wörtlich genommen eine Unternehmerentscheidung, insbesondere jede Kündigung. Dennoch liege klar zutage, daß im Sinne des KSchG die arbeitgeberseitige Kündigung selbst keine Unternehmerentscheidung sei, da das KSchG sonst keinen Bestandsschutz mehr gewähren könne.

---

gung; zuletzt bestätigt im Urteil vom 17.6.1999, AP Nr. 101 zu § 1 KSchG 1969 Betriebsbedingte Kündigung.

393 Siehe hierzu unter 8.

394 BAG, Urt. vom 7.12.1978, AP Nr.6 zu § 1 KSchG 1969 Betriebsbedingte Kündigung.

395 BAG, Urt. vom 20.3.1986, AP Nr.14 zu § 2 KSchG 1969.

396 BAG, Urt. vom 21.5.1957, AP Nr.31 zu § 1 KSchG mit Anm. *Herschel*; ebenso BAG, Urt. vom 20.2.1986, AP Nr. 11 zu § 1 KSchG 1969; BAG, Urt. vom 20.3.1986, AP Nr. 14 zu § 2 KSchG 1969.

Aus diesen Aussagen wird deutlich, daß sich die gerichtliche Kontrolle im Rahmen des § 1 II 1 KSchG nicht auf die Unternehmerentscheidung, sondern auf ihre betriebliche Umsetzung bezieht. Das BAG stellt damit sicher, daß der unbestimmte Rechtsbegriff „dringende betriebliche Erfordernisse" (§ 1 II 1 KSchG) nicht seines materiellen Gehalts entkleidet wird.

Bei drittfinanzierten Arbeitsverträgen stellt die Entscheidung des Dienstmittelgebers, die Zuwendungen zu kürzen oder zu streichen, für sich allein noch keinen betriebsbedingten Kündigungsgrund dar[397]. Der Drittmittelempfänger muß vielmehr seinerseits entscheiden, ob er einen subventionierten Aufgabenbereich fortführen oder einschränken will. Erst eine Entscheidung, die zum Fortfall oder zur Einschränkung der geförderten Aufgabenbereiche führt, kann eine betriebsbedingte Kündigung rechtfertigen.

Eine Betriebsstillegung begründet regelmäßig ein „dringendes betriebliches Erfordernis"[398].

Auch die Organisationsentscheidung eines öffentlichen Arbeitgebers, eine Angestelltenstelle, auf der hoheitliche Aufgaben erledigt werden, in eine Beamtenstelle umzuwandeln und mit einem Beamten zu besetzen, kann ein dringendes betriebliches Erfordernis zur Kündigung des bisherigen Stelleninhabers darstellen, wenn die Voraussetzungen für seine Übernahme in das Beamtenverhältnis nicht vorliegen[399]. Allerdings hat die Umwandlung keine Auswirkungen auf die Möglichkeiten, den mit den entsprechenden Arbeiten bisher beschäftigten Angestellten weiterzubeschäftigen, wenn dieser das Anforderungsprofil der neu geschaffenen Beamtenstelle erfüllt. Art. 33 IV GG

---

397 BAG, Urt. vom 20.2.1986, AP Nr. 11 § 1 KSchG 1969.

398 BAG, Urt. vom 27.2. 1987, EzA § 1 KSchG Betriebsbedingte Kündigung Nr. 46; BAG, Urt. vom 27.9.1984, EzA § 613a BGB Nr. 40; BAG, Urt. vom 22.5.1997, EzA § 613a BGB Nr. 157; BAG, Urt. vom 23.3.1984, 26.2.1987, AP Nrn. 38, 39 zu § 1 KSchG 1969 Betriebsbedingte Kündigung.

399 BAG, Urt. vom 21.9.2000, DB 2001, 416; BAG, Urt. vom 26.2.1957, BAGE 4, 1.

steht der Besetzung einer Beamtenstelle durch einen Angestellten in einem Einzelfall nicht entgegen[400]. Die Unternehmerentscheidung ist in diesem Fall nicht auf eine Veränderung der Tätigkeit, sondern darauf gerichtet, einen bisher beschäftigten Arbeitnehmer durch einen anderen zu ersetzen. Es handelt sich daher um eine unzulässige Austauschkündigung.

In seinem Urteil vom 9.5.1996[401], der sog. „Weight-Watchers"-Entscheidung, hat das BAG den Wechsel der Vertragsart von einem Arbeitsverhältnis zu einem freien Mitarbeiterverhältnis als bindende Unternehmerentscheidung anerkannt. Es gehöre auch zur unternehmerischen Entscheidungsfreiheit, im Wege einer innerbetrieblichen Umstrukturierungsmaßnahme das Vertriebssystem umzugestalten, diese Aufgaben aus dem Unternehmen hinauszuverlagern und künftig von freien Mitarbeitern statt von eigenen Arbeitnehmern erfüllen zu lassen.

Diese Entscheidung wird in der Literatur kritisiert, da beim Wechsel der Vertragsart der Beschäftigungsbedarf nicht entfalle, der Arbeitgeber vielmehr nur zur Kostensenkung die vertraglichen Konditionen der Mitarbeiter verändern möchte. Deshalb liege kein „dringendes betriebliches Erfordernis vor[402].

Preis sieht es als eine Mißdeutung des Rechts der betriebsbedingten Kündigung an, wenn es als Mittel zum Wechsel der Vertragsart und damit zum Bruch des Prinzips „pacta sunt servanda" mißverstanden werde. Das Recht

---

[400] BAG, Urt. vom 21.9.2000, DB 2001, 416 (417).

[401] BAG, Urt. vom 9.5.1996, AP Nr. 79 zu § 1 KSchG 1969 Betriebsbedingte Kündigung.

[402] *Preis*, NZA 1997, 1073 (1079); *ders.*, AuR 1997, 60 (66); *Korinth*, AuA 1997, 228; *Däubler*, Das Arbeitsrecht, Band 2, Rnr. 1027 hebt zudem hervor, daß es sich bei dieser Statusänderung nicht um eine unternehmerische, sondern um eine rein arbeitnehmerbezogene Entscheidung handle, die deshalb keine Unantastbarkeit für sich in Anspruch nehmen könne; *Tenczer*, Freie Unternehmerentscheidung und betriebsbedingte Kündigung, S. 94 und 149, erkennt zwar die Unternehmerentscheidung an, erwägt aber eine Korrektur der Entscheidung im Rahmen der Dringlichkeitsprüfung.

des Unternehmers, sein Unternehmenskonzept künftig mit freien Mitarbeitern zu betreiben, werde von niemandem bestritten. Davon sei aber die Frage zu unterscheiden, ob dies allein ein Grund sei, mit gleichen Diensten beschäftigte Arbeitnehmer zu kündigen[403].

Demgegenüber sind *Hromadka/Maschmann* der Ansicht, es könne keinen Unterschied machen, ob die Arbeiten an bereits vorhandene Selbständige vergeben werden oder an ehemalige Mitarbeiter, die durch die Vergabe zu Selbständigen werden[404].

Meiner Ansicht nach ist das BAG in diesem Urteil zu Recht von einer bindenden Unternehmerentscheidung ausgegangen.

Der entscheidende Gesichtspunkt ist, daß der Kündigung eine innerbetriebliche Umstrukturierungsmaßnahme zur Einführung eines neuen Vertriebssystems zugrundelag. Zwar liegt in der Tat keine Veränderung des Beschäftigungsvolumens vor, doch es stellt eine Veränderung des unternehmerischen Konzepts dar, Verantwortung und Initiative vom Unternehmen auf freie Mitarbeiter zu verlagern, die eigenes Kapital einsetzen, eigene Mitarbeiter einstellen und ihre Arbeitszeit eigenverantwortlich gestalten können.

Die unternehmerische Entscheidung war darauf gerichtet, die Aufgaben des Vertriebs aus dem Unternehmen hinauszuverlagern. Das Unternehmen hätte statt freier Mitarbeiter auch ein anderes Unternehmen mit eigenen Arbeitnehmern beauftragen können. Die ausschlaggebende Unternehmerentscheidung war folglich die Ausgliederung der Aufgaben, die „Umgestaltung der Vertragsform[405]“ -und insofern war das Urteil des BAG wohl mißverständlich- nur ihre Folge. Hätte man nicht gerade ehemalige Arbeitnehmer beschäftigt, wäre eine „Umgestaltung“ der Vertragsform gar nicht notwendig

---

[403] *Preis*, NZA 1997, 1075 (1079).

[404] *Hromadka/Maschmann*, Arbeitsrecht, Band 1, § 10 Rnr. 199.

[405] BAG, Urt. vom 9.5.1996, AP Nr.79 zu § 1 KSchG 1969 Betriebsbedingte Kündigung

gewesen, ohne daß dies Auswirkungen auf die Wirksamkeit der Kündigung gehabt hätte.

Im Urteil vom 26.9.1996[406] ging das BAG dagegen zu Recht von einer unzulässigen Personalaustauschkündigung aus. In diesem Fall war Seeleuten betriebsbedingt gekündigt worden, um an deren Stelle andere, kostengünstigere Arbeitnehmer einzustellen. Das BAG erachtete die betriebsbedingten Kündigungen für unzulässig, da Vertrag und Beschäftigungsbedürfnis unverändert blieben und nur der Mitarbeiter ausgetauscht werden sollte[407].

Die unternehmerische Entscheidung beschränkte sich in diesem Fall auf den Entschluß zur Kostensenkung durch Austausch von Arbeitnehmern. Wie bei der Leiharbeit blieb die Arbeit aber im Unternehmen. Sie sollte nur zu günstigeren Konditionen erledigt werden, was zur sozialen Rechtfertigung einer betriebsbedingten Kündigung nicht ausreichen kann[408].

In der Entscheidung vom 24.4.1997[409] über die Wirksamkeit einer Änderungskündigung zur Arbeitszeitverkürzung wird ausgeführt, es gehöre zur Organisation und Gestaltung des Betriebes, neben der Anschaffung von Maschinen, Gerätschaften sowie Vorrichtungen und der Gestaltung der Arbeitsabläufe die Stärke der Belegschaft, mit der das Betriebsziel erreicht werden soll, festzulegen. Dazu gehöre auch die Entscheidung über den Bedarf an Arbeitskräften und an Arbeitszeit. Dabei könne die Unternehmerentscheidung auch darin liegen, künftig auf Dauer mit weniger Personal zu arbeiten. Soweit dadurch eine Leistungsverdichtung eintrete, werde sie als Konzept

---

[406] BAG, Urt. vom 26.9.1996, AP Nr. 80 zu § 1 KSchG 1969 Betriebsbedingte Kündigung.

[407] BAG, Urt. vom 26.9.1996, AP Nr. 80 zu § 1 KSchG 1969 Betriebsbedingte Kündigung.

[408] Ebenso *Stahlhacke/Preis/Vossen*, Kündigung und Kündigungsschutz im Arbeitsverhältnis, Rnr. 652; *Hromadka*, Anm. zu BAG, Urt. vom 26.9.1996, EWiR § 1 KSchG 1997, S. 231ff.

[409] BAG, Urt. vom 24.4.1997, AP Nr. 42 zu § 2 KSchG 1969.

gewollt. Der rationelle Einsatz des Personals sei Sache der Unternehmerentscheidung[410]. Damit läßt das BAG erstmals eine Kündigung zur Leistungsverdichtung zu[411].

Dieses Urteil stellt einen Wandel in der Rechtsprechung des BAG dar, da noch in den Grundsatzentscheidungen vom 7.12.1978[412] und 20.3.1986[413] ausdrücklich hervorgehoben worden war, weder der bloße Entschluß, Arbeitskräfte abzubauen, noch der Entschluß, Lohnkosten zu senken, seien von den Gerichten hinzunehmende freie Unternehmerentscheidungen, da ansonsten das KSchG leerliefe.

Fortgesetzt wurde diese Rechtsprechung in zwei Urteilen aus dem Jahr 1998[414], in denen das BAG wiederum davon ausgeht, daß es zu der dem Unternehmer obliegenden Organisation und Gestaltung des Betriebes gehöre, die Stärke der Belegschaft festzulegen, wobei die Unternehmerentscheidung auch darin liegen könne, künftig auf Dauer mit weniger Personal zu arbeiten. Betrachtet man die genannten Urteile im Kontext der bisherigen Rechtsprechung des BAG, so scheinen einige bisher klare Grundsätze aufgeweicht zu werden.

---

[410] BAG a.a.O.

[411] Vgl. *Hümmerich/Spirolke*, NZA 1998, 797 (799), die dieses Urteil des BAG auch als „Verdichtungsentscheidung" bezeichnen; vgl. auch LAG Bremen, Urt. vom 3.5.1996, LAGE § 1 KSchG Soziale Auswahl Nr. 16 und LAG Köln, Urt. vom 5.8.1996, LAGE § 1 KSchG Betriebsbedingte Kündigung Nr. 38, welche schon früher das Konzept einer Leistungsverdichtung als von den Gerichten nicht kontrollierbare Unternehmerentscheidung anerkannten; zum Meinungsstand im Schrifttum vgl. Fn. 283.

[412] BAG, Urt. vom 7.12.1998, AP Nr.6 zu § 1 KSchG 1969 Betriebsbedingte Kündigung.

[413] BAG, Urt. vom 20.3.1986, AP Nr. 35 zu § 1 KSchG 1969 Betriebsbedingte Kündigung.

[414] BAG, Urt. vom 7.5.1998, AP Nr. 94 zu § 1 KSchG 1969 Betriebsbedingte Kündigung; BAG, Urt. vom 5.2. 1998, AP Nr. 143 zu § 626 BGB.

Durch die Feststellung, daß auch der Entschluß des Arbeitgebers, künftig mit weniger Personal zu arbeiten, eine freie Unternehmerentscheidung sei[415], ist unklar geworden, ob das BAG an der bisherigen Trennung zwischen der freien, vom bloßen Kündigungsentschluß abzugrenzenden Unternehmerentscheidung und der in vollem Umfang gerichtlich nachprüfbaren Umsetzung derselben festhalten möchte[416].

In der bisherigen Rechtsprechung standen der Wille zu Personaleinsparung[417] und zu Kostensenkung[418] der sozialen Rechtfertigung der betriebsbedingten Kündigung zwar nicht entgegen, sie stellten aber keine von den Gerichten hinzunehmende Unternehmerentscheidung dar und waren somit zur sozialen Rechtfertigung einer betriebsbedingten Kündigung nicht ausreichend. Es mußte der Wegfall der Beschäftigungsmöglichkeit infolge eines betriebsorganisatorischen Konzepts dargelegt werden.

Unumstritten war bislang auch, daß der unternehmerische Entschluß, einem Arbeitnehmer zu kündigen, selbst keine Unternehmerentscheidung im Sinne des KSchG ist, da dieses sonst keinen Bestandsschutz mehr gewähren könnte[419].

---

[415] BAG, Urt. vom 24.4.1997, AP Nr. 42 zu § 2 KSchG 1969.

[416] Zweifelnd auch ArbG Köln, Urt. vom 23.9.1997, DB 1998, 626. Das ArbG Köln geht letztlich aber nicht davon aus, daß das BAG die dogmatische Trennung zwischen der zugrundeliegenden Unternehmerentscheidung und deren Umsetzung aufgeben möchte.

[417] BAG, Urt. vom 7.12.1978, AP Nr. 6 zu § 1 KSchG 1969 Betriebsbedingte Kündigung.

[418] BAG, Urt. vom 20.3.1986, AP Nr. 35 zu § 1 KSchG 1969 Betriebsbedingte Kündigung.

[419] BAG, Urt. vom 21.5.1957, AP Nr.31 zu § 1 KSchG mit Anmerkung *Herschel*; BAG, Urt. vom 20.2.1986, AP Nr. 11 zu § 1 KSchG 1969; BAG, Urt. vom 20.3.1986, EzA Nr. 6 zu § 2 KSchG; zu den Ansichten im Schrifttum vgl. u.a. *Ascheid*, Kündigungsschutzrecht, Rnr. 235; *ders.* DB 1987, 1144; *ders.* NZA 1991, 873; Weiss/Gagel/*Preis* §19 F Rnr. 33.

In den drei Urteilen vom 17.6.1999[420] stellt das BAG nunmehr klar, daß die Entscheidung des Arbeitgebers, den Personalbestand auf Dauer zu reduzieren, zu den sog. unternehmerischen Maßnahmen gehört, die zum Wegfall von Arbeitsplätzen führen und damit den entsprechenden Beschäftigungsbedarf entfallen lassen können. Eine solche Unternehmerentscheidung sei aber hinsichtlich ihrer organisatorischen Durchführbarkeit und hinsichtlich des Begriffs „Dauer" zu verdeutlichen, um dem Gericht im Hinblick auf die gesetzlich dem Arbeitgeber auferlegte Darlegungslast (§ 1 II 4 KSchG) eine Überprüfung zu ermöglichen, ob sie nicht offensichtlich unsachlich, unvernünftig oder willkürlich sei[421]. Je näher die eigentliche Organisationsentscheidung an den Kündigungsentschluß rücke, um so mehr müsse der Arbeitgeber durch Tatsachenvortrag verdeutlichen, daß ein Beschäftigungsbedürfnis für den Arbeitnehmer entfallen sei.

Das BAG führt weiter aus, daß auch die Kündigung eine Unternehmerentscheidung sei. Da sich diese aber an den Vorschriften des KSchG messen lassen müsse, sei die Kündigung selbst keine freie Unternehmerentscheidung, denn sie besage nur, daß ein bestimmter Arbeitsplatz freigemacht werden solle. Sie sage nichts darüber aus, ob der Arbeitsplatz nach der Kündigung alsbald wieder besetzt werde. Aus der Kündigungsentscheidung sei nicht ersichtlich, inwieweit das betriebliche Erfordernis zur Kündigung dringend sei.

Diese Aussage läßt darauf schließen, daß das BAG erkannt hat, daß mit der Anerkennung des Entschlusses zur Personalreduzierung als freie, nicht überprüfbare Unternehmerentscheidung kein Raum mehr bleibt, um den Begriff „dringende betriebliche Erfordernisse" inhaltlich zu füllen, daß das KSchG

---

[420] BAG, Urt. vom 17.6.1999, AP Nrn. 101, 102, 103 zu § 1 KSchG 1969 Betriebsbedingte Kündigung.

[421] BAG, a.a.O.

also leerläuft[422]. Die Ausweitung des Bereichs freier Unternehmerentscheidung im Kündigungsschutzrecht, wie sie im Urteil vom 24.4.1997[423] erfolgte, wird durch die Urteile vom 17.6.1999[424] zwar aufrechterhalten, aber zugleich durch erhöhte Anforderungen an die Darlegungslast des Arbeitgebers korrigiert[425].

Das BAG erkennt den Entschluß, künftig mit weniger Personal zu arbeiten, weiterhin als eine freie, von den Gerichten hinzunehmende Unternehmerentscheidung an[426]. Wenn sich aber die Organisationsentscheidung zur Personalreduzierung praktisch auf den Kündigungsentschluß reduziere, seien diese beiden Unternehmerentscheidungen ohne nähere Konkretisierung nicht voneinander zu unterscheiden[427]. Wegen dieser Nähe zum Kündigungsentschluß, dessen Durchsetzung wegen § 1 II KSchG nicht bloß auf offenbare Unsachlichkeit oder Willkür zu überprüfen sei, seien die Anforderungen an den gemäß § 1 II 4 KSchG vom Arbeitgeber zu erbringenden Tatsachenvortrag, der die Kündigung bedingen soll, nicht auf Null zu reduzieren[428]. Vielmehr kann nach Ansicht des BAG dann, wenn die Organisationsentscheidung des Arbeitgebers und sein Kündigungsentschluß ohne nähere Konkretisierung praktisch deckungsgleich sind, die vom BAG bisher angenommene Vermutung[429], die Unternehmerentscheidung sei aus sachlichen Gründen

---

[422] So auch *Klette* Anm. zu BAG, Urt. vom 17.6.1999, DStR 2000, 438 (439).

[423] BAG, Urt. vom 24.4.1997, AP Nr. 42 zu § 1 KSchG 1969 Betriebsbedingte Kündigung.

[424] BAG, Urt. vom 17.6.1999, AP Nrn. 101, 102 zu § 1 KSchG 1969 Betriebsbedingte Kündigung.

[425] So auch *Plander*, Anm. zu BAG, Urt. vom 17.6.1999, EWiR 2000, 136.

[426] BAG, a.a.O.

[427] BAG, a.a.O.

[428] BAG, a.a.O.

[429] BAG, Urt. vom 30.4.1987, 24.10.1979, AP Nrn. 42, 8 zu § 1 KSchG 1969 Betriebsbedingte Kündigung.

erfolgt, nicht von vornherein greifen[430]. Der Arbeitgeber müsse vielmehr im Kündigungsschutzprozeß konkret darlegen, wie die Arbeitsmenge künftig von dem verbliebenen Personal ohne überobligationsmäßige Leistungen erledigt werden kann.

Insofern gälten die Grundsätze der abgestuften Darlegungs- und Beweislast[431]: Zunächst habe der Arbeitgeber darzulegen, daß und wie die von ihm getroffene Maßnahme durchgeführt werden solle. Dann sei es Sache des Arbeitnehmers vorzutragen, warum die getroffene Maßnahme offensichtlich unsachlich, unvernünftig oder willkürlich sein solle. Alsdann habe sich der Arbeitgeber hierauf weiter einzulassen. Das BAG läßt aber in der genannten Entscheidung ausdrücklich offen, ob auch künftig an der Beweislast des Arbeitnehmers für die offensichtliche Unsachlichkeit, Unvernunft oder Willkür der Arbeitgebermaßnahme festzuhalten ist[432].

Durch die Erhöhung der Anforderungen an die Darlegungs- und Beweislast bleibt unklar, ob nach der neueren Rechtsprechung letztlich andere Ergebnisse erzielt werden[433]. Insgesamt hat das BAG aber den Bereich der von den Gerichten nicht überprüfbaren Unternehmerentscheidung ausgeweitet.

6.2.2 Stellungnahme

Nach der Rechtsprechung des BAG ist der Arbeitgeber frei bei allen Entscheidungen, die er im Rahmen der von ihm gesetzten Ziele im Markt trifft. Er bestimmt alleine, was er wie und wann und in welcher Menge produzieren will; ebenso frei bestimmt er über Fabrikationsmethoden, Verteilung der Arbeit, Finanzierung und Hereinnahme von Aufträgen. Die wirtschaftliche Entscheidung und die darauf aufbauende betriebsorganisatorische Entschei-

---

[430] BAG, Urt. vom 17.6.1999, AP Nrn. 101, 102 zu § 1 KSchG 1969 Betriebsbedingte Kündigung.

[431] BAG, a.a.O.

[432] BAG, a.a.O.

dung sind vom KSchG als verbindlich hinzunehmen und daher auch von den Arbeitsgerichten nicht zu überprüfen. Erst wenn die Unternehmerentscheidung durch betrieblich-organisatorische Maßnahmen umgesetzt und damit objektivierbar wird, gerät sie in das Prüfungsraster des KSchG. Dogmatisch muß demzufolge zwischen der vom Kündigungsentschluß abzugrenzenden unternehmerischen Entscheidung und den sich aus ihrer Umsetzung ergebenden Folgen für den Arbeitskräftebedarf im Betrieb unterschieden werden. Im Rahmen des § 1 II 1 KSchG wird überprüft, ob die unternehmerische Entscheidung in ihrer Umsetzung einen objektiv verminderten Personalbedarf bedingt[434]. Mit dieser Rechtsprechung gewährleistet das BAG unternehmerische Entscheidungsfreiheit.

Die Entschlüsse zu Kostensenkung, Gewinnsteigerung oder Personalreduzierung sind zwar auch Unternehmerentscheidungen, sie stellen aber lediglich Hintergründe und Motive für eine nachfolgende betriebsorganisatorische Unternehmerentscheidung dar. Da sie keinen unmittelbaren Einfluß auf den Arbeitskräftebedarf des Betriebes haben, sind sie für die Prüfung der sozialen Rechtfertigung einer betriebsbedingten Kündigung nach dem KSchG noch nicht relevant[435]. Sie müssen im Prozeß auch nicht vorgetragen werden, da das BAG die unternehmerische Entscheidung nicht auf wirtschaftli-

---

[433] Vgl. auch *B. Preis*, DB 2000, 1122 (1123).

[434] So auch *Buchner*, DB 1984, 504 (506); *Stahlhacke*, Die betriebsbedingte Kündigung, S. 16; *B. Preis*, NZA 1997, 625 (627); *ders.*, DB 2000, 1122 (1123); *Quecke*, NZA 1999, 1247 (1249); *Berkowsky*, Die betriebsbedingte Kündigung, § 6 Rnr. 33; Weiss/Gagel/*Preis*, § 19 F Rnr. 34.

[435] Zu diesem Ergebnis gelangen auch *Preis*, NZA 1995, 241 (245); *Schwerdtner*, ZIP 1984, 10 (11); *Quecke*, NZA 1999, 1247 (1249); *Ascheid*, Kündigungsschutzrecht, Rnr. 268; *ders.* DB 1987, 1144 (1146); *Stahlhacke/Preis/Vossen*, Kündigung und Kündigungsschutz im Arbeitsverhältnis, Rnr. 627; *Buchner*, DB 1984, 504 (508); *Junker*, Anm. zu BAG, Urt. vom 17.6.1999, EWiR 1999, 1179; a.A. *Bitter*, DB 2000, 1760 (1763).

che, technische oder organisatorische Zweckmäßigkeit, sondern lediglich auf offenbare Unsachlichkeit, Unvernünftigkeit und Willkür prüft[436].

Die nach der Rechtsprechung des BAG bis 1997 als verbindlich hinzunehmende Unternehmerentscheidung war demnach der Entschluß zu einer Reduzierung der Arbeitsmenge oder einer Neuverteilung der Arbeit durch Veränderung der betrieblichen Organisation. Der daraus resultierende Wegfall von Arbeitsplätzen war einer objektiven Kontrolle zugänglich.

In den Urteilen vom 24.4.1997 und vom 17.6.1999 scheint sich das BAG vom Grundsatz der objektiven Überprüfung der betrieblichen Umsetzung der unternehmerischen Entscheidung und ihrer Auswirkungen auf die vorhandenen Beschäftigungsmöglichkeiten abzuwenden.

Die Urteile vom 24.4.1997 und 17.6.1999 erkennen den Entschluß des Arbeitgebers, den Personalbestand auf Dauer zu reduzieren, als bindende Unternehmerentscheidung an. Infolgedessen könnte der Arbeitgeber den Personalbedarf subjektiv bestimmen, und es drängt sich die Frage auf, nach welchen objektiven Kriterien das Vorliegen eines „dringenden betrieblichen Erfordernisse" gemäß § 1 II 1 KSchG dann noch geprüft werden soll. Die Unternehmerentscheidung ist nach dieser Rechtsprechung mit dem Kündigungsentschluß beinahe identisch, da sie unmittelbar in die Kündigung mündet, ohne daß es noch einer betriebsorganisatorischen Umsetzung bedarf.

Diese Veränderung der Rechtsprechung zur Freiheit der Unternehmerentscheidung ist auf die Art und Weise des Arbeitsplatzabbaus in den letzten Jahren zurückzuführen. Der Anstoß, Arbeitsplätze abzubauen, rührte oftmals nicht mehr von den Gegebenheiten und Bedingungen der Produktion her, sondern der schlichte Wille zur Kostensenkung führte zu dem pauschalen Entschluß, einen Teil der Belegschaft zu entlassen. Der Umfang der Perso-

[436] Ebenso *Buchner*, DB 1984, 504 (508); *Ascheid*, NZA 1991, 873 (874).

nalreduzierung wurde durch den gewünschten Einspareffekt bestimmt, die Produktion hatte sich dem veränderten Personalbestand dann nach und nach anzupassen[437].

Da nach bisheriger Rechtsprechung der Entschluß, Lohnkosten zu senken, für sich genommen noch keine bindende Unternehmerentscheidung darstellte, vielmehr eine betriebsorganisatorische Maßnahme dargelegt werden mußte, die die konkrete Beschäftigungsmöglichkeit des gekündigten Arbeitnehmers entfallen ließ, konnten die Arbeitgeber die Anforderungen der Arbeitsgerichte an eine betriebsbedingte Kündigung oft nur schwer erfüllen. Massenentlassungen zur Senkung der Lohnkosten erfolgten nämlich häufig unter Zeitdruck und damit ohne ein detailliert ausgearbeitetes betriebsorganisatorisches Konzept[438].

Im Schrifttum wird die neue Rechtsprechung des BAG zum Teil begrüßt, da sich das BAG in seiner „Verdichtungsentscheidung" der betriebs- und personalwirtschaftlichen Wirklichkeit angenähert habe. Die bisherige prozeßorientierte Argumentation, nach der die sich verändernden äußeren Umstände nur die Motivation, die Veränderung der betrieblichen Organisation hingegen die eigentliche Unternehmerentscheidung darstellten, sei verfehlt gewesen. Die Entscheidung des Arbeitgebers, sich der Notwendigkeit einer Aufwandsreduzierung anzupassen, stelle die Unternehmerentscheidung dar. Die Organisationsentscheidung, die zu einem Personalüberhang führe, sei nur die Folge einer betriebswirtschaftlichen Entscheidung, der „eigentlichen" Unternehmerentscheidung[439].

Diese Aussagen zur Praxis der Personalreduzierung sind sicherlich zutreffend. Es darf jedoch nicht übersehen werden, daß das Kündigungsschutzge-

---

[437] Vgl. ausführlich zu dieser Entwicklung *Zepter*, DB 2000, 474 (475).
[438] Zepter, a.a.O.
[439] *Hümmerich/Spirolke*, NZA 1998, 797 (798); vgl. auch *Zepter*, DB 2000, 474 (475).

setz nach der aus Art. 12 I GG folgenden Schutzpflicht einen angemessen Bestandsschutz des Arbeitsverhältnisses zu gewährleisten hat. Der Arbeitnehmer darf seinen Arbeitsplatz nicht ohne sachlichen und billigenswerten Grund verlieren. Die Gerichte haben deshalb durch eine entsprechende Bestimmung des Bereichs freier Unternehmerentscheidung dafür zu Sorge zu tragen, daß das Tatbestandsmerkmal „dringende betriebliche Erfordernisse" (§ 1 II 1 KSchG) nicht ausgehöhlt wird.

Diesem Erfordernis wird die neuere Rechtsprechung des BAG jedoch nicht mehr gerecht. Durch die Anerkennung des bloßen Entschlusses zur Personalreduzierung als freie Unternehmerentscheidung hat das BAG die dogmatische Trennung zwischen unternehmerischer Organisationsentscheidung und Kündigungsentschluß verlassen. Die Unternehmerentscheidung mündet unmittelbar in die Kündigung, ohne daß es noch einer betriebsorganisatorischen Maßnahme bedarf. Das hat zur Folge, daß auch jeder arbeitgeberseitige Kündigungsentschluß frei und unüberprüfbar ist. Insbesondere wird die Kündigung nach der Rechtsprechung des BAG - unter dem Gesichtspunkt unternehmerischer Entscheidungsfreiheit zu Recht - nicht auf ihre wirtschaftliche Notwendigkeit überprüft. Es spielt keine Rolle, welche Beweggründe hinter der Personalreduzierung stehen, ob der Personalabbau zur Sanierung eines notleidenden Betriebes oder aber zur Gewinnmaximierung eines ohnehin rentabel arbeitenden Unternehmens dient[440].

---

[440] Vgl. hierzu auch die kritischen Anmerkungen von *Zepter*, DB 2000, 474 (476), der insofern bereits von „Unternehmerfreiheit ohne Ende spricht und die Frage aufwirft, ob diese Rechtsprechung mit der aus Art. 12 I GG folgenden Schutzpflicht zum Schutz der Arbeitnehmer vereinbar ist; ebenso *Bitter*, DB 1999, 1214, der ebenfalls auf die aus Art. 12 I GG folgende Schutzpflicht gegenüber den Arbeitnehmern hinweist und die Ansicht vertritt, angesichts der momentanen Kündigungspraxis (Stichwort „shareholder value") sei eine Orientierung an den zugrundeliegenden Wertvorstellungen der Verfassung angebracht.

Die Ausdehnung des Bereichs bindender Unternehmerentscheidung auf den Entschluß zur Personalreduzierung führt daher zu einer Aushöhlung des KSchG, welche mit der aus Art. 12 I GG folgenden Pflicht zu einem angemessenen Bestandsschutz nicht mehr zu vereinbaren ist[441].

[441] A.A. *Singer/von Finckenstein*, SAE 2000, 282 (285), welche die Anerkennung des Entschlusses zur Personalreduzierung als bindende Unternehmerentscheidung für richtig befinden. Sie sei der zutreffende Ausgleich der widerstreitenden Grundrechtspositionen im Wege praktischer Konkordanz.

7 Die Prüfung der Unternehmerentscheidung auf Willkür

Im folgenden soll untersucht werden, inwieweit die unternehmerische Entscheidung auf Mißbrauch und Willkür überprüft werden kann und ob eine derartige gerichtliche Kontrolle mit der Freiheit unternehmerischen Handelns zu vereinbaren ist.

7.1 *Die Willkürprüfung des BAG*

7.1.1 Inhalt der Willkürprüfung

Nach der Rechtsprechung des BAG ist die unternehmerische Entscheidung selbst nicht auf ihre wirtschaftliche, technische oder organisatorische Zweckmäßigkeit zu überprüfen, sondern nur darauf, ob sie offenbar unsachlich, unvernünftig oder willkürlich ist[442]. Im folgenden soll von Willkürprüfung gesprochen werden[443].

---

[442] St. Rspr. seit BAG, Urt. vom 18.11.1960, AP Nr. 28 zu Art.44 Truppenvertrag; BAG, Urt. vom 25.6.1964, AP Nr. 14 zu § 1 KSchG Betriebsbedingte Kündigung; BAG, Urt. vom 12.12.1968, AP Nr. 20 zu § 1 KSchG Betriebsbedingte Kündigung; BAG, Urt. vom 22.11.1973, AP Nr. 22 zu § 1 KSchG Betriebsbedingte Kündigung; BAG, Urt. vom 26.6.1975, AP Nr. 1 zu § 1 KSchG 1969 Betriebsbedingte Kündigung; BAG, Urt. vom 11.3.1976, AP Nr. 6 zu § 1 KSchG 1969 Betriebsbedingte Kündigung; BAG, Urt. vom 1.7.1976, AP Nr. 2 zu § 1 KSchG 1969 Betriebsbedingte Kündigung; BAG, Urt. vom 12.10.1979, AP Nr. 7 zu § 1 KSchG 1969 Betriebsbedingte Kündigung; BAG, Urt. vom 24.10.1979, AP Nr. 8 zu § 1 KSchG 1969 Betriebsbedingte Kündigung; BAG, Urt. vom 17.10.1980, AP Nr. 10 zu § 1 KSchG 1969 Betriebsbedingte Kündigung; BAG, Urt. vom 24.3.1983, AP Nr. 12 zu § 1 KSchG 1969 Betriebsbedingte Kündigung; BAG, Urt. vom 27.2.1987, AP Nr. 41 zu § 1 KSchG 1969 Betriebsbedingte Kündigung; BAG, Urt. vom 30.4.1987, AP Nr. 42 zu § 1 KSchG 1969 Betriebsbedingte Kündigung; BAG, Urt. vom 29.3.1990, AP Nr. 50 zu § 1 KSchG 1969 Betriebsbedingte Kündigung; zuletzt bestätigt in BAG, Urt. vom 17.6.1999. AP Nrn. 101, 102, 103 zu § 1 KSchG 1969 Betriebsbedingte Kündigung.

[443] Zur im Schrifttum gebrauchten Begrifflichkeit: *Ascheid,* Kündigungsschutzrecht, Rnr. 291, *ders.*, DB 1987, 1144: Mißbrauchskontrolle; *Preis,* Prinzipien, S. 218: Rechtsmißbrauch; KR-*Etzel*, § 1 KSchG Rnr. 540: Mißbrauchskontrolle; *Löwisch*, KSchG, § 1 KSchG Rnr. 243: Mißbrauchskontrolle.

Die vom BAG verwendeten Begriffe bedürfen noch einer inhaltlichen Präzisierung, um den genauen Prüfungsgegenstand der Willkürkontrolle definieren zu können. Das BAG betont die unternehmerische Entscheidungsfreiheit und stellt klar, daß die Mißbrauchskontrolle nicht dazu führen darf, mit einer anderen Begründung in Wahrheit die den Gerichten verwehrte Prüfung der Notwendigkeit und Zweckmäßigkeit einer organisatorischen Maßnahme nachzuholen[444].

Insofern sollte das BAG wohl besser darauf verzichten, bei der Willkürkontrolle die Begriffe der offensichtlichen Unsachlichkeit oder Unvernünftigkeit zu gebrauchen, da diese gerade auf eine Notwendigkeits- und Zweckmäßigkeitsprüfung der Unternehmerentscheidung hindeuten.

Unklar und mißverständlich ist in diesem Zusammenhang die Entscheidung vom 30.4.1987[445]. In diesem Rechtsstreit wurde die soziale Rechtfertigung von betriebsbedingten Kündigungen der Angehörigen eines werksinternen Reinigungsdienstes überprüft. Dieser war aufgelöst und kostengünstiger fremdvergeben worden. Bei der Prüfung der Willkürlichkeit der unternehmerischen Maßnahme führt das BAG aus, die Übertragung der Reinigungsarbeiten auf ein Reinigungsunternehmen sei nicht offensichtlich unsachlich oder willkürlich. Sie sei vielmehr unter Kostengesichtspunkten offensichtlich sinnvoll[446]. Damit prüft das BAG die Unternehmerentscheidung auf Zweckmäßigkeit.

---

[444] BAG, Urt. vom 24.10.1979, AP Nr. 8 zu § 1 KSchG 1969 Betriebsbedingte Kündigung; zustimmend *Weitnauer*, Anm. zu BAG, Urt. vom 22.11.1973, SAE 1975, 135 (138).

[445] BAG, Urt. vom 30.4.1987, AP Nr. 42 zu § 1 KSchG 1969 Betriebsbedingte Kündigung.

[446] BAG, a.a.O.

Diese Rechtsprechung wurde im Urteil vom 9.5.1996[447] aber insofern wieder berichtigt, als das BAG ausführte, es müsse im Hinblick auf betriebsbedingte Kündigungen dem Arbeitgeber überlassen bleiben, wie er sein Unternehmensziel möglichst kostengünstig am Markt verfolge. Der Nachweis eines nicht bestehenden Verlustes im operativen Bereich reiche nicht aus, um eine Unternehmerentscheidung als offensichtlich unsachlich einzustufen[448]. Damit nimmt das BAG eindeutig davon Abstand, im Rahmen der Willkürkontrolle zu überprüfen, ob der Unternehmerentscheidung ein berechtigtes Rentabilitätsinteresse bzw. eine wirtschaftliche Notlage zugrunde liegt[449]. Dies würde auch, wie bereits erörtert wurde, einen unzulässigen Eingriff in unternehmerische Entscheidungen darstellen.

Vielmehr definiert das BAG den Begriff der Willkür als unzulässige Ausübung des betrieblichen Gestaltungsrechts, welches sich aus dem allgemeinen Verbot des Rechtsmißbrauchs herleite[450]. Der Anwendungsbereich der Mißbrauchskontrolle beschränke sich im wesentlichen auf die Fälle, in denen die Kündigung nicht durch die Betriebsänderung, sondern die Betriebsänderung durch den Wunsch des Arbeitgebers bedingt sei, sich von einem mißliebigen Arbeitnehmer zu trennen[451]. Der Tatbestand des Rechtsmiß-

---

447 BAG, Urt. vom 9.5.1996, AP Nr. 79 zu § 1 KSchG 1969 Betriebsbedingte Kündigung.

448 BAG, Urt. vom 9.5.1996, AP Nr. 79 zu § 1 KSchG 1969 Betriebsbedingte Kündigung.

449 Vgl. *B. Preis*, NZA 1997, 625 (629), der es für verfehlt hält, diesen Ausführungen zu viel Bedeutung beizumessen. Wenn sich das BAG häufig mit den vom Arbeitgeber dargestellten Gründen für die Kündigung auseinandersetze, diene dies wohl häufig in erster Linie dazu, dem Arbeitnehmer das Gefühl zu geben, man habe seine Argumente zur Kenntnis genommen.

450 BAG, Urt. vom 24.10 1979, AP Nr. 8 zu § 1 KSchG 1969 Betriebsbedingte Kündigung.

451 BAG, Urt. vom 18.11.1960, AP Nr. 28 zu Art. 44 Truppenvertrag; BAG, Urt. vom 22.11.1973, AP Nr. 22 zu § 1 KSchG Betriebsbedingte Kündigung; BAG, Urt. vom 24.10.1979, AP Nr. 8 zu § 1 KSchG 1969 Betriebsbedingte Kündigung; *Weitnauer*,

brauchs sei aber nicht schon dann erfüllt, wenn die unternehmerische Entscheidung den Gerichten lediglich nicht billigenswert oder nicht angemessen erscheine[452]. Willkür liegt demnach vor, wenn der Kündigungsgrund nur vorgeschoben wird.

Eine derartige Willkürprüfung ist nicht zu beanstanden, da sie die unternehmerische Entscheidungsfreiheit unangetastet läßt.

Allerdings hat das BAG bisher noch keine einzige unternehmerische Entscheidung als offensichtlich unsachlich, unvernünftig oder willkürlich eingestuft. Das deutet meiner Ansicht nach darauf hin, daß die Willkürprüfung letztlich überflüssig ist.

7.1.2 Darlegungs- und Beweislast

Nach der Rechtsprechung des BAG hat im Kündigungsschutzprozeß der Arbeitnehmer die Umstände darzulegen und im Streitfall zu beweisen, aus denen sich ergeben soll, daß die getroffene unternehmerische Entscheidung offensichtlich unsachlich, unvernünftig oder willkürlich ist[453]. Damit weicht das BAG von der Beweislastregel des § 1 II 4 KSchG ab, nach der grundsätzlich der Arbeitgeber die Tatsachen darlegen und beweisen muß, welche die Kündigung bedingen, wozu auch die unternehmerische Entscheidung gehört. Nach der gesetzlichen Beweislastregel hätte im Bestreitensfalle der

---

Anm. zu BAG, Urt. vom 22.11.1973, SAE 1975, 135 (138); *Neumann*, RdA 1979, 371 (372).

[452] BAG, Urt. Vom 24.10.1979, AP Nr. 8 zu § 1 KSchG 1969 Betriebsbedingte Kündigung.?

[453] BAG, Urt. vom 27.2.1958, AP Nr.1 zu § 1 KSchG Betriebsbedingte Kündigung; BAG, Urt. vom 22.11.1973, AP Nr. 22 zu § 1 KSchG Betriebsbedingte Kündigung; BAG, Urt. vom 24.10.1979, AP Nr.8 zu § 1 KSchG 1969 Betriebsbedingte Kündigung; BAG, Urt. vom 17.10.1980, AP Nr. 10 zu § 1 KSchG 1969 Betriebsbedingte Kündigung; BAG, Urt. vom 9.5.1996, AP Nr. 79 zu § 1 KSchG 1969 Betriebsbedingte Kündigung; offengelassen in BAG, Urt. vom 17.6.1999, AP Nr. 101 zu § 1 KSchG1969 Betriebsbedingte Kündigung.

Arbeitgeber zu beweisen, daß die von ihm getroffene Maßnahme nicht unsachlich, unvernünftig oder willkürlich ist.

Das BAG begründet diese Abweichung von der gesetzlichen Beweislastregel damit, daß für eine beschlossene und tatsächlich durchgeführte Unternehmerentscheidung die Vermutung spreche, daß sie aus sachlichen Gründen erfolgt[454], Rechtsmißbrauch also die Ausnahme sei. Ausgangspunkt ist der Erfahrungssatz, daß ein nicht offensichtlich unvernünftiger Arbeitgeber nur die innerbetrieblichen Maßnahmen trifft, die der Erhaltung und Gesundung des Betriebes und damit zugleich dem Schutz der vorhandenen Arbeitsplätze dienen.

Seit den Urteilen vom 17.6.1999[455], in denen das BAG nunmehr auch den Entschluß zur Personalreduzierung als unternehmerische Entscheidung anerkennt, ist allerdings unklar, ob das BAG weiterhin an dieser Beweislastregel für die Willkürlichkeit der Unternehmerentscheidung festhalten will. In den Fällen, in denen die Organisationsentscheidung des Arbeitgebers und sein Kündigungsentschluß ohne nähere Konkretisierung praktisch deckungsgleich sind, rückt das BAG von der bisher angenommenen Vermutung ab, die Unternehmerentscheidung sei aus sachlichen Gründen erfolgt[456].

Hier kämen nunmehr die Grundsätze der abgestuften Darlegungs- und Beweislast zur Anwendung[457]. Zunächst habe der Arbeitgeber darzulegen, daß und wie die von ihm getroffene Maßnahme durchgeführt werden solle. Dann sei es Sache des Arbeitnehmers vorzutragen, warum die getroffene Maß-

---

[454] BAG, Urt. vom 30.4.1987, 24.10.1979, AP Nr. 42, 8 zu § 1 KSchG 1969 Betriebsbedingte Kündigung.

[455] BAG, Urt. vom 17.6.1999, AP Nrn. 101, 102, 103 zu § 1 KSchG 1969 Betriebsbedingte Kündigung.

[456] BAG, Urt. vom 17.6.1999, AP Nrn. 101, 102, 103 zu § 1 KSchG 1969 Betriebsbedingte Kündigung.

[457] BAG, a.a.O.; ähnlich KR-*Etzel*, § 1 KSchG Rnr. 573; *Bitter*, DB 1999, 1214, 1217.

nahme offensichtlich unsachlich, unvernünftig oder willkürlich sei. Alsdann habe sich der Arbeitgeber hierauf weiter einzulassen.

7.2 *Die Ansichten im Schrifttum*

7.2.1 Überprüfung der wirtschaftlichen Notwendigkeit der unternehmerischen Entscheidung im Rahmen der Willkürprüfung

Im Schrifttum wird im Rahmen der Willkürprüfung die Frage erörtert, ob auch betriebsbedingte Kündigungen wirksam sind, die ein ohnehin rentabel arbeitendes Unternehmen zur Steigerung des Gewinns ausspricht[458]. Eine derartige Kontrolle der unternehmerischen Entscheidung auf ihre wirtschaftliche Notwendigkeit würde über die Konzeption des BAG hinausgehen, das die Funktion der Willkürprüfung darin sieht zu überprüfen, ob die Gründe für die betriebsbedingte Kündigung nur vorgeschoben sind.

Däubler[459] vertritt die Auffassung, daß Kündigungen, die allein aus Gründen der Gewinnmaximierung ausgesprochen werden, einer Willkürprüfung nicht standhalten, da die Erhöhung des unternehmerischen Gewinns allein auf Kosten der Arbeitsplätze einen Mißbrauch der dem Unternehmer eröffneten Gestaltungsmacht darstelle[460]. *Däubler* unterzieht demnach im Rahmen der Willkürprüfung die unternehmerische Entscheidung einer umfassenden Kontrolle auf ihre Notwendigkeit und Zweckmäßigkeit.

B. Preis vertritt demgegenüber die zutreffende Ansicht, die zur Gewinnmaximierung getroffene unternehmerische Entscheidung könne schon aus dem Grunde nicht willkürlich sein, weil sich unternehmerisches Handeln an der Erzielung und Steigerung von Gewinnen orientiere[461]. Da es richtig sei, die

---

[458] *Däubler*, Das Arbeitsrecht, Band 2, Rnr. 1033; *Hueck/v. Hoyningen-Huene*, § 1 KSchG Rnr. 409; *B. Preis*, NZA 1997, 625 (628); *Borrmann*, Das Arbeitsrecht der Gegenwart 1986 (Band 24), 71 (87).
[459] *Däubler*, Das Arbeitsrecht, Band 2, Rnr. 1033.
[460] *Däubler*, Das Arbeitsrecht, Band 2, Rnr. 1033.
[461] *B. Preis*, NZA 1997, 625 (628).

wirtschaftliche Zweckmäßigkeit oder Notwendigkeit einer unternehmerischen Entscheidung nicht in Frage zu stellen, müsse das auch für ein florierendes Unternehmen gelten[462].

Auch *Hillebrecht* führt aus, Rationalisierungsmaßnahmen aus Gewinnstreben seien zwar unpopulär, aber nicht verwerflich und hielten jedenfalls einer Mißbrauchskontrolle stand[463].

Borrmann[464] diskutiert bei der Willkürprüfung, welche Ziele des Arbeitgebers und welche zu deren Verfolgung eingesetzten Mittel der Richter seiner Entscheidung zugrunde zu legen habe und welche er als offenbar unsachlich, unvernünftig oder willkürlich zurückweisen dürfe. Sie könne nur lauten, daß alle mit der geltenden Rechtsordnung zu vereinbarenden, mit dem Betrieb im Zusammenhang stehenden Zielvorstellungen hinzunehmen seien, die bei Annahme des vom Unternehmer zu benennenden Mittels zum Wegfall von Bedarf an menschlicher Arbeitskraft führen könnten. Im Extremfall reiche es aus, wenn der Arbeitgeber vortrage, trotz äußerst günstiger wirtschaftlicher Lage beabsichtige er, zur Erreichung einer noch höheren Rendite spätestens zum Zeitpunkt des Wirksamwerdens der ausgesprochenen Kündigung eine arbeitssparende Maschine einzusetzen[465].

Da, wie gezeigt, eine Überprüfung der unternehmerischen Entscheidung auf Zweckmäßigkeit und wirtschaftliche Notwendigkeit unzulässig ist, ist die Auffassung von *Däubler* abzulehnen. Im übrigen ist es auch dogmatisch falsch, die Frage der wirtschaftlichen Notwendigkeit einer unternehmerischen Maßnahme mit ihrer Willkürlichkeit oder Mißbräuchlichkeit zu vermengen. Insofern ist auch die Entscheidung des Arbeitsgerichts Gelsenkir-

---

462 *B. Preis*, NZA 1997, 625 (628).
463 *Hillebrecht*, DAV 1983, 92.
464 *Borrmann*, Das Arbeitsrecht der Gegenwart 1986 (Band 24), 71 (87).
465 *Borrmann*, a.a.O.

chen vom 28.10.1997 unhaltbar, das als einziges deutsches Arbeitsgericht erstmals seit Inkrafttreten des KSchG eine betriebsbedingte Kündigung für unwirksam erachtete, die aus Gründen der Gewinnsteigerung ausgesprochen worden war. Entsprechende unternehmerische Maßnahmen verstießen gegen das aus Art. 20, 28 GG folgende Sozialstaatsgebot sowie gegen § 2 SGB III und seien deshalb willkürlich[466].

Meiner Ansicht nach sollte die Überprüfung der wirtschaftlichen Notwendigkeit unternehmerischer Entscheidungen und die Zulässigkeit von betriebsbedingten Kündigungen zur Gewinnmaximierung nicht im Rahmen von Willkür bzw. unzulässiger Rechtsausübung diskutiert werden. Hier geht es nur darum, Kündigungen auszuschließen, deren Gründe lediglich vorgetäuscht sind, um mißliebige Arbeitnehmer aus dem Betrieb zu entfernen. Ob auch eine Kündigung, die auf dem unternehmerischen Entschluß zur Gewinnmaximierung beruht, „dringende betriebliche Erfordernisse" begründen kann, ist eine Frage des Inhalts und damit der Auslegung des § 1 II 1 KSchG, der einen Ausgleich kollidierender Grundrechtspositionen von Arbeitgeber und Arbeitnehmer herbeiführen soll[467].

Preis, der für die soziale Rechtfertigung einer betriebsbedingten Kündigung das Vorliegen eines „triftigen Rentabilitätsinteresses[468]"verlangt, arbeitet dieses Problem zutreffend im Rahmen der von ihm entwickelten Dringlich-

---

[466] ArbG Gelsenkirchen, Urt. vom 28.10.1997, NZA 1998, S. 944f.; vgl. hierzu auch die Ausführungen unter 3.3.5.5.

[467] Vgl. auch KR-*Becker*, § 1 KSchG Rnr. 297; Weiss/Gagel/*Preis*, § 19 F Rnr. 31. Beide sind der Auffassung, daß über die Mißbrauchskontrolle der Konflikt zwischen unternehmerischer Entscheidungsfreiheit und Bestandsschutzinteresse nicht gelöst werden kann.

[468] Weiss/Gagel/*Preis*, § 19 Rnr. 84; *ders.* NZA 1995, 241 (249); *ders.*, Prinzipien, S. 307; *ders.*, Anm. zu BAG, Urt. vom 29.3.1990, EzA zu § 1 KSchG Soziale Auswahl Nr. 29.

keitsprüfung auf, die auf einer Auslegung des Tatbestandsmerkmals „dringende betriebliche Erfordernisse“ (§ 1 II 1 KSchG) beruht[469].

7.2.2 Die Willkürprüfung als Schutz vor vorgeschobenen Kündigungsgründen

Wolter hat die Willkürprüfung, die er als „Grobkontrolle“ der Unternehmerentscheidung bezeichnet, im Hinblick auf ihren möglichen Anwendungsbereich genauer untersucht. Er unterteilt sie in drei Bereiche:

Zum einen sei eine betriebswirtschaftliche Grobkontrolle denkbar, die die Notwendigkeit und Zweckmäßigkeit der unternehmerischen Maßnahme untersuche. Diese Aspekte der unternehmerischen Entscheidung seien nach der Rechtsprechung des BAG jedoch dem Bereich der freien Unternehmerentscheidung zuzuordnen, weshalb eine diesbezügliche Kontrolle nicht in Betracht komme[470].

Ein weiterer möglicher Bereich der Grobkontrolle sei die Überprüfung der sozialen Folgen, welche nach Ansicht *Wolters* deswegen überflüssig ist, weil sie sich inhaltlich mit der vom BAG durchgeführten umfassenden Interessenabwägung deckt[471].

Beim letzten der drei Bereiche der Grobkontrolle, der eigentlichen Mißbrauchskontrolle, werde überprüft, ob eine Maßnahme nur zum Schein erfolgt sei, um einen Kündigungsgrund zu schaffen[472].

Wolter sieht damit die Funktion der Willkürprüfung in Übereinstimmung mit dem BAG darin, den Arbeitnehmer vor lediglich vorgeschobenen Kündigungsgründen zu schützen.

---

[469] Vgl. hierzu die Ausführungen unter 9.

[470] *Wolter*, Der Schutz des Arbeitnehmers vor betriebsbedingter Kündigung, S. 25.

[471] *Wolter*, Der Schutz des Arbeitnehmers vor betriebsbedingter Kündigung, S. 27; vgl. zur Interessenabwägung die Ausführungen unter 7.

[472] *Wolter*, Der Schutz des Arbeitnehmers vor betriebsbedingter Kündigung, S. 26.

Tenczer ist der Ansicht, die Willkürprüfung betreffe Fälle des Rechtsmißbrauchs und beruhe daher auf dem Rechtsgedanken des § 242 BGB[473].

Auch *Ascheid* hat versucht, die von ihm so bezeichnete Mißbrauchskontrolle des BAG zu systematisieren. Er trennt bei seiner Lösung zwischen Mißbrauch und Willkür[474].

Im Falle des Mißbrauchs werde von einem an sich möglichen Gestaltungsmittel Gebrauch gemacht, und zwar bestimmend mit einem zu mißbilligenden Ziel, weshalb gegebenenfalls § 612a BGB in die Prüfung miteinzubeziehen sei[475].

Willkür liege dann vor, wenn der Unternehmerentscheidung außer dem bloßen Wollen keinerlei sachliche Erwägung zugrunde liege, was in der Praxis aber kaum vorkommen dürfte[476], da wohl kein Arbeitgeber vortragen werde, er habe praktisch aus Lust und Laune gehandelt.

Aus diesen Ausführungen geht hervor, daß *Ascheid* den Tatbestand der Willkür dann als erfüllt betrachtet, wenn der eigentliche Zweck der betriebsbedingten Kündigung, nämlich den Personalbestand einem verringerten Personalbedarf anzupassen, umgangen und diese nur dazu benutzt wird, um Arbeitnehmer, deren Beschäftigungsmöglichkeit nach wie vor besteht, aus anderen Gründen loszuwerden.

Auch im übrigen Schrifttum wird meist die Auffassung vertreten, die Willkürprüfung solle verhindern, daß die betriebsbedingte Kündigung als Vor-

---

473 *Tenczer*, Freie Unternehmerentscheidung und betriebsbedingte Kündigung, S. 32.

474 *Ascheid*, Kündigungsschutzrecht, Rnr. 289ff.

475 *Ascheid*, Kündigungsschutzrecht, Rnr. 291.

476 *Ascheid*, Kündigungsschutzrecht, Rnr. 291.

wand mißbraucht werde, um mißliebige Arbeitnehmer aus dem Betrieb zu entfernen[477].

Die Literatur mißt der Willkürprüfung jedoch überwiegend keine praktische Bedeutung bei[478], da vom BAG bisher noch niemals eine Unternehmerentscheidung als willkürlich erachtet wurde.

Schwerdtner fragt sogar, ob nicht die unternehmerische Entscheidung schlechthin der arbeitsgerichtlichen Prüfung und damit auch einer Willkürprüfung entzogen werden sollte. Auch die von der Rechtsprechung für zulässig erachtete Willkürkontrolle setze eine Überprüfung der Unternehmerentscheidung voraus[479], da zur Feststellung offenbarer Unsachlichkeit die Überprüfung der Notwendigkeit und Zweckmäßigkeit der Maßnahme erforderlich sei.

Außerdem läßt *Schwerdtner* Zweifel anklingen, ob eine Willkürkontrolle der Unternehmerentscheidung überhaupt notwendig ist. Treffe nämlich der Arbeitgeber organisatorische Maßnahmen nur, um mißliebige Arbeitnehmer aus dem Betrieb zu entfernen[480], könne einem derartigen Mißbrauch in der Regel dadurch begegnet werden, daß sorgfältig geprüft werde, ob die behauptete Umorganisation auch auf Dauer durchgeführt werden solle[481].

---

477 *Wank*, RdA 1987, 129 (135); *v. Maydell/Borchert*, Anm. zu BAG, Urt. vom 7.12.1978, SAE 1981, 214 (219); *Borrmann*, Das Arbeitsrecht der Gegenwart 1986 (Band 24), 71 (87); *B. Preis*, NZA 1997, 625 (627).

478 *Wolter*, Der Schutz des Arbeitnehmers vor betriebsbedingter Kündigung, S. 27; *Däubler*, Das Arbeitsrecht, Band 2, Rnr. 1026; *Ascheid*, Kündigungsschutzrecht, Rnr. 291; *Quecke*, NZA 1999, 1247 (1250); *Stein*, BB 2000, 457; zweifelnd auch *Tenczer*, Freie Unternehmerentscheidung und betriebsbedingte Kündigung, S. 32.

479 *Schwerdtner*, ZIP 1984, 10 (13); MüKo/*Schwerdtner*, § 622 Anh., Rnr. 371.

480 Vgl. hierzu BAG, Urt. vom 24.10.1979, AP Nr. 8 zu § 1 KSchG 1969 Betriebsbedingte Kündigung.

481 *Schwerdtner*, ZIP 1984, 10 (14); MüKo/*Schwerdtner*, § 622 Anh., Rnr. 371; *Rost*, Kündigung und Kündigungsschutz in der betrieblichen Praxis, S. 9; ähnlich *Quecke*, NZA 1999, 1247 (1251).

Auch aus den Ausführungen *Borrmanns* ergeben sich Zweifel an Notwendigkeit und Sinnhaftigkeit einer Willkürprüfung[482]. *Borrmann* führt aus, eine unternehmerische Maßnahme sei dann offensichtlich willkürlich, unsachlich oder unvernünftig, wenn dem Arbeitgeber der Nachweis nicht gelinge, daß durch eine Rationalisierungsmaßnahme, wie z.B. die Einführung einer arbeitskräftesparenden Maschine, Beschäftigungsmöglichkeiten wegfielen und Kosten eingespart[483] würden. Das gleiche gelte für eine innerbetriebliche Umorganisation, die zu einer Umverteilung der Arbeit und damit zum Wegfall von Arbeitsplätzen führe. Auch hier habe der Arbeitgeber die Notwendigkeit und Zweckmäßigkeit der Maßnahme nicht darzulegen und zu beweisen, wohl aber die Realisierbarkeit des unternehmerischen Konzepts innerhalb der geltenden Gesetze. Die Arbeitsmenge müsse von den übrigen Mitarbeitern im Rahmen der üblichen Arbeitszeit miterledigt werden können. Nur in diesem Fall sei die unternehmerische Maßnahme als dringendes betriebliches Erfordernis hinzunehmen[484].

Gelinge dem Arbeitgeber dieser Nachweis nicht, sei die Maßnahme offensichtlich unsachlich, unvernünftig oder willkürlich im Sinne der Rechtsprechung des BAG. Es sei nicht erkennbar, was der Arbeitnehmer bei dieser Sachlage dann noch vortragen und beweisen sollte. Ein weiterer Sachvortrag erübrige sich[485].

Dieser sei erst dann notwendig, wenn der Arbeitgeber plausibel nachgewiesen habe, daß nach seiner Unternehmensplanung in Zukunft kein Bedarf mehr für die Arbeitsleistung des entlassenen Arbeitnehmers bestehe. Dann

---

[482] *Borrmann*, Das Arbeitsrecht der Gegenwart 1986 (Band 24), 71 (82f.).

[483] *Borrmann* ist der Ansicht, daß eine Unternehmerentscheidung, die zum Wegfall von Arbeitsplätzen führt, von einem triftigen Rentabilitätsinteressen getragen sein muß und führt demzufolge eine Dringlichkeitsprüfung durch. Zur Notwendigkeit einer Dringlichkeitsprüfung vgl. die Ausführungen unter 9.

[484] *Borrmann*, Das Arbeitsrecht der Gegenwart 1986 (Band 24), 71 (82f.).

könne dem Arbeitnehmer der Gegenbeweis nicht verwehrt werden, daß der Kündigung nur vorgeschobene bzw. von der Rechtsordnung nicht gebilligte Ziele zugrundelägen. Rechtstechnisch sei dies aber nichts anderes als ein substantiiertes Bestreiten, die diesem zugrundeliegenden Tatsachen seien schon nach allgemeinen Grundsätzen von demjenigen darzulegen und zu beweisen, der sich darauf berufe[486].

7.2.3 Kritik an der Darlegungs- und Beweislastregel des BAG

Berkowsky hat an der Beweislastregel des BAG, wonach der Arbeitnehmer darzulegen und zu beweisen hat, daß die Unternehmerentscheidung offensichtlich unsachlich, unvernünftig oder willkürlich ist, Kritik geübt.

Er führt aus, der Sinn der Darlegungslast, die das BAG dem Arbeitgeber hinsichtlich der inner- und außerbetrieblichen Ursachen für den Wegfall des Arbeitsplatzes auferlege[487], liege letztlich darin zu verhindern, daß sich ein Arbeitgeber mit nur vorgeschobener Begründung von ihm nicht mehr genehmen Arbeitnehmern trennt. Diese Darlegungslast solle verhindern, daß Arbeitnehmer einer im Grunde unsachlichen oder willkürlichen Kündigung ausgesetzt würden[488]. *Berkowsky* ist der Ansicht, dies stehe in offenkundigem Widerspruch zu der ständigen Rechtsprechung des BAG, der Arbeitnehmer sei darlegungs- und beweispflichtig dafür, daß eine zum Wegfall des Arbeitsplatzes führende unternehmerische Maßnahme aus offensichtlich unsachlichen, unvernünftigen oder willkürlichen Erwägungen des Arbeitgebers heraus getroffen worden sei. Danach trage letztlich der Arbeitnehmer die

---

485 *Borrmann*, a.a.O.
486 *Borrmann*, a.a.O.
487 BAG, Urt. vom 7.12.1978, AP Nr. 6 zu § 1 KSchG 1969 Betriebsbedingte Kündigung.
488 *Berkowsky*, NJW 1983, 1292 (1293); ebenso *v.Maydell/Borchert*, Anm. zu BAG, Urt. vom 24.10.1979, SAE 1981, 214 (219); *Reuter*, Anm. zu BAG, Urt. vom 7.12.1978, AP Nr. 6 zu § 1 KSchG 1969 Betriebsbedingte Kündigung.

Darlegungs- und Beweislast dafür, daß der Arbeitgeber den Arbeitsplatz des gekündigten Arbeitnehmers ohne sachlichen Grund, d.h. ohne hinreichende inner- oder außerbetriebliche Ursache habe wegfallen lassen[489]. Das BAG weise die Darlegungs- und Beweislast für ein und denselben Bereich, nämlich den Wegfall des Arbeitsplatzes, einmal dem Arbeitgeber, ein anderes Mal dem Arbeitnehmer zu, verschleiere dies aber durch jeweils unterschiedliche Etikettierung[490].

Berkowsky hält demzufolge den Rechtssatz, der Arbeitnehmer habe darzulegen und gegebenenfalls zu beweisen, daß die Kündigung auf offensichtlich unsachlichen, unvernünftigen oder willkürlichen Erwägungen beruhe, für überflüssig.

Meisel kritisiert diesen von *Berkowsky* vertretenen Lösungsansatz[491]. Er verteidigt die Beweislastverteilung des BAG mit dem Argument, daß eine Darlegung sachgerechter Gründe die Behauptung enthalte, die getroffene Entscheidung sei nicht unvernünftig oder willkürlich. Folgerichtig müsse der Arbeitnehmer als derjenige, der sich auf den Rechtsmißbrauch durch den Arbeitgeber berufe, die Tatsachen vortragen und unter Beweis stellen, aus denen sich entgegen der arbeitgeberseitigen Darstellung ergebe, daß die Entscheidung für jedermann erkennbar unsachlich, unvernünftig oder willkürlich sei.

Meisels Ansicht ist unzutreffend, da er das Bestreiten von Tatsachen mit der Darlegungs- und Beweislast für die Geltendmachung rechtsmißbräuchlichen Verhaltens vermengt.

Meisel geht davon aus, sachgerechte Gründe für eine Kündigung enthielten die Behauptung, die getroffene Entscheidung sei nicht willkürlich oder un-

---

[489] *Berkowsky*, NJW 1983, 1292 (1293).

[490] *Berkowsky*, NJW 1983, 1292 (1293).

[491] *Meisel*, ZfA 1991, 213 (218).

vernünftig. Das bedeutet, daß die Darlegung „dringender betrieblicher Erfordernisse“ bereits Willkür ausschließt. Dann trägt der Arbeitnehmer bezüglich der Willkürlichkeit der unternehmerischen Entscheidung aber nicht die Beweislast, da diese ja gemäß § 1 II 4 KSchG beim Arbeitgeber liegt, sondern er muß die Behauptungen des Arbeitgebers hinsichtlich des Wegfalls der Beschäftigungsmöglichkeit nach § 138 II ZPO bestreiten. Ein Rückgriff auf das Institut des Rechtsmißbrauchs, wofür der Arbeitnehmer die Beweislast trägt, erübrigt sich. Der Argumentation von *Meisel* kann daher nicht gefolgt werden.

Auch *Bitter* zweifelt daran, ob es richtig ist, dem Arbeitnehmer entgegen § 1 II 4 KSchG die Beweislast für die Willkürlichkeit einer unternehmerischen Maßnahme aufzuerlegen[492]. Er hält die Begründung des BAG für unzutreffend, daß für eine beschlossene und tatsächlich durchgeführte Unternehmerentscheidung die Vermutung spreche, daß sie aus sachlichen Gründen erfolgt[493], Rechtsmißbrauch also die Ausnahme sei. Das BAG wende die Grundsätze des Anscheinsbeweises an, die in diesem Fall nicht paßten, da der Anscheinsbeweis auf formelhafte, typische Geschehensabläufe begrenzt sei[494]. Er greife in Fällen ein, in denen ein gewisser Sachverhalt feststehe, der nach der Lebenserfahrung auf einen bestimmten Ablauf oder eine bestimmte Ursache hinweise. *Bitter* bezweifelt, daß es sich bei Unternehmerentscheidungen wirklich um formelhafte, typische Geschehensabläufe handele, die die Anwendung der Grundsätze des Anscheinsbeweises rechtfertigten[495]. Überdies entstehe ein Wertungswiderspruch zur Darlegungs- und Beweislast nach § 1 II 4 KSchG bei personen- und verhaltensbedingten

---

[492] *Bitter*, DB 1999, 1214 (1216).

[493] BAG, Urt. vom 30.4.1987, 24.10.1979, AP Nr. 42, 8 zu § 1 KSchG 1969 Betriebsbedingte Kündigung.

[494] *Bitter*, DB 1999, 1214 (1216).

Kündigungen. Für das Nichtvorliegen von Rechtfertigungsgründen des Arbeitnehmers bei personen- und verhaltensbedingten Kündigungsgründen verbleibe die Beweislast nach der Rechtsprechung des BAG bei abgestufter Darlegungslast der Vertragsparteien letztlich beim Arbeitgeber, das Nichtvorliegen einer sachlich begründeten Rationalisierungsmaßnahme solle dagegen der Arbeitnehmer darlegen und beweisen, obwohl ihm zur Darlegung unsachlicher, nicht aus seiner Sphäre stammender Maßnahmen schon der notwendige Einblick und die Kompetenz fehlen dürften[496].

Singer/von Finckenstein sind der Ansicht, die Beweislastverteilung des BAG widerspreche dem Prinzip praktischer Konkordanz, da sie die schutzwürdige Position des Arbeitnehmers nicht in dem möglichen und gebotenen Umfang zur Entfaltung bringe, sondern gegen den schwer zu beweisenden Mißbrauch des Kündigungsrechts ohne ausreichenden Schutz lasse[497].

Ascheid führt aus, die Unternehmerentscheidung könne nur dem Tatbestandsbereich von § 1 II 1 KSchG zugeordnet werden. Dann sei es sicher richtig, daß nur eine sachliche, vernünftige und nicht willkürliche Unternehmerentscheidung hinzunehmen sei mit der Folge, daß an sich der Arbeitgeber dies darzulegen habe und nicht der Arbeitnehmer das Gegenteil[498].

Ascheid unterscheidet an diesem Punkt jedoch zwischen freier und gebundener Unternehmerentscheidung. Die Rechtsprechung beziehe sich allein auf den Bereich des Rechtsmißbrauches, nicht aber auf die Unternehmerentscheidungen, bei denen der Arbeitgeber gesetzlichen und vertraglichen Bindungen unterliege[499]. Die Sachlichkeit[500] der Unternehmerentscheidung,

---

495 *Bitter*, a.a.O., (1217).
496 *Bitter*, DB 1999, 1214 (1217).
497 *Singer/von Finckenstein*, SAE 2000, 282 (286).
498 *Ascheid*, DB 1987, 1144 (1149).
499 *Ascheid*, DB 1987, 1144 (1149).

nämlich die Einhaltung vertraglicher und gesetzlicher Bindungen, habe gemäß § 1 II 4 KSchG der Arbeitgeber darzulegen, während für Willkür als Ausnahmesituation der Arbeitnehmer die Beweislast trage. Nach Ansicht von *Ascheid* kann Willkür allerdings im Grunde außer Betracht bleiben, da es sich nicht um ein spezifisch arbeitsrechtliches Problem handele[501].

Damit verteidigt auch *Ascheid* die Rechtsprechung des BAG, stellt aber zugleich klar, daß der Willkürprüfung keine Bedeutung zukommt.

Demgegenüber kritisiert *Becker* die Beweislastregel des BAG für die Willkürlichkeit der Unternehmentscheidung und wirft dem BAG einen Verstoß gegen den Grundsatz der Sachnähe vor[502]. Er vertritt die Auffassung, bei der Willkürprüfung seien die Grundsätze der abgestuften Darlegungs- und Beweislast anzuwenden[503].

Bei der sog. abgestuften Darlegungs- und Beweislast handelt es sich nicht um eine Darlegungs- und Beweislastregel eigener Art, sondern um eine Modifikation des § 138 ZPO, wonach sich jede Partei über die vom Gegner behaupteten Tatsachen zu erklären hat.

Im einzelnen bedeutet dies, daß der Arbeitnehmer im Prozeß zunächst nur geltend machen muß, daß er die Kündigung für sozial ungerechtfertigt hält, § 4 S.1 KSchG. Hierauf muß der Arbeitgeber gemäß § 1 II 4 KSchG alle Tat-

---

[500] Ascheid prüft die Unternehmerentscheidung auf Sachlichkeit. Genauere Ausführungen hierzu unter 5.

[501] *Ascheid*, DB 1987, 1144 (1149).

[502] KR-*Becker*, § 1 KSchG Rnr. 313; a.A. mittlerweile KR-*Etzel*, § 1 KSchG Rnr. 573.

[503] KR-*Becker*, § 1 KSchG Rnr. 313; ebenso *Bitter*, DB 1999, 1214 (1217); für eine derartige Beweiserleichterung auch *Tenczer*, Freie Unternehmerentscheidung und betriebsbedingte Kündigung, S. 43; *v. Altrock*, DB 1987, 433 (439). Im Gegensatz zu *Becker* wendet *v. Altrock* die Grundsätze der gestuften Darlegungs- und Beweislast unter Anerkennung der Rechtsprechung des BAG an, wonach der Arbeitnehmer die Beweislast für die Willkürlichkeit der Unternehmerentscheidung trägt. Die Beweislast des Arbeitnehmers werde durch die Verpflichtung des Arbeitgebers zu neuem Vortrag nicht in Frage gestellt. Nach *Beckers* Ansicht ergibt sich ein Widerspruch zur Recht-

sachen darlegen und beweisen, die das Merkmal der „dringenden betrieblichen Erfordernisse“ (§ 1 II 1 KSchG) ausfüllen. Nun obliegt es wieder dem Kläger, zu diesen Tatsachen substantiiert (!) Stellung zu nehmen, sich dazu zu erklären (§ 138 II ZPO). Ein einfaches Bestreiten dieser Tatsachen reicht nicht aus. Der Umfang der Erklärungen des Arbeitnehmers wiederum ist maßgeblich für die Obliegenheit des Arbeitgebers zu weiterem Sachvortrag und Beweisantritten.

Diese Grundsätze der sog. „abgestuften Darlegungs- und Beweislast“ des BAG ändern letztendlich aber nichts an der prozessualen Rollenverteilung hinsichtlich der Darlegungs- und Beweislast nach § 1 II 4 KSchG. Die Beweislast für das Nichtvorliegen einer willkürlichen Unternehmermaßnahme würde nach einem substantiierten Bestreiten des Arbeitnehmers entgegen der Rechtsprechung des BAG[504] wieder beim Arbeitgeber liegen.

Zepter gibt zu bedenken, daß Sinn und Zweck einer abgestuften Darlegungs- und Beweislast verhindern sollen, daß die eigentlich nicht darlegungs- und beweispflichtige Partei sozusagen nur „mauere“, insbesondere dann, wenn die andere Partei von den Umständen, auf die es letztlich ankomme, aus eigener Anschauung keine Kenntnis haben könne [505]. Diese Grundsätze träfen bei der betriebsbedingten Kündigung nicht zu, denn hier sei ja der Arbeitgeber gerade derjenige, der gem. § 1 II 4 KSchG beweisbelastet sei und der auch bessere Kenntnis von den maßgeblichen Umständen habe. Der Arbeitnehmer könne in die Hintergründe der betrieblichen Organisation in der Re-

---

sprechung des BAG, weshalb die Beweislast für Willkür beim Arbeitgeber liegen sollte.

[504] BAG, Urt. vom 22.11.1973, AP Nr. 22 zu § 1 KSchG Betriebsbedingte Kündigung; BAG, Urt. vom 24.10.1979, AP Nr.8 zu § 1 KSchG 1969 Betriebsbedingte Kündigung; offengelassen in BAG, Urt. vom 17.6.1999, AP Nr. 101 zu § 1 KSchG1969 Betriebsbedingte Kündigung.

[505] *Zepter*, DB 2000, 474 (476); so auch KR-*Fischermeier*, § 626 BGB, Rnr. 382.

gel nur unzureichend Einblick nehmen [506]. Es werde dem Arbeitnehmer schwerlich gelingen, im Prozeß substantiiert darzulegen, aus welchen Gründen seine Beschäftigungsmöglichkeit nicht entfallen ist bzw. warum die Arbeit von den verbleibenden Arbeitnehmern nicht erledigt werden kann.
Zepter vertritt aus diesen Gründen die Ansicht, daß bei der Darlegung der Unternehmerentscheidung und der Willkürprüfung die Beweislast gem. § 1 II 4 KSchG beim Arbeitgeber verbleiben muß.

7.3 *Kritik an der Willkürprüfung und eigene Lösung*

7.3.1 Durchführung der Willkürprüfung

Meiner Ansicht nach ist die Prüfung der Unternehmerentscheidung darauf, ob sie offenbar unsachlich, unvernünftig oder willkürlich ist, gegenstandslos und damit überflüssig.
Eine Kontrolle der Sachlichkeit und Vernünftigkeit der unternehmerischen Entscheidung scheidet aus[507], da die Auslegung des Tatbestandsmerkmals „dringende betriebliche Erfordernisse" zu dem Ergebnis geführt hat, daß den Gerichten die Kontrolle unternehmerischen Handelns verwehrt ist. Aus diesem Grund kommt auch eine Kontrolle der Unternehmerentscheidung auf ihre wirtschaftliche Notwendigkeit nicht in Betracht.
Sofern man die Funktion der Willkürprüfung darin sieht, zu verhindern, daß sich der Arbeitgeber mittels einer letztlich nur vorgeschobenen, angeblich betriebsbedingten Kündigung von einem mißliebigen Arbeitnehmer trennt[508], ist dieser Prüfungspunkt überflüssig.

---

[506] *Zepter*, a.a.O.
[507] So auch *Tenczer*, Freie Unternehmerentscheidung und betriebsbedingte Kündigung, S. 33.
[508] *Weitnauer*, Anm. zu BAG, Urt. vom 22.11.1973, SAE 1975, 135 (138); *Neumann*, RdA 1979, 371 (372); *Berkowsky*, NJW 1983, 1292 (1293); *Wank*, RdA 1987, 129 (135); *v. Maydell/Borchert*, Anm. zu BAG, Urt. vom 7.12.1978, SAE 1981, 214 (219); *Borrmann*, Das Arbeitsrecht der Gegenwart 1986 (Band 24), 71 (87); *B. Preis*,

Im Rahmen der Willkürkontrolle würde nach dieser Konzeption geprüft, ob die Beschäftigungsmöglichkeit für den gekündigten Arbeitnehmer tatsächlich entfallen ist. Die Willkürprüfung deckt sich folglich inhaltlich mit der Prüfung des Vorliegens „dringender betrieblicher Erfordernisse", da es nur darum geht, ob der Tatbestand des Kündigungsgrundes erfüllt ist.

Aus demselben Grund erfaßt die Willkürprüfung auch keine Fälle rechtsmißbräuchlichen Verhaltens. Rechtsmißbrauch liegt vor, wenn die Ausübung eines subjektiven Rechtes zwar formell dem Gesetz entspricht, die Geltendmachung jedoch wegen der besonderen Umstände des Einzelfalles treuwidrig ist[509]. In den Fällen von lediglich vorgeschobenen Kündigungsgründen lägen aber mangels Wegfalls von Arbeitsplätzen schon keine „dringenden betrieblichen Erfordernisse" vor.

Im übrigen scheidet die Annahme von Willkür auch begrifflich aus. Als willkürlich bezeichnet man Verhaltensweisen, die unberechenbar sind, weil sie sich nicht an bestimmten Gründen oder einem System von Verhaltensregeln orientieren. Die Ausübung des Gestaltungsrechts ist aber an den Kündigungsgrund „dringende betriebliche Erfordernisse" gebunden, so daß bei Erfüllung des Tatbestands willkürliches Handeln des Arbeitgebers nicht in Betracht kommt.

Die Unstimmigkeit der Rechtsprechung bei der Willkürprüfung wird deutlich, wenn man bedenkt, daß das BAG dem Arbeitnehmer die Beweislast für die Willkürlichkeit der unternehmerischen Maßnahme auferlegt[510].

NZA 1997, 625 (627); BAG, Urt. vom 18.11.1960, AP Nr. 28 zu Art. 44 Truppenvertrag; BAG, Urt. vom 22.11.1973, AP Nr. 22 zu § 1 KSchG Betriebsbedingte Kündigung; BAG, Urt. vom 24.10.1979, AP Nr. 8 zu § 1 KSchG 1969 Betriebsbedingte Kündigung.

509 *Creifelds*, Rechtswörterbuch, S. 1050; Palandt/*Heinrichs*, § 242 Rnr. 40; BGHZ 29, 6 (10); 48, 396 (398).

510 BAG, Urt. vom 27.2.1958, AP Nr.1 zu § 1 KSchG Betriebsbedingte Kündigung; BAG, Urt. vom 22.11.1973, AP Nr. 22 zu § 1 KSchG Betriebsbedingte Kündigung;

Im Kündigungsschutzprozeß muß der Arbeitgeber zunächst gem. § 1 II 4 KSchG darlegen und gegebenenfalls beweisen, daß infolge einer unternehmerischen Entscheidung eine Beschäftigungsmöglichkeit für den gekündigten Arbeitnehmer dauerhaft entfallen ist.

Im Rahmen der Willkürprüfung wäre dann der Arbeitnehmer dafür darlegungs- und beweispflichtig, daß die unternehmerische Entscheidung nur vorgeschoben war, die Beschäftigungsmöglichkeit doch nicht entfallen ist. Nach der Rechtsprechung des BAG liegt die Darlegungs- und Beweislast für ein und dieselbe Tatsache folglich bei verschiedenen Parteien.

Rechtstechnisch ist der Einwand der Willkür demnach nichts anderes als ein Bestreiten des Vorliegens „dringender betrieblicher Erfordernisse" durch den Arbeitnehmer. Ein Rückgriff auf die Grundsätze des Rechtsmißbrauchs ist überflüssig.

Wenn man sich diese Überlegungen vor Augen führt, wird auch die Tatsache verständlich, daß bislang noch kein einziger Fall bekannt wurde, in dem das BAG eine Unternehmerentscheidung als offenbar unsachlich oder willkürlich verworfen hat[511]. Sofern sich nämlich in einem Prozeß herausstellt, daß der Kündigungsgrund nur vorgeschoben ist, fehlt es am Wegfall einer Beschäftigungsmöglichkeit, so daß die Kündigungsschutzklage schon wegen Fehlens „dringender betrieblicher Erfordernisse" begründet ist.

In den neuesten Urteilen vermengt das BAG sogar die Frage der Darlegung der Unternehmerentscheidung mit der Frage der Willkürlichkeit.

BAG, Urt. vom 24.10.1979, AP Nr.8 zu § 1 KSchG 1969 Betriebsbedingte Kündigung; BAG, Urt. vom 17.10.1980, AP Nr. 10 zu § 1 KSchG 1969 Betriebsbedingte Kündigung; BAG, Urt. vom 9.5.1996, AP Nr. 79 zu § 1 KSchG 1969 Betriebsbedingte Kündigung; mittlerweile allerdings offengelassen in BAG, Urt. vom 17.6.1999, AP Nr. 101 zu § 1 KSchG1969 Betriebsbedingte Kündigung.

[511] Vgl. auch *Zepter*, DB 2000, 474 (475).

Das BAG führt aus, die Entscheidung des Arbeitgebers, den Personalbestand auf Dauer zu reduzieren, sei eine Entscheidung, die zum Wegfall von Arbeitsplätzen führen und damit den entsprechenden Beschäftigungsbedarf entfallen lassen könne[512]. Diese Unternehmerentscheidung müsse aber hinsichtlich ihrer organisatorischen Durchführbarkeit und hinsichtlich des Begriffs Dauer verdeutlicht werden, damit das Gericht überhaupt prüfen könne, ob sie nicht offensichtlich unsachlich, unvernünftig oder willkürlich ist[513].

Hieraus folgt im Gegenschluß, daß das BAG der Ansicht ist, eine Unternehmerentscheidung, die zum dauerhaften Wegfall von Beschäftigungsmöglichkeiten führe, sei nicht willkürlich. Durch diese Aussage wird nochmals deutlich, daß sowohl im Rahmen des Merkmals „dringende betriebliche Erfordernisse" als auch bei der Willkürprüfung dieselben Tatsachen, nämlich der Wegfall einer Beschäftigungsmöglichkeit, geprüft werden.

Als Ergebnis bleibt festzuhalten, daß die Prüfung der Unternehmerentscheidung auf Willkür überflüssig ist. Der Einwand, eine unternehmerische Entscheidung diene nur dazu, einen mißliebigen Arbeitnehmer loszuwerden, stellt rechtstechnisch nur ein Bestreiten des Vorliegens „dringender betrieblicher Erfordernisse" dar, da in diesem Fall eine Beschäftigungsmöglichkeit für den gekündigten Arbeitnehmer nicht entfallen ist.

7.3.2 Anwendbarkeit der Grundsätze der abgestuften Darlegungs- und Beweislast

Eine genaue Untersuchung der Grundsätze der sog. abgestuften Darlegungs- und Beweislast soll klären, ob sie auch auf die Darlegung der Unternehmerentscheidung übertragen werden können.

---

[512] BAG, Urt. vom 17.6.1999, AP Nr. 101 zu § 1 KSchG 1969 Betriebsbedingte Kündigung.

[513] BAG, a.a.O.

Das BAG hat im Urteil vom 17.6.1999[514] die Grundsätze der abgestuften Darlegungs- und Beweislast auch auf die Darlegung der Unternehmerentscheidung und die Willkürprüfung ausgedehnt: Zunächst habe der Arbeitgeber darzulegen, daß und wie die von ihm getroffene Maßnahme durchgeführt werden solle. Dann sei es Sache des Arbeitnehmers vorzutragen, warum die getroffene Maßnahme offensichtlich unsachlich, unvernünftig oder willkürlich sei. Alsdann habe sich der Arbeitgeber hierauf weiter einzulassen.
Da die Willkürprüfung nach der hier vertretenen Auffassung inhaltlich lediglich ein Bestreiten des Vorliegens „dringender betrieblicher Erfordernisse" darstellt, ist die Anwendbarkeit der Regeln der abgestuften Darlegungs- und Beweislast nicht bei der Willkürprüfung, sondern bei der Darlegung der unternehmerischen Entscheidung zu untersuchen.
Die Grundsätze der gestuften Darlegungs- und Beweislast haben ihren Ursprung bei der personen- und verhaltensbedingten Kündigung im Rahmen der Kündigungsgründe „häufige Krankheit[515]" und „unentschuldigtes Fehlen[516]". Das Problem in beiden Fallkonstellationen besteht darin, daß der Arbeitgeber, der eigentlich für die Voraussetzungen der Kündigung nach § 1 II 4 KSchG beweisbelastet ist, nur sehr wenig Kenntnis von der Prognose über künftige Erkrankungen des Arbeitnehmers oder von Rechtfertigungsgründen für seine Fehlzeiten hat. Bei einem einfachen Bestreiten des Tatsachenvortrages des Arbeitgebers durch den Arbeitnehmer wäre es dem Arbeitgeber daher kaum möglich, den Gegenbeweis zu führen.
In diesen Fällen genügt der Arbeitgeber seiner Darlegungs- und Beweislast, wenn er häufige krankheitsbedingte Fehlzeiten oder unentschuldigtes Fern-

---

[514] BAG, Urt. vom 17.9.1999, AP Nr. 102 zu § 1 KSchG 1969 Betriebsbedingte Kündigung.
[515] BAG, Urt. vom 10.3.1977, EzA Nr. 4 zu § 1 KSchG Krankheit.
[516] BAG, Urt. vom 12.8.1976, DB 1976, S. 2357.

bleiben vorträgt. Der Arbeitnehmer muß sich hierzu nach § 138 II ZPO äußern, um nicht die Geständnisfiktion nach § 138 III ZPO herbeizuführen, wobei grundsätzlich ein einfaches Bestreiten ausreichen würde.

Bei eigener überlegener Kenntnis der seiner Einlassung zugrundeliegenden Umstände ist jedoch zweifelhaft, ob einfaches Klageleugnen des Arbeitnehmers als erheblich angesehen werden kann[517]. Bei Vorliegen von eigenem Wissen und eigener Wahrnehmung muß vom Bestreitenden vielmehr gefordert werden - und hierin besteht die Besonderheit der gestuften Darlegungs- und Beweislast - , daß er der Behauptung des Gegners positive Gegenangaben gegenüberstellt[518].

Deshalb legt das BAG dem bestreitenden Arbeitnehmer die Verpflichtung auf, bei krankheitsbedingter Kündigung den Vortrag nicht durch einfaches Bestreiten, sondern durch die konkrete Beschreibung des bisherigen und des zu erwartenden Krankheitsverlaufes zu erwidern.

Bei unentschuldigtem Fehlen muß der Arbeitnehmer ebenfalls Tatsachen anführen, die die Annahme von Arbeitsunfähigkeit rechtfertigen.

Diese Grundsätze wurden vom BAG auch auf die betriebsbedingte Kündigung für die Bereiche der zutreffenden Sozialauswahl[519] und der fehlenden Weiterbeschäftigungsmöglichkeit[520] ausgedehnt.

Bestreitet der Arbeitnehmer den Wegfall des Arbeitsplatzes und legt er eine bislang ungenutzte Beschäftigungsmöglichkeit dar, kann sich der Arbeitgeber nicht mehr auf einen allgemeinen Arbeitsplatzwegfall berufen, sondern muß gezielt zu der vom Arbeitnehmer geschilderten Weiterbeschäftigungsmöglichkeit Stellung nehmen.

---

517 *V. Altrock*, DB 1987, 433 (435).

518 Stein/Jonas/*Leipold*, § 138 ZPO Rnr. 28.

519 Grundsätzlich BAG, Urt. vom 24.3.1983, AP Nr. 12 zu § 1 KSchG 1969 Betriebsbedingte Kündigung.

Bei der Sozialauswahl, bei welcher der Arbeitnehmer gem. § 1 III S. 3 KSchG die Beweislast für die Fehlerhaftigkeit der Sozialauswahl trägt, muß der Kläger Arbeitnehmer namentlich benennen, die innerhalb der Vergleichsgruppe weniger schutzbedürftig sein sollen oder die in diese Gruppe pflichtwidrig nicht aufgenommen wurden.

Der Arbeitnehmer, der eine derartige Benennung mangels eigener Kenntnis möglicherweise nicht vornehmen kann, hat gem. § 1 III S.1 2. HS einen Auskunftsanspruch gegen den Arbeitgeber hinsichtlich der Gründe für die Sozialauswahl. Wenn der Arbeitnehmer nicht in der Lage ist, substantiiert zur sozialen Auswahl Stellung zu nehmen, und er aus diesem Grund den Arbeitgeber auffordert, die Gründe mitzuteilen, geht nach der Rechtsprechung des BAG insoweit zunächst die Darlegungslast auf den Arbeitgeber über. Kommt dieser dem Auskunftsverlangen nach, fällt dem Arbeitnehmer wieder die volle Darlegungslast zu[521].

Die Grundsätze der abgestuften Darlegungs- und Beweislast, die auf den genannten prozessualen Sonderkonstellationen des Arbeitsgerichtsprozesses beruhen, hat *von Altrock* folgendermaßen zusammengefaßt[522]:

- Das Unvermögen zum vollständigen Vortrag wegen eigener Tatsachenunkenntnis kann zu einem begründeten Auskunftsverlangen gegenüber dem Prozeßgegner führen.
- Bei eigener überlegener Tatsachenkenntnis kann von der Prozeßpartei über das pauschale Bestreiten hinaus eine qualifizierte Gegendarstellung verlangt werden. Gegenüber einem schlüssigen Tatsachenvortrag des Gegners ist nur substantiiertes Bestreiten erheblich.

---

[520] BAG, Urt. vom 3.2.1977, AP Nr. 4 zu § 1 KSchG 1969 Betriebsbedingte Kündigung.
[521] BAG, Urt. vom 24.3.1983, DB 1985, 974.

- Der notwendige Inhalt und Umfang des Tatsachenvortrags ist stets auch von der Einlassung des Prozeßgegners abhängig.

Fraglich ist nun, ob diese Grundsätze auch auf die Darlegung der „dringenden betrieblichen Erfordernisse" angewendet werden können.
Bei personen- und verhaltensbedingten Kündigungen ist Ausgangspunkt der Rechtsprechung die Beweislastregel des § 1 II 4 KSchG. Grund für die abgestufte Beweislast war hier, daß der Arbeitgeber, die beweisbelastete Partei, gerade keine genaue Tatsachenkenntnis von den in Frage kommenden Rechtfertigungsgründen bei Fehlzeiten oder von der Prognose über künftige Erkrankungen hatte.
Bei der betriebsbedingten Kündigung verhält es sich hinsichtlich der Kenntnis der kündigungsbegründenden Tatsachen aber gerade nicht so. Hier ist es ausschließlich der nach § 1 II 4 KSchG beweisbelastete Arbeitgeber, der die Hintergründe für eine Unternehmerentscheidung kennt. Deswegen ist es verfehlt, vom Arbeitnehmer zur Erschütterung des Tatsachenvortrags des Arbeitgebers im Wege der gestuften Darlegungs- und Beweislast ein substantiiertes Bestreiten zu verlangen. Dem Arbeitnehmer wird regelmäßig die Kenntnis von den geplanten Veränderungen der betrieblichen Organisation fehlen, so daß ihm kaum der Nachweis gelingen wird, eine Beschäftigungsmöglichkeit sei in Wirklichkeit nicht entfallen.
Die Grundsätze der abgestuften Darlegungs- und Beweislast können daher nicht auf die Darlegung der zum Wegfall einer Beschäftigungsmöglichkeit führenden Unternehmerentscheidung übertragen werden.

---

[522] *V. Altrock*, DB 1987, 433 (435).

8 Das ultima-ratio-Prinzip

8.1 Dogmatische Begründung und Problemstellung

Das ultima-ratio-Prinzip besagt, daß vor Ausspruch einer Beendigungskündigung etwaige für den Arbeitnehmer mildere Mittel ergriffen werden müssen.

Es hat die wichtige Funktion, bei der Ausfüllung der Kündigungsgründe im Einzelfall dem Bestandsschutzinteresse des Arbeitnehmers Rechnung zu tragen, und ist damit auch Ausdruck der aus Art. 12 GG folgenden Schutzpflicht.

Nach der Rechtsprechung des BAG ist das ultima-ratio-Prinzip mit dem Teilgrundsatz der Erforderlichkeit des allgemeinen Verhältnismäßigkeitsprinzips identisch, welches in dem Wort „dringende" des § 1 II 1 KSchG seine gesetzliche Konkretisierung gefunden hat[523]. Das BAG überträgt diesen aus dem öffentlichen Recht stammenden Grundsatz ohne dogmatische Begründung auf das Kündigungsschutzrecht und verwendet die Begriffe Verhältnismäßigkeit, ultima-ratio-Prinzip und Erforderlichkeit synonym[524].

Das Verhältnismäßigkeitsprinzip wird vom BVerfG[525] und der Literatur[526] folgendermaßen konkretisiert:

---

[523] St. Rspr. seit BAG, Urt. vom 7.12.1978; BAG, Urt. vom 29.3.1990, AP Nr. 50 zu § 1 KSchG 1969 Betriebsbedingte Kündigung; zuletzt bestätigt im Urt. vom 17.6.1999, AP Nr. 101 zu § 1 KSchG 1969 Betriebsbedingte Kündigung.

[524] Vgl. BAG, Urt. vom 27.9.1984, AP Nr. 8 zu § 2 KSchG 1969 Betriebsbedingte Kündigung; BAG, Urt. vom 7.2.1985, AP Nr. 9 zu § 1 KSchG 1969 Soziale Auswahl; BAG, Urt. vom 29.3.1990, AP Nr. 50 zu § 1 KSchG 1969 Betriebsbedingte Kündigung; kritisch hierzu *Stückmann/Kohlepp*, RdA 2000, 331 (332).

[525] BVerfGE 17, 306 (314); 30, 250 (262); 39, 210 (230); 67, 157 (173); 70, 1 (25).

[526] *Badura*, Staatsrecht, 1986, Abschnitt C Rnr. 28; *Blomeyer*, 25 Jahre Bundesarbeitsgericht, 17 (18f.); *Degenhart*, Staatsrecht, Band I, Rnr. 390ff.; *Stern*, Staatsrecht, Band I, S. 866f.

Die zu überprüfende Maßnahme muß generell geeignet sein, den erstrebten Zweck zu erreichen (Geeignetheit). Des weiteren muß unter mehreren gleich geeigneten Mitteln dasjenige ausgewählt werden, das den Betroffenen am wenigsten belastet (Erforderlichkeit=ultima-ratio). Schließlich darf das mit der Maßnahme bezweckte Ziel nicht außer Verhältnis zu der mit der Maßnahme verbundenen Beeinträchtigung stehen (Angemessenheit oder Verhältnismäßigkeit im engeren Sinn).

Die betriebsbedingte Kündigung ist somit verhältnismäßig[527], wenn sie zur Erreichung ihres Zwecks, nämlich der Anpassung des Personalbestands an einen verringerten Personalbedarf[528], geeignet und erforderlich ist und im Verhältnis zu dem verfolgten Zweck angemessen erscheint.

Da die betriebsbedingte Kündigung zur Erreichung ihres Zwecks generell geeignet ist, wird im Rahmen des ultima-ratio-Prinzips überprüft, ob mildere Mittel als eine Beendigungskündigung in Betracht kommen[529].

Auch der Großteil der Literatur betrachtet das ultima-ratio-Prinzip (=Erforderlichkeitsgrundsatz) als Bestandteil des allgemeinen Verhältnismäßigkeitsgrundsatzes und wendet es, wenn auch mit unterschiedlicher dogmatischer Begründung[530], bei der Überprüfung der sozialen Rechtfertigung einer betriebsbedingten Kündigung an.

---

[527] *Dey*, Der Grundsatz der Verhältnismäßigkeit, S. 17ff.; *Hueck/v. Hoyningen-Huene*, KSchG, § 1 Rnr. 140; *Wank*, RdA 1987, 129 (136); *Kiel*, Die anderweitige Beschäftigung im Kündigungsschutz, 1990, S. 39.

[528] *Preis*, Prinzipien, S. 312; *Hromadka/Maschmann*, Arbeitsrecht, Band 1, § 10 Rnr. 191.

[529] Die Verhältnismäßigkeit im engeren Sinn verlangt ein eigenständiges Gewichten und Abwägen der jeweils betroffenen Güter und Interessen und ist mit der äußerst umstrittenen Interessenabwägung identisch, welche das BAG auch schon vor der Übertragung des Verhältnismäßigkeitsgrundsatzes ins Kündigungsschutzrecht durchführte. Die Zulässigkeit einer umfassenden Interessenabwägung im Rahmen der betriebsbedingten Kündigung wird unter 7. erörtert.

[530] *Preis*, Prinzipien, S. 306, Weiss/Gagel/*Preis*, § 19 F Rnr. 14, sieht die Verankerung des Grundsatzes der Erforderlichkeit in dem Wort „betriebliche Erfordernisse“, wobei

Demgegenüber vertreten *Stückmann/Kohlepp* mit überzeugenden Argumenten die Ansicht, das ultima-ratio-Prinzip stelle ein eigenständiges Prinzip im Kündigungsschutzrecht dar[531].

Zur Begründung ihrer Ansicht verweisen *Stückmann/Kohlepp* auf die strukturelle Ungleichheit von Erforderlichkeitsgrundsatz und ultima-ratio-Prinzip. Im Rahmen des Erforderlichkeitsgrundsatzes könnten nur mildere Mittel in Betracht gezogen werden, die zur Erreichung des angestrebten Zwecks in gleicher Weise geeignet seien. Die sachliche Gleichwertigkeit der milderen Mittel zur Zweckerreichung müsse in jeder Hinsicht eindeutig feststehen, wobei der Eingreifende den Eignungsgrad des milderen Mittels grundsätzlich selbst bestimmen könne[532].

Die im Kündigungsschutzrecht diskutierten milderen Mittel wie z.B. Arbeitsstreckung oder Vorhalten einer Personalreserve wiesen jedoch im Vergleich zur Kündigung als dem „schärfsten Geschütz des Arbeitgebers" re-

---

dieser durch das Wort „dringend" modifiziert und verstärkt werde. *Blomeyer*, 25 Jahre Bundesarbeitsgericht, 17 (18f.), sieht das KSchG insgesamt als Ausdruck des Verhältnismäßigkeitsgrundsatzes, wobei § 1 II KSchG dem Teilgrundsatz der Erforderlichkeit Rechnung trage. *Dey*, Der Grundsatz der Verhältnismäßigkeit, S. 27ff., sieht die dogmatische Verankerung des ultima-ratio-Prinzips in der Formulierung „sozial ungerechtfertigt". Nach Ansicht von *Oetker*, Anm. zu BAG, Urt. vom 18.1.1990, SAE 1991, 15 (16), liegt die dogmatische Verankerung des Verhältnismäßigkeitsprinzips im Wort „bedingt". Die herrschende Lehre entnimmt die konstitutive Verankerung des ultima-ratio-Prinzips dagegen dem Wort „dringend", vgl. *Wank*, RdA 1987, 129 (136); *Hromadka/Maschmann*, Arbeitsrecht, Band 1, § 10 Rnr. 133ff., 166 ff.; ErfKomm/*Ascheid*, § 1 KSchG Rnr. 461f.; *Hillebrecht*, ZIP 1985, 257 (259); *Schaub*, RdA 1981, 371 (374); *Hofmann*, ZfA 1984, 295 (310f.); *Ascheid*, Kündigungsschutzrecht, Rnr. 284; KR-*Etzel*, § 1 KSchG Rnr. 495; *Kittner/Däubler/Zwanziger*, § 1 KSchG Rnr. 279; *Hueck/v. Hoyningen-Huene*, KSchG, § 1 KSchG Rnr. 378.

531 *Stückmann/Kohlepp*, RdA 2000, 331 (341).

532 *Stückmann/Kohlepp*, RdA 2000, 331 (336) unter Berufung auf BVerfGE 30, 292 (319).

gelmäßig nicht den gleichen Wirkungsgrad auf[533]. Dies gelte auch für die in § 1 II 2 Nr. 1b und 3 KSchG genau definierten milderen Mittel[534].

Eine Einbeziehung dieser Maßnahmen in den Kreis alternativer milderer Mittel genüge den Anforderungen der Erforderlichkeitsprüfung nicht[535].

Während der Erforderlichkeitsgrundsatz in Verbindung mit dem den Zielerreichungsgrad determinierenden Geeignetheitsgrundsatz festlege, welche Mittel überhaupt berücksichtigt werden dürften, lasse das ultima-ratio-Prinzip diese Frage für das Kündigungsschutzrecht offen. In Betracht kämen grundsätzlich alle Maßnahmen, die den Arbeitnehmer weniger hart treffen als die Kündigung[536].

Aus diesen Gründen sei die Gleichsetzung des im Kündigungsschutzrecht gebrauchten ultima-ratio-Prinzips mit dem allgemeinen Erforderlichkeitsgrundsatz methodisch unhaltbar[537].

Zweifelhaft erscheint bereits, ob das aus dem öffentlichen Recht stammende Verhältnismäßigkeitsprinzip, das den Schutz des Bürgers vor belastenden Eingriffen der öffentlichen Gewalt in einem Über- und Unterordnungsverhältnis bezweckt, im Arbeitsrecht wegen der zumindest rechtlichen Gleichordnung der Vertragspartner überhaupt angewendet werden kann. Jedenfalls entspricht das ultima-ratio-Prinzip im Kündigungsschutzrecht inhaltlich dem Teilgrundsatz der Erforderlichkeit des allgemeinen Verhältnismäßigkeitsprinzips nicht. Ungeachtet der Frage, ob die im Kündigungsschutzrecht diskutierten milderen Mittel zur Erreichung des Kündigungszwecks gleich geeignet sind, erkennt das BAG jedenfalls bei der Beurteilung der Eignung

---

533 *Stückmann/Kohlepp*, RdA 2000, 331 (337); ebenso *Berkowsky*, Die betriebsbedingte Kündigung, § 7 Rnr. 122; *Preis*, Prinzipien, S. 273.

534 *Stückmann/Kohlepp*, RdA 2000, 331 (338).

535 *Stückmann/Kohlepp*, RdA 2000, 331 (337); ebenso *Preis*, Prinzipien, S. 306.

536 *Stückmann/Kohlepp*, RdA 2000, 331 (338).

537 *Stückmann/Kohlepp*, RdA 2000, 331 (337)

milderer Mittel anders als im öffentlichen Recht[538] keine Einschätzungsprärogative des Arbeitgebers an. Der Auffassung von *Stückmann/Kohlepp* ist daher zu folgen.

Im folgenden soll geklärt werden, inwieweit es mit dem Grundsatz unternehmerischer Entscheidungsfreiheit zu vereinbaren ist, wenn der Unternehmer von den Gerichten im Rahmen des ultima-ratio-Prinzips auf die Ergreifung milderer Mittel, insbesondere anderer betriebsorganisatorischer Maßnahmen verwiesen werden kann.

Die gesetzliche Konkretisierung des ultima-ratio-Prinzips in §§ 1 II 2 Nrn.1b und 2b, § 1 II 3 KSchG wird dabei außer Acht gelassen, da die Anwendung dieser Normen den Wegfall eines Arbeitsplatzes aufgrund einer unternehmerischen Entscheidung bereits voraussetzt und dem Arbeitgeber lediglich die Pflicht auferlegt werden kann, den Arbeitnehmer gegebenenfalls an einem anderen Arbeitsplatz weiterzubeschäftigen.

8.2 *Inhalt des ultima-ratio-Prinzips nach der Rechtsprechung des BAG*

Zur allgemeinen Anwendbarkeit des ultima-ratio- Prinzips im Kündigungsrecht äußerte sich das BAG erstmals im Urteil vom 30.5.1978[539]. In der Entscheidung, welche die Rechtmäßigkeit einer außerordentlichen Kündigung betraf, führte das BAG aus, eine außerordentliche Kündigung komme nur in Betracht, wenn alle anderen, nach den jeweiligen Umständen milderen Mittel erschöpft seien, um das in der bisherigen Form nicht mehr haltbare Arbeitsverhältnis fortzusetzen. Die außerordentliche Kündigung sei nur zulässig, wenn sie die unausweichlich letzte Maßnahme darstelle, also ultima ratio für den Kündigungsberechtigten sei.

---

[538] *Degenhart*, Staatsrecht, Band 1, Rnr.329.

[539] BAG, Urt. vom 30.5.1978, AP Nr. 70 zu § 626 BGB.

Diese Rechtsprechung setzte das BAG im Bereich der personenbedingten Kündigung im Urteil vom 22.2.1980[540] fort, in dem es ausführte, bei der Prüfung der sozialen Rechtfertigung einer Kündigung aus Anlaß einer Dauererkrankung sei der allgemein im Kündigungsschutzrecht zu beachtende Grundsatz der Verhältnismäßigkeit anzuwenden.

Im Bereich der betriebsbedingten Kündigung erwähnte das BAG das ultima-ratio-Prinzip erstmals im Urteil vom 7.12.1978[541]. Es führte aus, ein „dringendes" betriebliches Erfordernis sei nur gegeben, wenn die betrieblichen Erfordernisse die Kündigung im Interesse des Betriebs notwendig machten. Diese weitere Voraussetzung sei erfüllt, wenn es dem Arbeitgeber nicht möglich sei, der betrieblichen Lage durch andere Maßnahmen auf technischem, organisatorischem oder wirtschaftlichem Gebiet zu entsprechen. Die Kündigung müsse wegen der betrieblichen Lage unvermeidbar sein[542]. Das Wort „dringend" enthält nach Ansicht des BAG folglich die dogmatische Verankerung des Verhältnismäßigkeitsprinzips bei der betriebsbedingten Kündigung.

Zwar prüfte das BAG auch schon früher, ob eine betriebliche Zwangslage[543] die Kündigung erforderlich machte und ob mildere Mittel als die Beendigungskündigung wie Arbeitsstreckung[544] oder Kurzarbeit[545] in Betracht zu ziehen waren, doch geschah dies rechtstechnisch jeweils im Rahmen der

---

540 BAG, Urt. vom 22.2.1980, AP Nr. 6 zu § 1 KSchG 1969 Krankheit.

541 BAG, Urt. vom 7.12.1978, AP Nr. 6 zu § 1 KSchG 1969 Betriebsbedingte Kündigung.

542 St. Rspr. seit BAG, Urt. vom 7.12.1978; zuletzt bestätigt im Urt. vom 17.6.1999, AP Nr. 101 zu § 1 KSchG 1969 Betriebsbedingte Kündigung.

543 BAG, Urt. vom 12.12.1968, AP Nr. 19 zu § 1 KSchG Betriebsbedingte Kündigung.

544 BAG, Urt. vom 8.11.1956, AP Nr. 19 zu § 1 KSchG.

545 BAG, Urt. vom 25.6.1964, AP Nr. 14 zu § 1 KSchG Betriebsbedingte Kündigung.

umfassenden Interessenabwägung, deren Bedeutung seit Anwendung des Verhältnismäßigkeitsprinzips unklar geworden ist[546].

Im Urteil vom 7.12.1978 beschränkte das BAG die Anwendung des ultima-ratio-Prinzips noch auf die durch außerbetriebliche Gründe veranlaßte Kündigung. Zwar mußte der Arbeitgeber immer überprüfen, ob die Weiterbeschäftigung des gekündigten Arbeitnehmers an einem anderen Arbeitsplatz möglich und zumutbar war, aber nur bei außerbetrieblichen Gründen waren vom Arbeitgeber innerbetriebliche Maßnahmen zur Vermeidung der Kündigung in Betracht zu ziehen[547].

Im Urteil vom 18.1.1990[548] dehnte das BAG die Anwendung des ultima-ratio-Prinzips auf innerbetriebliche Gründe und damit auf Kündigungen aus, deren Ursache in einer Veränderung der betrieblichen Organisation durch gestaltende Unternehmerentscheidung lag. Trotz der Bindung an die Entscheidung der Unternehmensleitung sei vom Gericht zu kontrollieren, ob nur der Entschluß zur Kündigung in den Rahmen der umgestaltenden Betriebsorganisation passe oder ob diese nicht auch ohne Kündigung verwirklicht werden könne. Es sei nicht ausreichend, daß die dem unternehmerischen Grundkonzept entsprechende Maßnahme an sich geeignet sei, den erstrebten Zweck zu erreichen; es müsse vielmehr unter mehreren geeigneten Mitteln dasjenige gewählt werden, das den Betroffenen am wenigsten belaste. Hierin liege keine verdeckte Überprüfung der freien unternehmerischen Organisationsentscheidung, sondern durch das Erfordernis der Dringlichkeit werde dem Gebot der Verhältnismäßigkeit entsprochen[549].

---

[546] Vgl. zur umstrittenen Interessenabwägung die Ausführungen unter 7.

[547] BAG, Urt. vom 7.12.1978, AP Nr. 6 zu § 1 KSchG 1969 Betriebsbedingte Kündigung.

[548] BAG, Urt. vom 18.1.1990, AP Nr. 2 zu § 2 KSchG 1969.

[549] BAG, Urt. vom 18.1.1990, AP Nr. 2 zu § 2 KSchG 1969; das BAG folgt hierin den Auffassungen von *Wank*, RdA 1987, 129 (136); *Preis*, Prinzipien, S. 265f.; *Reuter*,

Das BAG stellt zwar einerseits fest, die betrieblich organisatorische Maßnahme sei nicht auf ihre Notwendigkeit und Zweckmäßigkeit hin zu überprüfen, jedoch sei andererseits danach zu fragen, ob es nicht ein milderes Mittel gebe und der betrieblichen Lage durch andere Maßnahmen auf technischem, organisatorischem oder wirtschaftlichem Gebiet entsprochen werden könne[550].

Für die Reichweite unternehmerischer Entscheidungsfreiheit bleibt zu klären, ob und in welchem Umfang der Arbeitgeber gegenüber einer Kündigung auf andere betriebsorganisatorische Maßnahmen verwiesen werden kann.

8.3 Die Ansichten im Schrifttum

Im Schrifttum ist umstritten, ob die Gerichte im Rahmen des ultima-ratio-Prinzips in unternehmerische Entscheidungen eingreifen können.

Zutreffend wird darauf hingewiesen, daß Gegenstand der Erforderlichkeitsprüfung nicht die Unternehmerentscheidung ist, sondern deren Auswirkungen auf betrieblicher Ebene. Es komme nicht darauf an, daß die unternehmerische Entscheidung angesichts der betrieblichen Lage erforderlich sei, sondern daß die Kündigung das letzte Mittel sei, der infolge der Umsetzung der unternehmerischen Entscheidung veränderten betrieblichen Lage Rechnung zu tragen[551]. Die Erforderlichkeitsprüfung hat demzufolge nur die Art der Umsetzung der Unternehmerentscheidung zum Gegenstand[552]. Die unternehmerische Entscheidung selbst wird vom überwiegenden Teil des Schrifttums als bindend hingenommen.

Anm. zu BAG, Urt. vom 7.12.1978, AP Nr. 6 zu § 1 KSchG 1969 Betriebsbedingte Kündigung.

[550] BAG, Urt. vom 7.12.1978, AP Nr. 6 zu § 1 KSchG 1969 Betriebsbedingte Kündigung.

[551] *B. Preis*, NZA 1997, 625 (630); *Hueck/v. Hoyningen-Huene*, § 1 KSchG Rnr. 377.

[552] *Ascheid*, Kündigungsschutzrecht, Rnr. 284.

Bei der Prüfung der in Frage kommenden milderen Mittel müsse die Freiheit unternehmerischer Entscheidung dahingehend beachtet werden, daß die Zwecksetzung der unternehmerischen Maßnahme durch etwaige mildere Mittel nicht angetastet werde. Mildere Mittel, die bei der Erforderlichkeitsprüfung als Alternative einbezogen werden, müßten zur Erreichung des unternehmerischen Zwecks gleich geeignet sein[553].

Beachte man dies nicht und ziehe man zum Vergleich auch mildere Mittel heran, die zur Zweckerreichung weniger geeignet oder gar ungeeignet sind, werde dem Arbeitgeber eine ganz andere als die von ihm beabsichtigte unternehmerische Entscheidung untergeschoben. In Betracht komme deshalb nur ein Mittel, das zwar für die Arbeitnehmer weniger belastend sei, aber die als Datum hinzunehmende unternehmerische Entscheidung nicht verfälsche[554]. Wer dem Arbeitgeber mit Hilfe des ultima-ratio-Prinzips eine andere unternehmerische Entscheidung vorschreibe, wende das Verhältnismäßigkeitsprinzip in methodisch unzulässiger Weise an[555].

Diesen im Schrifttum geäußerten Postulaten ist zuzustimmen, da nur bei Einhaltung dieser Grundsätze die Prüfung der Erforderlichkeit der Kündigung mit dem Grundsatz unternehmerischer Entscheidungsfreiheit zu vereinbaren ist.

Demgegenüber versteht *Preis*, der bereits das Wort Erfordernisse als Verankerung des ultima-ratio-Prinzips betrachtet, das Tatbestandsmerkmal der Dringlichkeit als gesetzliche Verstärkung des allgemeinen Erforderlichkeitsgrundsatzes. Dieser verlange, den vom Arbeitgeber vorgegebenen Zweck

---

[553] *Preis*, NZA 1997, 1075 (1077); *Stahlhacke*, Die betriebsbedingte Kündigung, S. 20; *ders.*, DB 1994, 1361 (1366); *Wank*, RdA 1987, 129 (135); *Alp*, Die Berücksichtigung der unternehmerischen Entscheidungsfreiheit im Rahmen des Kündigungsschutzgesetzes, S.153.

[554] *Wank*, a.a.O., S. 136.

[555] *Wank*, a.a.O., S. 142.

einer betrieblichen Maßnahme nach der Maßgabe zu prüfen, daß der Arbeitgeber nicht lediglich das relativ mildeste Mittel (=das bei gleicher Eignung weniger einschneidende Mittel), sondern das nach der konkreten Sachlage vorhandene absolut mildeste Mittel (letztes Mittel) vor einer betriebsbedingten Kündigung des Arbeitnehmers zu wählen habe[556].

Preis beruft sich zur Begründung dieser Ansicht auf das Urteil des BAG vom 30.5.1985[557], worin ausgeführt wird, die Kündigung müsse wegen der betrieblichen Lage unvermeidbar sein.

Aus dem Grundsatz der Erforderlichkeit folge, daß eine betriebsbedingte Kündigung nur dann zulässig sei, wenn keine milderen Mittel zur Erreichung des Zwecks zur Verfügung stünden. Liege die Eignung des Mittels in der Beurteilungskompetenz des Arbeitgebers, laufe der Kündigungsschutz leer, weil die Entlassung praktisch das wirksamste Mittel zur Befriedigung eines betrieblichen Erfordernisses sei. Diese Form der Rechtsbetrachtung verhindere das Merkmal der Dringlichkeit, das darauf hinweise, daß zunächst das absolut mildeste Mittel vor Ausspruch einer Kündigung herangezogen werden müsse[558].

Preis erkennt damit den Zweck einer Unternehmerentscheidung nur scheinbar an. Zwar sind für die in Frage kommenden milderen Mittel der jeweilige Kündigungsgrund und der mit ihm verfolgte unternehmerische Zweck von entscheidender Bedeutung, trotzdem können die Arbeitsgerichte den Arbeitgeber zum Einsatz des absolut mildesten Mittels vor einer Beendigungskündigung verpflichten. Dann ist aber der vorgegebene Zweck der unternehmerischen Maßnahme gerade nicht mehr als Datum hinzunehmen. Die Gerichte können die unternehmerischen Maßnahmen durch ihre eigenen ersetzen, was

---

[556] Weiss/Gagel/*Preis,* § 19 F, Rnr. 25; *ders.* Prinzipien, S. 306f.
[557] BAG, Urt. vom 30.5.1985, EzA zu § 1 KSchG Betriebsbedingte Kündigung Nr. 37.
[558] *Preis*, Prinzipien, S. 305ff.; S. 402.

mit dem Grundsatz unternehmerischer Entscheidungsfreiheit nicht zu vereinbaren ist. Die Auffassung von *Preis* ist daher abzulehnen[559].

8.4 Kritik und eigene Lösung

Nach der Rechtsprechung des BAG ist ein „dringendes“ betriebliches Erfordernis nur gegeben, wenn die betrieblichen Erfordernisse die Kündigung im Interesse des Betriebs notwendig machen. Diese weitere Voraussetzung ist erfüllt, wenn es dem Arbeitgeber nicht möglich ist, der betrieblichen Lage durch andere Maßnahmen auf technischem, organisatorischem oder wirtschaftlichem Gebiet zu entsprechen. Die Kündigung muß wegen der betrieblichen Lage unvermeidbar sein[560].

Diese Entscheidung ist insofern mißverständlich, als nicht klar ist, was unter dem Begriff „betriebliche Lage“ zu verstehen ist und inwieweit von den Gerichten auch die Zwecksetzung der Unternehmerentscheidung verändert werden kann.

Als „betriebliche Lage“ kann man entweder die Situation des Betriebes im Hinblick auf die gegebenen wirtschaftlichen Rahmenbedingungen oder die Situation des Betriebes, wie sie sich unter Anerkennung einer zuvor getroffenen Unternehmerentscheidung darstellt, betrachten.

Im ersteren Fall wäre die Unternehmerentscheidung ohne Bedeutung, und die Arbeitsgerichte könnten den Unternehmen auch andere unternehmerische Konzepte als solche, die zum Personalabbau führen, vorschreiben.

Außerdem besteht nach der Rechtsprechung die Möglichkeit, den Unternehmer auf andere Maßnahmen auf technischem, organisatorischem oder

---

[559] Im Ergebnis ebenso *Stückmann/Kohlepp*, RdA 2000, 331 (337); sie sind der Ansicht, daß das absolut mildeste Mittel vor einer Kündigung nur dann in Frage komme, wenn dies, wie in § 1 II 2 Nr. 1b und S.3 KSchG, gesetzlich angeordnet sei.

[560] St. Rspr. seit BAG, Urt. vom 7.12.1978; zuletzt bestätigt im Urt. vom 17.6.1999, AP Nr. 101 zu § 1 KSchG 1969 Betriebsbedingte Kündigung.

wirtschaftlichem Gebiet zu verweisen. Es ist demnach nicht ausgeschlossen, daß die Gerichte in die Grundlagen der betrieblichen Organisation eingreifen und die unternehmerischen Entscheidungen verfälschen oder gar durch eigene ersetzen.

Zur Wahrung unternehmerischer Freiheit müssen jedoch die unternehmerische Grundentscheidung und deren Zwecksetzung auch im Rahmen des ultima-ratio-Prinzips anerkannt werden.

Als „betriebliche Lage“ im Sinne der genannten Entscheidung ist demnach die Situation des Betriebes zu verstehen, wie sie sich unter Anerkennung der Unternehmerentscheidung darstellt. Bei der Überprüfung der sozialen Rechtfertigung der betriebsbedingten Kündigung im Rahmen des Erforderlichkeitsgrundsatzes muß der aufgrund der Unternehmerentscheidung eingetretene Verlust der Beschäftigungsmöglichkeit als Ausgangspunkt der Kontrolle akzeptiert werden.

Entgegen der Auffassung von *Preis* ist es folglich mit dem Grundsatz unternehmerischer Freiheit nicht zu vereinbaren, wenn die Gerichte dem Unternehmer das absolut mildeste Mittel vorschreiben können. Die Gerichte dürfen nur prüfen, ob im Hinblick auf die bindende Unternehmerentscheidung eine andere Maßnahme als die Kündigung zur Durchführung des unternehmerischen Konzepts in gleicher Weise geeignet ist. Bei richtiger Anwendung des ultima-ratio-Prinzips, welche die unternehmerische Freiheit sicherstellt, kann nur das in Bezug zur unternehmerischen Maßnahme relativ, nicht aber das absolut mildeste Mittel vor einer Kündigung in Betracht gezogen werden.

Damit dürften sich die milderen Mittel auf den Abbau von Überstunden und Leiharbeitsverhältnissen beschränken[561].

Diese milderen Mittel haben keinen Einfluß auf die nach Umsetzung der unternehmerischen Entscheidung vorhandene Arbeitsmenge, sondern verteilen diese, z.B. durch Abschöpfung überobligationsmäßig erbrachter Leistung, lediglich so, daß die Belegschaft nach Möglichkeit in vertraglichem Umfang beschäftigt werden kann. Dieses Vorgehen kommt aber nur dann in Betracht, wenn sich aufgrund der unternehmerischen Entscheidung lediglich die Arbeitsmenge verringert, ohne daß die Betriebsorganisation grundlegend verändert wird, also wenn der Unternehmer die betrieblichen Kapazitäten einem Umsatzrückgang anpaßt.

Eine dauerhafte Verkürzung der betrieblichen Arbeitszeit scheidet hingegen als milderes Mittel aus, da ihr in der Regel schon tarifliche und/oder arbeitsvertragliche Hindernisse entgegenstehen[562]. *Preis* führt zu Recht aus, daß es keinen Rechtssatz des Inhalts gibt, daß eine Kündigung sozial ungerechtfertigt ist, wenn sie durch Eingriffe in die Rechte anderer Arbeitnehmer hätte vermieden werden können. Eine allgemeine Arbeitszeitverkürzung würde aber notwendig zu einem Eingriff in die Rechte anderer Arbeitnehmer führen[563].

Fraglich ist jedoch, ob der Unternehmer auch dann mildere Mittel als eine Kündigung ergreifen muß, wenn der Wegfall von Arbeitsplätzen auf einer Veränderung des betriebsorganisatorischen Konzepts beruht, welches auf

[561] Insoweit besteht auch Einigkeit im Schrifttum, vgl. *Hueck/v. Hoyningen-Huene*, § 1 KSchG Rnr. 383; *Kittner/Däubler/Zwanziger*, KSchG, § 1 KSchG Rnr. 291f; *Schaub*, RdA 1981, 371 (374).

[562] LAG Hamm, Urt. vom 15.12.1983, ZIP 1983, 214f.; KR-*Etzel*, § 1 KSchG Rnr. 497; Weiss/Gagel/*Preis*, § 19 F Rnr. 105; *Wank*, RdA 1987, 129 (143); *Stahlhake/Preis/Vossen*, Kündigung und Kündigungsschutz im Arbeitsverhältnis, Rnr. 642.

[563] *Preis*, Prinzipien, S. 319; Weiss/Gagel/*Preis*, § 19 F Rnr. 109.

die Wahrnehmung bestimmter Aufgaben und Funktionen entweder verzichtet oder diese anders organisiert.
In diesem Fall besteht meiner Ansicht nach keine Möglichkeit, dem Wegfall von Beschäftigungsmöglichkeiten anders als durch Kündigung Rechnung zu tragen, ohne das neue betriebsorganisatorische Konzept in Frage zu stellen. Die Gerichte sind natürlich befugt, zu überprüfen, ob das neue Konzept tatsächlich zum Wegfall einer Beschäftigungsmöglichkeit führt und damit die Kündigung überhaupt trägt. Sofern dies erwiesen ist, kommen im Bereich betriebsgestaltender Unternehmerentscheidungen aber keine milderen Mittel in Betracht. Wenn der Unternehmer im Falle von Auftrags- und Umsatzrückgang lediglich den Entschluß faßt, sich den Gegebenheiten des Marktes anzupassen, bleibt im Rahmen dieses Konzeptes Raum für eine gerichtliche Kontrolle, ob die vorhandene Arbeitsmenge ohne Ableisten von Überstunden oder Inanspruchnahme von Leiharbeit gleichmäßig auf die Belegschaft verteilt werden kann. Das unternehmerische Konzept wird hierbei gewahrt.
Beim Wegfall von Beschäftigungsmöglichkeiten aufgrund betriebsorganisatorischer Veränderungen greift der Arbeitgeber jedoch gezielt auf bestimmte Aufgabenbereiche und darin vorhandene Beschäftigungsmöglichkeiten zu. Eine Verweisung auf mildere Mittel in diesen Fällen wäre mit einem unzulässigen Eingriff in die unternehmerische Entscheidungsfreiheit verbunden. Insofern bleibt nur Raum für die Anwendung der gesetzlichen Konkretisierung des ultima-ratio-Prinzips in §§ 1 II 2 Nrn. 1b und 2b, § 1 III 3 KSchG.
Während das BAG das ultima-ratio-Prinzip ursprünglich nur auf Kündigungen anwendete, die auf vom BAG so bezeichneten außerbetrieblichen Gründen beruhten, dehnte es im Urteil vom 18.1.1990[564] die Anwendung des ultima-ratio-Prinzips auf innerbetriebliche Gründe und damit auf Kündigungen

[564] BAG, Urt. vom 18.1.1990, AP Nr. 2 zu § 2 KSchG 1969.

aus, deren Ursache in einer Veränderung der betrieblichen Organisation aufgrund gestaltender Unternehmerentscheidung liegt. Trotz der Bindung an die Entscheidung der Unternehmensleitung sei vom Gericht zu kontrollieren, ob nur der Entschluß zur Kündigung in den Rahmen der umgestaltenden Betriebsorganisation passe oder ob diese nicht auch ohne Kündigung verwirklicht werden könne.

In dem vom BAG entschiedenen Fall, der die Wirksamkeit einer Änderungskündigung zur Veränderung der Lage der Arbeitszeit zum Gegenstand hatte, traf ein Unternehmer die Entscheidung, in seinem Betrieb zwei Schichten einzuführen und zwei feste Arbeitnehmergruppen zu bilden, wobei jede der beiden Gruppen mit gleichbleibender Besetzung und unter denselben Vorgesetzten abwechselnd in der Früh- und Spätschicht eingesetzt werden sollte. Die Klägerin hatte aus familiären Gründen den Einsatz in der Wechselschicht nicht akzeptiert. Das BAG erkannte zwar die Einführung des Schichtsystems als unternehmerisches Konzept an, doch für die Durchsetzung der beabsichtigten Zuordnung der Klägerin zu einer bestimmten Arbeitsgruppe und damit zum Einsatz in Wechselschicht fehlte es nach Ansicht des Senats an der Dringlichkeit. Der Arbeitgeber hatte nämlich nachweislich vier Arbeitnehmern gestattet, nur in der Frühschicht zu arbeiten, und außerdem war eine Arbeitnehmerin bereit, in der Spätschicht zu arbeiten.

Bedeutsam an dieser Entscheidung ist, daß dem Arbeitgeber vom Gericht nur deswegen eine andere organisatorische Maßnahme vorgeschrieben werden konnte, weil er sein Organisationskonzept nicht konsequent eingehalten und selbst in vier Fällen Ausnahmen zugelassen hatte. Angesichts dieser Tatsache konnte dem Arbeitgeber kaum der Nachweis gelingen, daß durch die Befreiung der Klägerin vom Wechselschichteinsatz seine unternehmerische Grundentscheidung verfälscht wurde[565].

Das Urteil ist daher aus dem Gesichtspunkt unternehmerischer Freiheit nicht zu beanstanden. Überspitzt formuliert führt das Urteil in Anbetracht des zugrundeliegenden Sachverhaltes zu einem juristischen Verwirrspiel, da die mildere Maßnahme nur deswegen ins Konzept paßte, weil der Arbeitgeber sich eben an dieses nicht gehalten hat. Hätte der Arbeitgeber sich nicht systemwidrig verhalten, wäre das Urteil wohl auch anders ausgefallen.

Zu berücksichtigen bleibt auch, daß Gegenstand der Entscheidung keine Beendigungskündigung, sondern eine Kündigung zur Änderung der betrieblichen Arbeitszeit war. Auf die Beendigungskündigung können die vom BAG aufgestellten Grundsätze meines Erachtens nicht übertragen werden. Im Bereich der Beendigungskündigung, in dem eine gestaltende unternehmerische Entscheidung zum Wegfall von Beschäftigungsmöglichkeiten führt, ist es, wie soeben ausgeführt, nicht denkbar, daß eine andere Maßnahme als eine Beendigungskündigung besser ins Konzept paßt.

Trotz der Wahrung unternehmerischer Entscheidungsfreiheit bei der Anwendung des ultima-ratio-Prinzips durch das BAG bergen die Leitsätze des Urteils isoliert betrachtet die Gefahr in sich, daß die Gerichte in die Grundlagen der betrieblichen Organisation eingreifen und unternehmerische Entscheidungen verfälschen. Das BAG sollte seine Rechtsprechung dahingehend präzisieren, daß Voraussetzung für die Anwendung des ultima-ratio-Prinzips die volle Anerkennung der aufgrund einer Unternehmerentscheidung veränderten betrieblichen Organisation ist. Das hat für die betriebsbedingte Beendigungskündigung die Konsequenz, daß im Bereich betriebsge-

---

[565] Vgl. auch *Steinmeyer*, Anm. zu BAG, Urt. vom 18.1.1990, EzA Nr. 65 zu § 1 KSchG Betriebsbedingte Kündigung; *Oetker*, Anm. zu BAG, Urt. vom 18.1.1990, SAE 1991, 11 (18); *Preis*, NZA 1995, 241 (243).

staltender Unternehmerentscheidungen keine milderen Mittel in Betracht kommen.

8.5 Einführung von Kurzarbeit

Äußerst umstritten ist in Rechtsprechung und Literatur die Frage, ob der Arbeitgeber im Rahmen der Erforderlichkeitsprüfung gezwungen werden kann, vor Ausspruch einer Beendigungskündigung als milderes Mittel Kurzarbeit einzuführen. Dabei geht es materiell-rechtlich um die Frage nach der Dauer des Arbeitsmangels. Der verringerte Personalbedarf darf nur kurzfristig bestehen, und eine volle Personalauslastung muß in absehbarer Zeit wieder erwartet werden können. Handelt es sich nicht nur um einen vorübergehenden Arbeitsmangel, ist ein Beendigungsgrund gegeben[566].

Die Feststellung der Dauer des Arbeitsmangels hängt von einer Prognose des Arbeitgebers hinsichtlich der künftig anfallenden Arbeitsmenge ab.

Zu klären bleibt, ob diese Prognose einer objektiven gerichtlichen Kontrolle zugänglich ist oder ob die Arbeitsgerichte im Rahmen der Erforderlichkeitsprüfung diese lediglich durch eine eigene ersetzen können, die mit den gleichen Unsicherheiten behaftet ist. In diesem Fall müßte dem Arbeitgeber ein Beurteilungsspielraum zuerkannt werden, der einer gerichtlichen Kontrolle entzogen ist.

Weitere Problemkreise bei der Einführung von Kurzarbeit bilden das Mitbestimmungsrecht des Betriebsrats nach § 87 I Nr.3 BetrVG sowie die Frage, ob angesichts der technischen Besonderheiten bestimmter Produktionsverfahren Kurzarbeit überhaupt in Frage kommt. Langandauernde Reaktionsprozesse in der chemischen Industrie und thermische Verfahren wie z.B.

---

[566] *Ascheid*, Beweislastfragen im Kündigungsschutzprozeß, S. 150; *Preis*, Prinzipien, S. 407f; Weiss/Gagel/*Preis*, § 19 F Rnr. 100.

Schmelzprozesse beim Hochofenbetrieb erfordern kontinuierliche Produktion und schließen deshalb Kurzarbeit schon aus technischen Gründen aus. Diese Sonderfälle sollen hier außer Betracht bleiben; sie würden den Rahmen dieser Arbeit sprengen.

Im folgenden wird die Einführung von Kurzarbeit nur unter dem Aspekt unternehmerischer Entscheidungsfreiheit untersucht. Deshalb wird unterstellt, daß die betroffenen Arbeitnehmer und der Betriebsrat mit der Einführung von Kurzarbeit einverstanden sind und auch die technischen und organisatorischen Gegebenheiten des Betriebes der Einführung von Kurzarbeit nicht entgegenstehen.

8.5.1 Die Grundzüge der Rechtsprechung

Die Rechtsprechung des BAG und der Instanzgerichte zur Frage der Einführung von Kurzarbeit ist widersprüchlich.

Im Urteil vom 25.6.1964[567] führte der zweite Senat des BAG aus, zur umfassenden Interessenabwägung im Rahmen der betriebsbedingten Kündigung gehöre die Prüfung, ob die Entlassung durch Kurzarbeit hätte vermieden werden können, wobei der Arbeitnehmer hierfür die Darlegungs- und Beweislast trage. Nach diesem Urteil konnte ein Arbeitnehmer eine betriebsbedingte Kündigung dadurch zu Fall bringen, daß er darlegte und bewies, daß der Arbeitsmangel außer durch Entlassungen auch durch Kurzarbeit aufzufangen war. Die Möglichkeit der Einführung von Kurzarbeit unterlag nach diesem Urteil voller gerichtlicher Kontrolle.

Im Urteil vom 7.2.1985[568] äußerte der zweite Senat jedoch Zweifel, ob durch die Grundsätze der genannten Entscheidung nicht zu stark in das un-

---

[567] BAG, Urt. vom 25.6.1964, AP Nr. 14 zu § 1 KSchG Betriebsbedingte Kündigung.

[568] BAG, Urt. vom 5.2.1985, AP Nr. 9 zu § 1 KSchG 1969 Soziale Auswahl.

ternehmerische Gestaltungsrecht eingegriffen würde, und ließ offen, ob an diesen Grundsätzen festzuhalten sei.

Im Beschluß vom 4.3.1986[569] hat der erste Senat die Rechtsprechung des zweiten Senats dahingehend ausgelegt, daß das Arbeitsgericht im Kündigungsschutzprozeß nicht nachprüfen kann, ob eine Kündigung durch die Anordnung von Kurzarbeit vermeidbar gewesen wäre. Der Arbeitgeber könne zumindest dann nicht auf Kurzarbeit verwiesen werden, wenn der Betriebsrat von seinem Initiativrecht nach § 87 I Nr.3 keinen Gebrauch gemacht oder einer entsprechenden Initiative des Arbeitgebers gar ablehnend gegenüber gestanden habe. Der zweite Senat hat sich dem ohne weitere eigenständige Begründung angeschlossen[570]. Im Urteil vom 15.6.1989[571] hat dieser Senat jedoch wieder offengelassen, ob die Einführung von Kurzarbeit als milderes Mittel der Dringlichkeit einer Beendigungskündigung entgegensteht.

Auch die Rechtsprechung der Instanzgerichte ist nicht einheitlich. Das Arbeitsgericht Mannheim hat einmal entschieden, die Möglichkeit der Einführung von Kurzarbeit unterliege in vollem Umfang arbeitsgerichtlicher Kontrolle. Behaupte der Arbeitnehmer die tatsächliche und rechtliche Möglichkeit von Kurzarbeit, habe der Arbeitgeber darzulegen und zu beweisen, daß diese Voraussetzungen nicht vorgelegen haben[572].

---

[569] BAG, Beschl. vom 4.3.1986, AP Nr.3 zu § 87 BetrVG 1972 Kurzarbeit.

[570] BAG, Urt. vom 11.9.1986, EzA § 1 KSchG Betriebsbedingte Kündigung Nr.54; BAG, Urt. vom 15.6.1989, AP Nr.45 zu § 1 KSchG 1969 Betriebsbedingte Kündigung.

[571] BAG, Urt. vom 15.6.1989, AP Nr.45 zu § 1 KSchG 1969 Betriebsbedingte Kündigung.

[572] ArbG Mannheim, Urt. vom 9.12.1982, BB 1983, 1031.

Demgegenüber haben das LAG Düsseldorf und das LAG Hamm die Frage der Kurzarbeit dem Bereich der nicht justitiablen Unternehmerentscheidung zugeordnet[573].

8.5.2 Die Ansichten in der Literatur

Auch wenn die Einführung von Kurzarbeit grundsätzlich als milderes Mittel vor Ausspruch einer Beendigungskündigung in Betracht gezogen wird[574], besteht keine Einigkeit, inwieweit der Arbeitgeber zur Einführung von Kurzarbeit gerichtlich gezwungen werden kann.

Einige Stimmen in der Literatur bejahen dies. Der Arbeitgeber habe die Unmöglichkeit der Einführung von Kurzarbeit zu beweisen, und die Gerichte könnten seine Negativprognose voll überprüfen[575].

Preis ist der Ansicht, die Einschätzung des künftigen Personalbedarfs sei gerade kein Fall unternehmerischen Ermessens, der einer gerichtlichen Kontrolle entzogen sei[576]. Nicht subjektive Einschätzungen des Arbeitgebers seien Grundlage des Kündigungsrechts, sondern die objektive Vertretbarkeit seiner Negativprognose[577]. Deswegen unterliege die Frage der Einführung von Kurzarbeit sowohl hinsichtlich der Einschätzung der Dauer des vermin-

---

[573] LAG Düsseldorf, Urt. vom 21.6.1983, DB 1984, 565; LAG Hamm, Urt. vom 8.3.1983, DB 1984, 464.

[574] *Bitter/Kiel*, RdA 1994, 333 (348); *Stahlhacke*, DB 1994, 1363 (1367); *Hueck/v. Hoyningen-Huene*, KSchG, § 1 KSchG Rnr. 348ff.; *Kittner/Däubler/Zwanziger*, KSchR, § 1 KSchG Rnr. 287ff.; ErfKomm/*Ascheid*, § 1 KSchG Rnr. 428ff.; *ders.*, Kündigungsschutzrecht, Rnr. 255; *Hillebrecht*, ZfA 1991, 93 (102ff.); *ders.* ZIP 1985, 257 (260); KR-*Etzel*, § 1 KSchG Rnr. 548; MünchArbR/*Berkowsky*, § 134 Rnr. 74ff; *ders.*, Die Betriebsbedingte Kündigung, § 7 Rnr.133ff. (147); Weiss/Gagel/*Preis*, § 19 F, Rnr. 101ff.; *ders.*, Prinzipien, S. 404ff; *ders.*, DB 1988, 1387 (1390f.); *Hofmann*, ZfA 1984, 295 (316).

[575] *Preis*, Prinzipien, S. 404ff.; Weiss/Gagel/*Preis*, § 19 F, Rnr. 104; *ders.*, Anm. zu BAG, Urt. vom 29.3.1990, EzA § 1 KSchG Soziale Auswahl Nr.29; *ders.*, DB 1988, 1387 (1390f.); *Berkowsky*, Die Betriebsbedingte Kündigung, § 7 Rnr. 147; MünchArbR/*Berkowsky*, § 134 Rnr. 149; *Meinhold*, BB 1988, 623 (626f.); offengelassen bei *Hillebrecht*, ZfA 1991, 93 (105); *Löwisch*, KSchG, § 1 KSchG Rnr. 276.

[576] *Preis*, Prinzipien, S. 406; Weiss/Gagel/*Preis*, § 19 F Rnr. 104.

derten Personalbedarfs als auch der technischen und organisatorischen Möglichkeit voller gerichtlicher Kontrolle[578].

Preis warnt davor, bestimmte mildere Mittel unter pauschalem Hinweis auf das Prinzip der unternehmerischen Entscheidungsfreiheit aus der kündigungsrechtlichen Prüfung der Erforderlichkeit auszuklammern. Vielmehr sei eine stringente Anwendung der Grundsätze der Geeignetheit und Erforderlichkeit geboten, schon um der Rechtsanwendung eine größere soziale Akzeptanz zu verleihen[579]. Diese Aussage zeigt, daß es *Preis* an tragfähigen juristischen Argumenten zur Begründung seiner Ansicht fehlt.

Auch die Darlegungs- und Beweislastregel des BAG, nach welcher der Arbeitnehmer darzulegen und zu beweisen hat, daß der Arbeitsmangel nur vorübergehend war und die Einführung von Kurzarbeit somit sinnvoll und möglich gewesen wäre[580], wird in der Literatur kritisiert[581]. Es wird eingewendet, die Erforderlichkeit der Kündigung gehöre zum Kündigungsgrund, weshalb die Darlegungs- und Beweislastregel des § 1 II 4 KSchG anzuwenden sei. Der Arbeitgeber habe darzulegen und zu beweisen, daß statt der Kündigung keine anderen organisatorischen, technischen oder wirtschaftlichen Maßnahmen hätten ergriffen werden können. Deshalb müsse er auch darlegen, daß Kurzarbeit als milderes Mittel nicht in Betracht gekommen sei.

Dieser Einwand ist begründet. Das BAG hat die Möglichkeit der Einführung von Kurzarbeit seinerzeit im Rahmen der damals noch strikt durchgeführten umfassenden Interessenabwägung erörtert. Die bei dieser Abwägung zu berücksichtigenden Umstände waren jeweils von der Partei darzulegen und zu

---

577 *Preis*, a.a.O.

578 *Preis*, *Prinzipien*, S. 407; Weiss/Gagel/*Preis*, § 19 F Rnr. 107.

579 Weiss/Gagel/*Preis*, § 19 F Rnr. 103.

580 BAG, Urt. vom 25.6.1964, AP Nr. 14 zu § 1 KSchG Betriebsbedingte Kündigung.

beweisen, die sich zu ihren Gunsten darauf berief[582], so daß der Arbeitnehmer für die Einführung von Kurzarbeit beweisbelastet war. Nachdem die Einführung von Kurzarbeit nunmehr eine Frage der Erforderlichkeit der Kündigung ist, kann auch die damals entwickelte Beweislastregel keinen Bestand mehr haben[583].

Der Großteil der Literatur ist der Ansicht, die Möglichkeit der Einführung von Kurzarbeit sei dem Bereich gerichtlich nicht kontrollierbarer Unternehmerentscheidung zuzuordnen[584], da die Arbeitsgerichte im Streitfall darüber zu entscheiden hätten, ob der Arbeitsmangel lediglich vorübergehend oder dauerhaft ist. Die Beurteilung der Dauer des Arbeitsmangels beruhe auf einer wirtschaftlichen Prognose, welche einer gerichtlichen Kontrolle nicht zugänglich sei und deshalb der Einschätzungsprärogative des Unternehmers unterliege.

Allenfalls will man die objektive Richtigkeit des Urteils des Unternehmers, die Einführung von Kurzarbeit sei für den Betrieb technisch oder organisato-

---

[581] *Preis*, Prinzipien, S. 408f.; Weiss/Gagel/*Preis*, § 19 F Rnrn. 107, 189; *Meinhold*, BB 1988, 623 (627ff.); *Berkowsky*, Die betriebsbedingte Kündigung, § 6 Rnr. 48; MünchArbR/*Berkowsky*, § 134 Rnr. 93; KR-*Etzel*, § 1 KSchG Rnr. 520.

[582] BAG, Urt. vom 25.6.1964, AP Nr. 14 zu § 1 KSchG Betriebsbedingte Kündigung.

[583] Vgl. hierzu auch *Trieschmann*, ArbuR 1965, 125 (127f.); *Däubler*, Das Arbeitsrecht, Band 2, Rnr. 1039; *Denck*, Jura 1985, 178 (179).

[584] *Hueck/v. Hoyningen-Huene*, KSchG, § 1 KSchG Rnr. 388a.; *Tenczer*, Freie Unternehmerentscheidung und betriebsbedingte Kündigung, S. 136; *Vollmer*, DB 1982, 1933f.; *Meisel*, ZfA 1991, 213 (220); *Wank*, RdA 1987, 134 (142); *B. Preis*, NZA 1997, 625 (630); *Stahlhacke*, DB 1994, 1361 (1367); *Stahlhacke*, Die betriebsbedingte Kündigung, S. 21; *Denck*, ZfA 1985, 249 (260f.); *Rost*, Kündigung und Kündigungsschutz in der betrieblichen Praxis, S. 12; *Schwerdtner*, ZIP 1984, 10 (13); *Zöllner*, Arbeitsrecht, S. 263; *Herschel*, Anm. zu BAG, Urt. vom 25.6.1964, AP Nr.14 zu § 1 KSchG Betriebsbedingte Kündigung; *Reuter*, Anm. zu BAG, Urt. vom 7.12.1978, AP Nr.6 zu § 1 KSchG 1969 Betriebsbedingte Kündigung.

risch nicht möglich oder nicht tragbar, einer Kontrolle auf offensichtliche Unsachlichkeit, Unvernünftigkeit oder Willkürlichkeit unterziehen[585].

8.5.3 Kritik und eigene Lösung

Meiner Ansicht nach erlaubt das ultima-ratio-Prinzip den Gerichten nicht, den Arbeitgeber zu zwingen, vor Ausspruch einer betriebsbedingten Kündigung als milderes Mittel Kurzarbeit einzuführen.

Im Bereich betriebsgestaltender Unternehmerentscheidungen scheidet Kurzarbeit aus, da es in diesen Fällen schon am lediglich vorübergehenden Arbeitsmangel fehlt. Ändert der Unternehmer seine Geschäftsfelder oder Produktionsbereiche oder fallen durch Umgestaltung der betrieblichen Organisation bestimmte Aufgaben nicht mehr an, ist von einem dauerhaften Wegfall von Beschäftigungsmöglichkeiten auszugehen. Die Entscheidung zur Stillegung eines Betriebsteiles schließt unabhängig vom Anlaß immer auch die Einführung von Kurzarbeit aus.

Als milderes Mittel könnte Kurzarbeit allenfalls dann in Betracht kommen, wenn sich der Unternehmer entschließt, ohne Änderung der betrieblichen Organisation die Personalstärke einem Auftrags- oder Umsatzrückgang anzupassen, also in den Fällen der vom BAG so bezeichneten außerbetrieblichen Gründe.

Auch in diesen Fällen ist es jedoch mit dem Grundsatz unternehmerischer Entscheidungsfreiheit nicht zu vereinbaren, wenn die Gerichte dem Unternehmer gegen seinen Willen die Einführung von Kurzarbeit vorschreiben könnten. Die Gerichte müßten im Streitfall über die Dauer des verminderten Arbeitsanfalls entscheiden. Dies setzt eine Prognose hinsichtlich der künftigen Marktentwicklung voraus, die aus betriebswirtschaftlicher Sicht eine

---

[585] *Hueck/v. Hoyningen-Huene,* KSchG, § 1 KSchG Rnr. 388a.; *Denck*, ZfA 1985, 249 (261); *Vollmer*, DB 1982, 1933; *Rost*, Kündigung und Kündigungsschutz in der be-

Entscheidung unter Unsicherheit darstellt. Solche Entscheidungen entziehen sich einer Rechtmäßigkeitskontrolle, da die Gerichte die Prognose des Unternehmers lediglich durch eine eigene ersetzen können, die mit denselben Unsicherheiten behaftet ist[586]. Die Gerichte müßten mit Hilfe von Sachverständigen Marktanalysen über die Dauer des Arbeitsmangels erstellen und würden ausschließlich Zweckmäßigkeitserwägungen anstellen. Damit würde die unternehmerische Entscheidungsfreiheit in ihrem Kernbereich, welcher einer gerichtlichen Kontrolle entzogen sein muß, verletzt. Es geht letztlich nicht um die Frage, ob der Verringerung des Beschäftigungsvolumens auf andere Weise als durch Kündigung Rechnung getragen werden kann, sondern um ein milderes Mittel auf der Ebene der unternehmerischen Entscheidung, welche darin besteht, die Personalstärke dem als dauerhaft prognostizierten verminderten Personalbedarf anzupassen. Die Prognose der dauerhaften Reduzierung des Beschäftigungsvolumens bestimmt die vorausschauende unternehmerische Planung und ist damit Bestandteil der unternehmerischen Grundentscheidung, welche von den Gerichten hinzunehmen ist. Dieser Grundsatz muß auch bei der Erforderlichkeitsprüfung beachtet werden.

Zudem würde mißachtet, daß es für die soziale Rechtfertigung einer betriebsbedingten Kündigung nur darauf ankommt, daß die kündigungsbegründenden Umstände im Zeitpunkt des Zugangs der Kündigungserklärung[587]

---

trieblichen Praxis, S. 58f.

[586] Vgl. hierzu die Ausführungen unter 3.3.4.2.

[587] BAG, Urt. vom 27.2.1958, AP Nr.1 zu § 1 KSchG Betriebsbedingte Kündigung; BAG, Urt. vom 24.3.1983, AP Nr. 12 zu § 1 KSchG 1969 Betriebsbedingte Kündigung; BAG, Urt. vom 23.3.1984, AP Nr. 38 zu § 1 KSchG 1969 Betriebsbedingte Kündigung; BAG, Urt. vom 27.2.1987, AP Nr.41 zu § 1 KSchG 1969 Betriebsbedingte Kündigung; BAG, Urt. vom 19.6.1991, AP Nr.53 zu § 1 KSchG 1969 Betriebsbedingte Kündigung; BAG, Urt. vom 10.1.1994, AP Nr. 8 zu § 1 KSchG 1969 Konzern; BAG, Urt. vom 28.4.1988, AP Nr. 74 zu § 613a BGB; ebenso *Ascheid*, Kündigungsschutzrecht, Rnr. 226; *ders.* NZA 1991, 873 (875); *ders.* Beweislastfragen, S. 88ff.; KR-*Etzel*, § 1 KSchG Rnr. 517; *v. Hoyningen-Huene*, NZA 1994. 1009 (1012);

vorliegen. Dieser Grundsatz wurde durch das Prognoseprinzip sogar dahingehend modifiziert, daß ein Arbeitgeber bereits dann eine wirksame Kündigung aussprechen kann, wenn eine vernünftige und betriebswirtschaftliche Betrachtung die Prognose ergibt, daß spätestens bis zum Ablauf der einzuhaltenden Kündigungsfrist Beschäftigungsmöglichkeiten fehlen[588]. Die weitere Entwicklung des Beschäftigungsvolumens nach Ablauf der Kündigungsfrist ist für die Rechtmäßigkeit einer betriebsbedingten Kündigung nicht von Bedeutung.

Das Fehlgehen der Prognose über die Dauerhaftigkeit des Arbeitsmangels stellt damit die Wirksamkeit der Kündigung nicht in Frage. Es ist lediglich relevant für das Bestehen eines etwaigen Wiedereinstellungsanspruches, der das Korrelat zum Prognoseprinzip darstellt und im Gegenzug dem Bestandsschutzinteresse des Arbeitnehmers Rechnung trägt.

Es würde einen Widerspruch zu diesen Grundsätzen darstellen, wenn die Gerichte gleichwohl im Rahmen der Erforderlichkeitsprüfung die Dringlichkeit der Kündigung verneinen würden, weil sie von einer baldigen Erhöhung des Beschäftigungsvolumens ausgehen und den Arbeitgeber daher auf die Einführung von Kurzarbeit verweisen könnten.

Die Gerichte können den Unternehmer daher nicht zwingen, vor Ausspruch einer betriebsbedingten Kündigung als milderes Mittel Kurzarbeit einzuführen. Dies wäre weder mit der unternehmerischen Entscheidungsfreiheit noch

---

Hueck/v.Hoyningen-Huene, KSchG, § 1 KSchG Rnr.375; *Preis*, NZA 1997, 1075 (1076); *Stahlhacke/Preis/Vossen*, Kündigung und Kündigungsschutz im Arbeitsverhältnis, Rnr. 644; *Löwisch*, KSchG, § 1 KSchG Rnr. 70.

[588] BAG, Urt. vom 27.2.1958, AP Nr.1 zu § 1 KSchG Betriebsbedingte Kündigung; BAG, Urt. vom 24.3.1983, AP Nr. 12 zu § 1 KSchG 1969 Betriebsbedingte Kündigung; BAG, Urt. vom 23.3.1984, AP Nr. 38 zu § 1 KSchG 1969 Betriebsbedingte Kündigung; BAG, Urt. vom 27.2.1987, AP Nr.41 zu § 1 KSchG 1969 Betriebsbedingte Kündigung; BAG, Urt. vom 19.6.1991, AP Nr.53 zu § 1 KSchG 1969 Betriebsbedingte Kündigung; BAG, Urt. vom 10.1.1994, AP Nr. 8 zu § 1 KSchG 1969 Konzern; BAG, Urt. vom 28.4.1988, AP Nr. 74 zu § 613a BGB.

mit dem Prognoseprinzip vereinbar. Sollte sich der verringerte Personalbedarf entgegen der Ansicht des Arbeitgebers nicht als dauerhaft erweisen, ist dieser Tatsache durch Wiedereinstellung Rechnung zu tragen.

8.6 Die Bedeutung des § 2 I SGB III

§ 2 I SGB III betont die besondere Verantwortung der Arbeitgeber für den Arbeitsmarkt und die Inanspruchnahme von Leistungen der Arbeitsförderung.

Gem. § 2 I 1 SGB III haben die Arbeitgeber verantwortungsvoll die Auswirkungen ihrer Entscheidungen auf die Beschäftigung von Arbeitnehmern und von Arbeitslosen und damit auf die Inanspruchnahme von Leistungen der Arbeitsförderung zu berücksichtigen. Dabei sollen die Arbeitgeber nach § 2 I 2 Nr. 2 SGB III insbesondere vorrangig durch betriebliche Maßnahmen die Entlassung von Arbeitnehmern sowie die Inanspruchnahme von Leistungen der Arbeitsförderung vermeiden.

Fraglich ist der Regelungsgehalt dieser Rechtsnorm. Es ist nicht klar, ob es sich hierbei nur um einen unverbindlichen Programmsatz handelt oder um eine Rechtsnorm, die als Konkretisierung und Verstärkung des in § 1 II 1 KSchG enthaltenen ultima-ratio-Prinzips zu einer weitergehenden Einschränkung der unternehmerischen Entscheidungsfreiheit führt.

8.6.1 Ansichten im Schrifttum

Die Diskussion um den Regelungsgehalt des § 2 I 2 Nr. 2 SGB III hat *Schaub* ausgelöst.

Obwohl § 2 I 2 Nr. 2 SGB III lediglich eine Sollverpflichtung für den Arbeitgeber enthält, mißt *Schaub* der Norm weitergehende Bedeutung zu. Aus einer Gesamtschau der Absätze I, II und III des § 2 SGB III entnimmt er[589], daß sich innerhalb der Vorschrift die Worte „Sollen“ und „Müssen“ gegenseitig abwechseln, ohne daß dem nach dem Wortlaut des Gesetzes eine Bedeutung beizumessen sei.

Schaub betrachtet § 2 I 2 Nr.2 SGB III als „Gesetzessensation" und untermauert dies mit einem Hinweis auf die Gesetzesbegründung, die fordert, daß durch eine entsprechende Arbeitsorganisation und durch flexible Arbeitszeiten die Inanspruchnahme von Kurzarbeitergeld vermieden wird, wenn ein betrieblicher Ausgleich von Kurzarbeit und Überstunden möglich ist. Sei dieser Ausgleich nicht möglich, sollten Entlassungen durch die Inanspruchnahme von Kurzarbeit vermieden werden[590].

Nach Ansicht von *Schaub* schreibt der Gesetzgeber ein Stufenmodell vor, nach dem eine Entlassung nur noch ultima ratio sein kann. Insofern sei ein großes Umdenken auf dem Gebiet des Arbeitsrechts angesagt. § 2 I 2 Nr.2 SGB III entspreche dem ultima-ratio-Prinzip des § 1 I (sic!) KSchG. Es sei durchaus denkbar, daß die dann vom Arbeitgeber abverlangten Stufenüberlegungen in § 1 II KSchG als Parameter in die Prüfung der Rechtmäßigkeit einer betriebsbedingten Kündigung flössen. Vorstellbar wäre, daß der Arbeitgeber vor Ausspruch einer betriebsbedingten Kündigung darlegen und beweisen müsse, daß er diese durch Flexibilisierung der Arbeitszeit, Überstundenabbau, Urlaubserteilung, Schaffung von Arbeitszeitkonten, Überführung in Teilzeitarbeit, Abschluß von Altersteilzeitverträgen, Einführung von Kurzarbeit und ähnliche Maßnahmen zu vermeiden versucht habe. Insoweit werde sich die Darlegungslast des Arbeitgebers erheblich verändern, da sich leicht 15 bis 20 Maßnahmen fänden, die der Arbeitgeber an Stelle einer betriebsbedingten Kündigung hätte ergreifen können[591].

---

589 *Schaub*, NZA 1997, 810.
590 BT-Dr 13/4941, S. 152.
591 *Schaub*, NZA 1997, 810.

Wichtig ist vor allem, daß *Schaub* der Ansicht ist, die in § 2 SGB III enthaltenen versicherungsrechtlichen Pflichten des Arbeitgebers seien nicht notwendig nur versicherungsrechtlichen Sanktionen zugänglich. Es sei deshalb kaum richtig, davon auszugehen, daß ein Rückgriff auf das Kündigungsschutzrecht generell ausgeschlossen ist[592].

Diese Ansicht hätte eine nicht zu vertretende Einschränkung unternehmerischer Entscheidungsfreiheit zur Folge. Würde man vom Arbeitgeber verlangen, bei Ausspruch einer betriebsbedingten Kündigung darzulegen und zu beweisen, daß bis zu 20 (!) Alternativmaßnahmen gegenüber einer Kündigung ausscheiden, so wird die gerichtliche Kontrolldichte unternehmerischer Entscheidungen in unzulässiger Weise auf reine Zweckmäßigkeitserwägungen ausgedehnt.

Schaubs Ansicht ist in der Literatur überwiegend auf Ablehnung gestoßen[593].

Es wird kritisiert, daß *Schaub* entgegen dem Wortlaut des § 2 I 2 Nr. 2 SGB III, der nur von einer Sollverpflichtung spricht, und unter Mißachtung der Gesetzesbegründung von einer Mußverpflichtung ausgeht[594].

Außerdem liege § 2 I 2 Nr. 2 SGB III lediglich eine arbeitsmarktpolitische Zielsetzung zugrunde, so daß die Norm schon aus diesem Grunde den individuellen Bestandsschutz des KSchG nicht beeinflussen könne[595].

---

[592] *Schaub*, NZA 1997, 810 (811).

[593] *Beckschulze*, BB 1998, 791 (793); *Rolfs*, NZA 1998, 17 (18f.); *Rüthers*, NJW 1998, 283f., bezeichnet diese Art der Auslegung des § 2 SGB III als sozialromantischen Blindflug; *Guldan*, AuB 1998, 71; *Bauer/Haussmann*, NZA 1997, 1100 (1101); *Ettwig*, NZA 1997, 1152; *Fischermeier*, NZA 1997, 1089 (1091); *Niesel*, NZA 1997, 580 (584); *Hromadka/Maschmann*, Arbeitsrecht Band 1, § 10 Rnr.196.; KR-*Etzel*, § 1 KSchG Rnr. 546; zustimmend jedoch *Preis*, NZA 1998, 449 (452); *Kittner*, NZA 1997, 968 (975).

[594] *Bauer/Haussmann*, NZA 1997, 1100 (1101); *Ettwig*, NZA 1997, 1152.

[595] *Bauer/Haussmann*, NZA 1997, 1100 (1101); *Ettwig*, NZA 1997, 1152.

Fischermeier ist der Ansicht, daß sich durch § 2 SGB III an der gerichtlichen Kontrolle der Unternehmerentscheidung nichts ändert. § 2 I 2 Nr.2 SGB III stelle nicht die prinzipielle, in Grundrechten verankerte Freiheit der unternehmerischen Entscheidung in Frage, sondern betone innerhalb eines aufgrund solcher Entscheidungen verbleibenden Spielraums den von der Rechtsprechung postulierten ultima-ratio-Grundsatz[596].

Niesel[597] stellt dar, die §§ 1 bis 11 SGB III setzten den seit längerem in der Sozialgesetzgebung zu beobachtenden Trend fort, an den Anfang eines Gesetzes eine Reihe von programmatischen Regelungen zu stellen, die ohne unmittelbaren normativen Gehalt seien[598] und denen in der Praxis allenfalls als Auslegungsregeln Bedeutung zukomme. Bei § 2 I SGB III handele es sich daher letztlich nur um einen nicht umsetzbaren Appell[599].

Preis ist zwar der Auffassung, daß § 2 I 2 Nr. 2 SGB III lediglich das bereits im Kündigungsrecht anerkannte ultima-ratio-Prinzip bestätigt, weist aber zugleich auf die Möglichkeit hin, daß der Regelungsgehalt dieser Norm über den gegenwärtigen Rechtsstand hinausgehen könnte[600]. *Preis* sieht hierin wohl auch eine Bestätigung seines Lösungsansatzes, der im Rahmen des ultima-ratio-Prinzips einen Eingriff in die unternehmerische Grundentscheidung zuläßt.

8.6.2 Kritik und eigene Lösung

Eine Auslegung des § 2 I 2 Nr. 2 SGB III, die zu einer Verstärkung des ultima-ratio-Prinzips bei betriebsbedingten Kündigungen und damit zu einer Einschränkung unternehmerischer Freiheit führt, ist abzulehnen.

---

596 *Fischermeier*, NZA 1997, 1089 (1091).
597 *Niesel*, NZA 1997, 580 (584).
598 Vgl. *Schulin*, NZS 1994, 433 (437) zur Kritik bezüglich des SGB XI.
599 Auch *Hromadka/Maschmann*, Arbeitsrecht Band 1, § 10 Rnr. 196, sind der Ansicht, daß § 2 I 2 Nr. 2 SGB III keine Rechtspflicht enthält.
600 *Preis*, NZA 1998, 449 (452).

Bereits die Formulierung „sollen" in § 2 I 2 Nr. 2 SGB III deutet eher auf einen gesetzgeberischen Appell als auf eine justitiable Rechtspflicht des Arbeitgebers hin.

Auch in der Gesetzesbegründung wird ausgeführt, diese Sollverpflichtung gehe zwar über das geltende Recht hinaus, andererseits werde darauf verzichtet, durch Gesetz oder Rechtsverordnung eine nicht praktikable Mußverpflichtung einzuführen[601].

Die Annahme einer Einschränkung unternehmerischer Entscheidungsfreiheit durch eine aus § 2 I 2 Nr. 2 SGB III folgende Rechtspflicht stünde daher in einem eindeutigen Widerspruch zur Regelungsabsicht des Gesetzgebers.

Überdies erscheint es sehr fraglich, ob § 2 I 2 Nr. 2 SGB III als Bestandteil des Arbeitsförderungs- und Sozialrechts überhaupt Rechtswirkungen auf dem Gebiet des Kündigungsschutzgesetzes zu entfalten vermag, da die Norm einem ganz anderen Regelungsbereich zuzuordnen ist. Es ist kaum anzunehmen, daß der Gesetzgeber durch eine Vorschrift des Sozialversicherungsrechts den individuellen Bestandsschutz des KSchG durch eine Einschränkung unternehmerischer Entscheidungsfreiheit erweitern wollte. Dadurch würde sich der Gesetzgeber auf dem Umweg über das Sozialversicherungsrecht auch in Widerspruch zur gefestigten Rechtsprechung des BAG setzen, nach der unternehmerische Entscheidungen nicht auf Notwendigkeit und Zweckmäßigkeit zu kontrollieren sind.

Im übrigen ist in die Auslegung des § 2 I 2 Nr. 2 SGB III auch der Aspekt der Einheit der Rechtsordnung[602] miteinzubeziehen. Dieser Gedanke gebietet es, das Zusammenspiel der Normen, wie hier von § 1 II 1 KSchG und § 2

[601] BT-Dr 13/4941, S. 152.

[602] Vgl. hierzu *Larenz*, Methodenlehre (Enzyklopädie der Rechts- und Staatswissenschaft), S. 474ff.

I 2 Nr. 2 SGB III, daraufhin zu überprüfen, ob das vorgeschlagene Ergebnis den dem Rechtssystem zugrundeliegenden Wertmaßstäben genügt.

In dieser Arbeit wurde bereits ausführlich dargelegt, daß eine systematische, eine objektiv-teleologische und vor allem auch eine verfassungskonforme Auslegung zu dem Ergebnis gelangen, daß die unternehmerische Entscheidungsfreiheit umfassend garantiert ist, und daß deshalb auch der ultima-ratio-Grundsatz im Sinne einer Präferenz der unternehmerischen Freiheit angewendet werden muß.

Diese grundlegende Wertung der Rechtsordnung ist bei der Auslegung des § 2 I 2 Nr. 2 SGB III zu beachten, so daß diese Rechtsnorm nicht zu einem gerichtlichen Eingriff in die unternehmerische Entscheidungsfreiheit ermächtigen kann[603].

Aufgrund der anhaltenden Diskussion um den Regelungsgehalt des § 2 I 2 Nr. 2 SGB III äußerte sich die Bundesregierung hierzu am 6.4.1998 und stellte klar, daß die Norm ein auf das Arbeitsförderungsrecht und die Vermeidung von Leistungen der Bundesanstalt für Arbeit zugeschnittener Appell an die Arbeitgeber zu einem verantwortungsvollen Verhalten ist. Ihr Zweck sei nicht, den durch arbeitsrechtliche Normen abschließend geregelten Bestandsschutz individueller Arbeitsverhältnisse zu erweitern[604].

Durch diese Klarstellung des für den Gesetzentwurf verantwortlichen Ministeriums dürfte die Diskussion abgeschlossen sein.

---

[603] Insoweit unhaltbar ArbG Gelsenkirchen in dem bereits erwähnten Urt. vom 28.10.1997, NZA 1998, 944f.; das Gericht, welches einen Arbeitsplatzabbau zur bloßen Gewinnmaximierung für unzulässig erachtete, beruft sich in den Entscheidungsgründen auch auf § 2 SGB III.

[604] Die Stellungnahme ist abgedruckt in DB 1998, 1134.

9 Interessenabwägung

Im folgenden wird untersucht, ob es mit dem Grundsatz unternehmerischer Entscheidungsfreiheit zu vereinbaren ist, die soziale Rechtfertigung einer betriebsbedingten Kündigung von der Durchführung einer Interessenabwägung abhängig zu machen.

9.1 Die Interessenabwägung in der Rechtsprechung des Bundesarbeitsgerichts

Das BAG entschied erstmals 1960[605], daß auch bei der betriebsbedingten Kündigung eine umfassende Interessenabwägung vorzunehmen sei. Die Kündigung sei nur dann sozial gerechtfertigt, wenn die betrieblichen Gründe bei verständiger Würdigung in Abwägung der Interessen der Vertragsparteien und des Betriebs sie billigenswert und angemessen erscheinen ließen. Gegenstand des Urteils war die Wirksamkeit der Kündigung von Tierärzten aus dem öffentlichen Dienst, nachdem infolge der Kürzung von Haushaltsmitteln die Einsparung von Stellen angeordnet worden war. Das BAG erachtete die Kündigung für unwirksam, weil es eine Interessenabwägung vermißte.

Im Urteil vom 25.6.1964[606] hat das BAG diese Rechtsprechung bestätigt und ausgeführt, nicht nur bei personen- und verhaltensbedingten, sondern auch bei betriebsbedingten Kündigungen gehöre zum Tatbestand des § 1 II 1 KSchG eine Interessenabwägung. Diese habe umfassend zu sein in dem Sinne, daß alle maßgebenden Umstände des Einzelfalles vollständig und wi-

---

[605] BAG, Urt. vom 4.2.1960, AP Nr. 5 zu § 1 KSchG Betriebsbedingte Kündigung; fortgeführt wird diese Rechtsprechung in BAG, Urt. vom 24.10.1979, 7.3.1980, 17.10.1980, AP Nrn. 8, 9, 10 zu § 1 KSchG 1969 Betriebsbedingte Kündigung.

[606] BAG, Urt. vom 25.6.1964, AP Nr. 14 zu § 1 KSchG Betriebsbedingte Kündigung.

derspruchsfrei gegeneinander abzuwägen seien[607]. Die Kündigung sei nicht sozial gerechtfertigt, wenn die zu erwartenden Vorteile des Arbeitgebers zu den Nachteilen, die sich für den Arbeitnehmer daraus ergäben, in keinem vernünftigen Verhältnis stünden[608].

Mittlerweile vertritt das BAG[609] den Standpunkt, daß bei einer an sich betriebsbedingten Kündigung die stets gebotene Abwägung der beiderseitigen Interessen sich nur in seltenen Ausnahmefällen zugunsten des Arbeitnehmers auswirken kann, etwa dann, wenn der Arbeitnehmer aufgrund schwerwiegender persönlicher Umstände besonders schutzbedürftig ist.

Im Urteil vom 30.4.1987[610] stellte das BAG klar, aus der beschränkten Kontrolle der Unternehmerentscheidung folge insbesondere auch, daß nicht zu prüfen sei, ob die vom Arbeitgeber aufgrund seiner Entscheidung erwarteten Vorteile in einem vernünftigen Verhältnis zu den Nachteilen stünden, die der Arbeitnehmer durch die Kündigung erleide. Zugleich wird nochmals betont, daß die technischen, organisatorischen und wirtschaftlichen Unternehmerentscheidungen nur einer gerichtlichen Mißbrauchskontrolle dahingehend unterliegen, ob sie offensichtlich unsachlich, unvernünftig oder willkürlich sind.

Auch wenn der Interessenabwägung bei der betriebsbedingten Kündigung nach dieser Rechtsprechung wohl nur noch geringe Bedeutung zukommt, hat

---

607 BAG, Urt. vom 7.3.1980, AP Nr. 9 zu § 1 KSchG 1969 Betriebsbedingte Kündigung.

608 BAG, Urt. vom 17.10.1980, AP Nr. 10 zu § 1 KSchG 1969 Betriebsbedingte Kündigung.

609 BAG, Urt. vom 24.10.1979, 17.10.1980, 30.4.1987, AP Nrn. 8, 10, 42 zu § 1 KSchG 1969 Betriebsbedingte Kündigung.

610 BAG, Urt. vom 30.4.1987, AP Nr. 42 zu § 1 KSchG 1969 Betriebsbedingte Kündigung.

das BAG diesen Prüfungspunkt nie förmlich aufgegeben, vielmehr sogar in den neuesten Urteilen zur betriebsbedingten Kündigung wieder erwähnt[611].

9.2 Die Ansichten in der Literatur

Die umfassende Abwägung der Interessen von Arbeitnehmer und Arbeitgeber, welche das BAG bei der Prüfung der sozialen Rechtfertigung der betriebsbedingten Kündigung vornimmt, wird im Schrifttum heftig kritisiert. Die überwiegende Meinung geht davon aus, daß eine Abwägung der beiderseitigen Interessen bereits im Tatbestand von § 1 II 1 und III KSchG enthalten ist und deshalb bereits eine gesetzliche Interessenabwägung vorliegt. Durch das Tatbestandsmerkmal „dringende betriebliche Erfordernisse" und die Berücksichtigung sozialer Faktoren bei der Sozialauswahl habe der Gesetzgeber selbst eine Abwägung zwischen dem Bestandsschutzinteresse des Arbeitnehmers und den wirtschaftlichen Arbeitgeberinteressen vorgenommen. Aus diesem Grund verbiete sich eine nochmalige isolierte Abwägung von Vor- und Nachteilen durch die Gerichte, da ansonsten die gesetzliche Interessenbewertung verfälscht werde[612]. Für die Durchführung der Interes-

---

[611] BAG, Urt. vom 17.6.1999, AP Nr. 102 zu § 1 KSchG 1969 Betriebsbedingte Kündigung.

[612] *Stahlhacke*, Die betriebsbedingte Kündigung, S. 20; *ders.*, DB 1994, 1361 (1368); *v. Hoyningen-Huene*, NZA 1994, 1009 (1011); *Hueck/v. Hoyningen-Huene*, § 1 KSchG, Rnr. 379; *Preis*, Prinzipien, S. 208, 221; *ders.*, DB 1988, 1387 (1391); *ders.*, NZA 1997, 1075 (1078); *ders.*, NZA 1995, 241(242); *Stahlhacke/Preis/Vossen*, Kündigung und Kündigungsschutz im Arbeitsverhältnis, Rnr. 643; *Herschel*, Festschrift für Gerhard Müller, 191 (205); *ders.*, Festschrift für Schnorr von Carolsfeld zum 70. Geburtstag, 157 (163); *Herschel*, Anm. zu BAG, AP Nr. 14 zu § 1 KSchG Betriebsbedingte Kündigung; *ders.*, DB 1984, 1523 (1524); *Gamillscheg*, Arbeitsrecht Band I, S. 391ff.; *Borrmann*, Das Arbeitsrecht der Gegenwart 1986 (Band 24), 71 (85); Borrmann lehnt zwar die Interessenabwägung pro forma ab, berücksichtigt aber die der Interessenabwägung zuzuordnenden Tatsachen im Rahmen der Dringlichkeitsprüfung.

senabwägung bei der betriebsbedingten Kündigung fehle es an einer Rechtsgrundlage[613].

Außerdem werde durch eine Interessenabwägung die Konzeption des KSchG in Frage gestellt, da der Begriff einer aus triftigen Gründen notwendigen Kündigung[614], der eine Versachlichung und Erhöhung der Rechtssicherheit des Kündigungsschutzrechts bewirken sollte, gerade durch die Berücksichtigung der verschiedenartigsten Interessen sinnentleert würde[615].

Oetker formuliert metaphorisch, die Rechtsprechung des BAG erwecke zuweilen den Eindruck, als ob im Rahmen der Interessenabwägung scheinbar willkürlich aus einem bunten Strauß von Blumen die eine oder andere herausgegriffen würde, ohne daß festgelegt worden wäre, aus welchen Blumen der Strauß gebildet werden dürfe[616].

Hillebrecht mißt der Interessenabwägung bei der betriebsbedingten Kündigung nach der neueren Rechtsprechung keine wesentliche Bedeutung mehr bei. Er begründet die Tatsache, daß das BAG die Interessenabwägung nicht vollständig aufgegeben hat, mit einem vom zweiten Senat in einem unveröffentlichten Urteil entschiedenen Fall, in dem einem langjährig beschäftigten Arbeitnehmer aus betriebsbedingten Gründen knapp ein Jahr vor Erfüllung der Wartezeit für Leistungen aus der gesetzlichen Altersversicherung gekündigt worden war[617]. Für derartige Härtefälle habe sich das BAG die Möglichkeit einer sozialgerechten Lösung offen halten wollen. *Hillebrecht* will

---

[613] *Meisel*, ZfA 1991, 213 (228), unter Berufung auf LAG Düsseldorf, Urt. vom 2.12.1983, DB 1984, 618.

[614] Begründung zum KSchG, RdA 1951, 61 (63).

[615] *Schwerdtner*, ZIP 1984, 10 (12) gibt aus diesem Grunde zu bedenken, daß die Rechtsprognose in Kündigungsschutzsachen damit weitestgehend auf Null reduziert und der Kündigungsvorgang zum Lotteriespiel geworden ist.

[616] *Oetker*, Anm. zu BAG, Urt. vom 6.9.1989, EzA § 1 KSchG Nr. 28 Krankheit.

[617] *Hillebrecht*, ZfA 1991, 92 (95).

auf eine Interessenabwägung verzichten und schlägt für solche Härtefälle eine Lösung nach den Rechtsgedanken der §§ 162, 226 BGB vor[618].

Teilweise wird die Einschränkung der Interessenabwägung durch das BAG allerdings dahingehend beurteilt, daß damit die unternehmerische Entscheidungsfreiheit zu Lasten der Arbeitnehmer ausgeweitet werde.

Birk ist der Auffassung, daß der kündigende Arbeitgeber hierdurch von dem sonst geltenden ultima-ratio-Grundsatz nahezu vollständig entbunden sei und die richterliche Kontrolle im Rahmen des § 1 II KSchG damit stark eingeschränkt werde[619].

Zwanziger erwägt, ob der Arbeitgeber nicht im Rahmen des Verhältnismäßigkeitsprinzips oder der Interessenabwägung zumindest im Einzelfall auf erweiterte, möglicherweise vorübergehend auch belastende andere Maßnahmen verwiesen werden kann, die die Unternehmerentscheidung im Ergebnis nicht in Frage stellen[620].

9.3 Eigene Lösung

9.3.1 Auslegung des KSchG nach Normvorstellung und Regelungsabsicht des historischen Gesetzgebers

Durch Auslegung des § 1 II 1 KSchG soll geklärt werden, ob eine umfassende Abwägung der Interessen von Arbeitnehmer und Arbeitgeber bei der betriebsbedingten Kündigung geboten ist.

Da § 1 II 1 KSchG eine Interessenabwägung nicht erwähnt, hilft eine Auslegung nach dem Wortsinn nicht weiter. Das Tatbestandsmerkmal „dringende betriebliche Erfordernisse" muß deshalb nach Normvorstellung und Regelungsabsicht[621] des Gesetzgebers ausgelegt werden.

---

618 *Hillebrecht*, ZfA 1991, 92 (95).
619 *Birk*, Die arbeitsrechtliche Leitungsmacht, S. 18.
620 *Zwanziger*, NJW 1995, 916 (917).
621 *Larenz/Canaris*, Methodenlehre der Rechtswissenschaft, S. 149ff.

Um diese zutreffend erfassen zu können, muß berücksichtigt werden, daß das KSchG die Nachfolgeregelung von BRG und AOG darstellt, wonach der Einspruch gegen eine Kündigung begründet war, wenn sie sich als eine „unbillige, nicht durch das Verhalten des Arbeitnehmers oder durch die Verhältnisse des Betriebs bedingte Härte" (§ 84 I Nr. 4 BRG) darstellte[622].

Das Problem der in diesen Gesetzen enthaltenen Generalklausel der „unbilligen Härte" war, daß sie keinen objektiven Maßstab für die Rechtmäßigkeit einer betriebsbedingten Kündigung enthielt, diese vielmehr aufgrund einer Abwägung der Interessen beider Teile beurteilt wurde.

Herschel hat diesen Rechtsbegriff, der zu einem Tummelplatz der Abwägung der verschiedenartigsten Interessen beider Teile wurde, als mit einem ausgereiften Arbeitsrecht und darüber hinaus mit der Autorität der objektiven Rechtsordnung unvereinbar betrachtet[623]. Aus diesem Grund war auch schon in der damaligen Jurisprudenz das Bestreben erkennbar, dem Begriff der „unbilligen Härte" durch Auslegung einen möglichst objektiven Gehalt zu verleihen und dadurch die Rechtssicherheit zu verbessern[624].

Dieser historische Hintergrund ist bei der Auslegung des Kündigungsschutzgesetzes zu berücksichtigen.

In der Begründung zum KSchG wird dargelegt, die geschützten Rechtsgüter im Sinne des KSchG seien der Arbeitsplatz und die Betriebszugehörigkeit des Arbeitnehmers, die die Grundlage seiner wirtschaftlichen und sozialen Existenz bildeten. Diese Aussage erfolgt unter deutlicher Abgrenzung zur früheren Generalklausel der „unbilligen Härte" in BRG und AOG, nach der der Verlust des Arbeitsplatzes zwar eine wesentliche Rolle spielte, jedoch

---

622 Vgl. hierzu die bereits die Ausführungen unter 3.3.3.

623 *Herschel*, Festschrift für Schnorr von Carolsfeld zum 70. Geburtstag, 157 (159); vgl. auch *Preis*, Prinzipien, S. 194ff.; zustimmend *Hillebrecht*, ZfA 1991, 92.

auch sonstige in Betracht kommende Umstände zu werten waren, wie z.B. die Aussichten des Arbeitnehmers auf dem Arbeitsmarkt und dergleichen[625]. Außerdem wird in der Begründung ausgeführt, daß bei Fehlen eines dringenden betrieblichen Erfordernisses kein Raum mehr für eine Abwägung sei, ob der Verlust des Arbeitsplatzes aus sonstigen außerhalb des Arbeitsverhältnisses liegenden Gründen den Arbeitnehmer mehr oder weniger hart treffe[626].

Für den Gesetzgeber des Kündigungsschutzgesetzes war es eine Selbstverständlichkeit, daß mit dem Kündigungsschutzgesetz wirklich notwendige Kündigungen nicht verhindert oder auch nur erschwert werden sollten: „Das Gesetz wendet sich nicht gegen Kündigungen, die aus triftigem Grund erforderlich sind, sondern lediglich gegen solche Kündigungen, die hinreichender Begründung entbehren und deshalb als eine willkürliche Durchschneidung des Bandes der Betriebszugehörigkeit erscheinen[627]."

Diese Aussagen bringen den Willen des Gesetzgebers zum Ausdruck, durch Objektivierung und Versachlichung des Kündigungsschutzrechts mehr Rechtssicherheit zu gewährleisten. Eine Interessenabwägung wird explizit ausgeschlossen.

Unter Mißachtung dieser Regelungsabsicht des Gesetzgebers hat das BAG dennoch die Prüfung jedes Einzelfalls in den Vordergrund gestellt und eine umfassende Abwägung der Interessen beider Teile postuliert. Dauer der Betriebszugehörigkeit, Zahl und Umfang der Unterhaltspflichten, Stellung im Betrieb, Situation auf dem Arbeitsmarkt wurden mit den betrieblichen und

---

[624] Vgl. zu dieser Entwicklung und den teilweise sehr fragwürdigen Ergebnissen der Rechtsprechung die Ausführungen unter 3.3.3.

[625] Begründung zum KSchG, RdA 1951, 61 (63).

[626] Begründung zum KSchG, RdA 1951, 61 (63).

[627] Begründung zum KSchG, RdA 1951, 61 (63).

wirtschaftlichen Auswirkungen des Fortbestandes des Arbeitsverhältnisses konfrontiert.

Es entbehrte jeder Begründung und widersprach dem Willen des Gesetzgebers, als *Hueck* kurz nach Verabschiedung des KSchG ohne nähere Begründung ausführte, für die Beurteilung der Frage, ob Gründe für die Kündigung vorliegen und diese wichtig genug seien, um die Kündigung wirklich zu rechtfertigen, müßten auch in Zukunft die Interessen beider Teile gegeneinander abgewogen werden[628]. Weder der Gesetzestext noch die Begründung zum KSchG liefern für diese These einen Anhaltspunkt. Die Intention des Gesetzgebers zur Erhöhung der Rechtssicherheit im Kündigungsschutzrecht würde durch diese Auslegung des Gesetzes konterkariert. Nach dem Willen des Gesetzgebers sollte eine umfassende Interessenabwägung bei der betriebsbedingten Kündigung ausgeschlossen sein und deren soziale Rechtfertigung nur vom Wegfall der Beschäftigungsmöglichkeit abhängen. Zur Berücksichtigung sozialer Gesichtspunkte hat der Gesetzgeber mit der Sozialauswahl eine eigenständige Regelung geschaffen.

Die Durchführung einer Interessenabwägung durch das BAG stellt im Ergebnis eine unzulässige Rechtsfortbildung dar. Nach der Rechtsprechung des BAG kommt eine Weiterbeschäftigung des Arbeitnehmers trotz Wegfalls des Arbeitsplatzes aufgrund einer Interessenabwägung dann in Betracht, wenn der Arbeitnehmer aufgrund schwerwiegender persönlicher Umstände besonders schutzwürdig ist, also ein Härtefall vorliegt[629]. Einer an sich betriebsbedingten Kündigung könnte die soziale Rechtfertigung versagt werden, wenn vom Arbeitsplatzverlust eine sozial besonders schwache Person betroffen ist.

---

[628] *Hueck*, RdA 1951, 281 (284).

[629] BAG, Urt. vom 24.10.1979, 17.10.1980, AP Nrn. 8, 10 zu § 1 KSchG 1969 Betriebsbedingte Kündigung.

Die Interessenabwägung führt zu einer Rechtsfortbildung des § 1 II 1 KSchG dergestalt, daß die Kündigung dann sozial gerechtfertigt ist, wenn sie durch dringende betriebliche Erfordernisse bedingt ist und keinen Härtefall darstellt. Damit würde das Tatbestandsmerkmal der „unbilligen Härte" aus BRG und AOG reaktiviert und die Regelungsabsicht des Gesetzgebers unterlaufen.

9.3.2 Unzulässiger Eingriff in die unternehmerische Entscheidungsfreiheit

Darüber hinaus ist zweifelhaft, ob die Interessenabwägung mit dem Grundsatz unternehmerischer Entscheidungsfreiheit zu vereinbaren ist.

Das BAG lehnt in ständiger Rechtsprechung zu Recht die Überprüfung der unternehmerischen Entscheidung auf Notwendigkeit und Zweckmäßigkeit ab. Dennoch forderte das BAG ursprünglich, daß bei der betriebsbedingten Kündigung im Rahmen der Interessenabwägung überprüft werden müsse, ob die Vorteile des Arbeitgebers aus der geplanten Betriebsänderung in einem angemessenen Verhältnis zu den sich für den Arbeitnehmer ergebenden Nachteilen stünden[630].

Eine Abwägung der von beiden Seiten zu erwartenden Vor- und Nachteile unter Berücksichtigung verschiedenartigster sozialer und wirtschaftlicher Interessen ist ohne eine Berücksichtigung der wirtschaftlichen Gesamtsituation des Betriebes nicht vorstellbar[631]. Die Folge einer solchen Interessenabwägung wäre, daß die Unternehmerentscheidung im Widerspruch zur Rechtsprechung letztlich doch auf wirtschaftliche Zweckmäßigkeit und Notwendigkeit überprüft werden könnte. Eine derartige gerichtliche Kontrol-

---

[630] BAG, Urt. vom 17.10.1980, AP Nr. 10 zu § 1 KSchG 1969 Betriebsbedingte Kündigung; anders aber jetzt BAG, Urt. vom 30.4.1987, AP Nr. 42 zu § 1 KSchG 1969 Betriebsbedingte Kündigung.

[631] So auch *Borrmann*, Das Arbeitsrecht der Gegenwart 1986 (Band 24), 71 (79).

le führt zu einer unzulässigen Einschränkung unternehmerischer Entscheidungsfreiheit.

Insofern wurde diese Rechtsprechung im Urteil vom 30.4.1987[632] zu Recht korrigiert. Das BAG führte aus, daß künftig darauf verzichtet werde zu überprüfen, ob die zu erwartenden Vorteile des Arbeitgebers zu den Nachteilen des Arbeitnehmers in einem „vernünftigen Verhältnis" stünden.

Trotz dieser Beschränkung des Anwendungsbereiches der Interessenabwägung bleibt aber nach der Rechtsprechung des BAG ein gerichtlicher Eingriff in unternehmerische Entscheidungen in Härtefällen möglich.

Es ist folglich denkbar, daß aufgrund bindender Unternehmerentscheidung zu Rationalisierung, Modernisierung oder Stillegung von Betriebsteilen bestimmte Beschäftigungsmöglichkeiten wegfallen, aber trotzdem kein Kündigungsgrund entsteht, weil die Interessenabwägung ergibt, daß der Arbeitnehmer sozial besonders schutzbedürftig ist. Der Unternehmer müßte den Arbeitnehmer dann weiterbeschäftigen, obgleich dies wegen Wegfalls des Arbeitsplatzes gar nicht möglich wäre.

Das bei Durchführung einer Interessenabwägung denkbare Phänomen des „Heizers auf der E-Lok" ist mit den Grundsätzen von Marktwirtschaft und unternehmerischer Entscheidungsfreiheit nicht zu vereinbaren. Durch die Interessenabwägung bei der betriebsbedingten Kündigung würden dem Arbeitgeber Funktionen der sozialen Sicherung aufgebürdet, er würde teilweise an die Stelle der Arbeitslosenversicherung treten.

Zöllner hat in seinem Gutachten zum 52. Deutschen Juristentag zu Recht darauf hingewiesen, daß derjenige, der einen privaten Arbeitgeber zwingt, Mitarbeiter, die er nicht mehr produktiv einsetzen kann, über längere Zeit zu

[632] BAG, Urt. vom 30.4.1987, AP Nr. 42 zu § 1 KSchG 1969 Betriebsbedingte Kündigung.

behalten, für den Ausgleich einer solchen privatwirtschaftlichen Lastenaufbürdung sorgen muß, wenn ein gewisses Maß überschritten wird[633].

Soziale Gesichtspunkte werden bei der betriebsbedingten Kündigung abschließend im Rahmen der Sozialauswahl nach § 1 III KSchG berücksichtigt. Darüber hinaus ist das staatliche soziale Sicherungssystem, nicht aber der Unternehmer berufen, soziale Härten für den einzelnen erträglich zu machen[634].

9.3.3 Zusammenfassung

Es mag das Bestreben eines Richters sein, sich eine umfassende Interessenabwägung vorzubehalten, um sichergehen zu können, daß er auch in „extremen" Fallgestaltungen über eine Handhabe verfügt, eine billige und dem Einzelfall gerecht werdende Entscheidung zu treffen.

Eine Interessenabwägung widerspricht jedoch der Regelungsabsicht des Gesetzgebers, beeinträchtigt die Rechtssicherheit im Bereich der betriebsbedingten Kündigung und führt zu einer unzulässigen Einschränkung unternehmerischer Entscheidungsfreiheit. Sie ist daher abzulehnen.

Auch wenn der Interessenabwägung nach der Rechtsprechung kaum noch Bedeutung zukommt, hat das BAG von ihr nie ausdrücklich Abstand genommen. Es kann deshalb nicht ausgeschlossen werden, daß das Gericht gegebenenfalls wieder darauf zurückgreift. Aus Gründen der Rechtssicherheit wäre eine Klarstellung notwendig.

---

[633] *Zöllner*, Gutachten D zum 52. Deutschen Juristentag, S. 177.

[634] *Herschel*, DB 1984, 1523f., hält es gar für einen Irrweg, über den Gedanken der Interessenabwägung auch nur im Einzelfall die bösen Folgen menschlichen Schicksals auf den Arbeitgeber überwälzen zu wollen.

10 Zusammenfassung in Thesen

1. Die Unternehmerfreiheit genießt umfassenden grundrechtlichen Schutz. Art. 12 I und 14 I GG gewährleisten als funktionaler Verbund die allgemeine Wirtschaftsfreiheit und die Freiheit unternehmerischer Betätigung. Der Schutzbereich der Grundrechte umfaßt auch die freie unternehmerische Disposition über die Arbeitsplätze und das Kündigungsrecht des Arbeitgebers. Das Recht zur ordentlichen betriebsbedingten Kündigung ist daher ebenfalls grundrechtlich geschützt und kann dem Arbeitgeber nicht genommen werden.

Auch Art. 2 I GG gewährleistet dem Unternehmer umfassende Freiheit unternehmerischer Betätigung, wird aber von Art. 12 I und 14 I GG im Wege der Spezialität verdrängt.

Art. 12 I GG schützt die Berufswahlfreiheit des Arbeitnehmers und damit auch seinen Willen, den gewählten Arbeitsplatz zu behalten. Er gewährt jedoch keine Bestandsgarantie für den einmal gewählten Arbeitsplatz und keinen unmittelbaren Schutz vor Verlust des Arbeitsplatzes aufgrund privater Dispositionen. Dem Staat obliegt aus Art. 12 I GG die Pflicht, für einen angemessenen Bestandsschutz des Arbeitsverhältnisses zu sorgen. Dieser Schutzpflicht wird durch das geltende Kündigungsschutzrecht hinreichend Rechnung getragen.

Offen bleibt, wie weit eine zum Wegfall von Beschäftigungsmöglichkeiten führende Unternehmerentscheidung im Rahmen des Tatbestandsmerkmals „dringende betriebliche Erfordernisse“ (§ 1 II 1 KSchG) der gerichtlichen Kontrolle unterliegt. Die Lösung des Problems ist bei der Auslegung des Tatbestandsmerkmals „dringende betriebliche Erfordernisse“ (§ 1 II 1 KSchG) zu suchen.

2. Die Auslegung des Tatbestandsmerkmals „dringende betriebliche Erfordernisse“ (§ 1 II 1 KSchG) ergibt, daß im Rahmen der Prüfung der sozialen Rechtfertigung der betriebsbedingten Kündigung die unternehmerische Entscheidung keiner gerichtlichen Kontrolle zugänglich ist.

Eine grammatikalische Auslegung des Begriffes „dringende betriebliche Erfordernisse“ führt zwar zu keinem eindeutigen Ergebnis. Das Wort „dringend“ kann in der Tat so verstanden werden, daß an die wirtschaftliche Situation des Unternehmens hohe Anforderungen im Sinne einer wirtschaftlichen Notlage zu stellen sind; das hätte eine gerichtliche Kontrolle unternehmerischer Entscheidungen zur Folge.

Die historische Auslegung zeigt aber, daß über die Prüfung des Wegfalls der Beschäftigungsmöglichkeit hinaus keine gerichtliche Kontrolle der Unternehmerentscheidung auf Wirtschaftlichkeits- und Zweckmäßigkeitserwägungen möglich ist.

Zudem führt die Auslegung anhand objektiv-teleologischer Kriterien zu dem Ergebnis, daß eine gerichtliche Kontrolle unternehmerischer Entscheidungen einen Verstoß gegen das Rechtsprinzip des Gleichlaufs von Haftung und Entscheidungsgewalt darstellt.

Bei der Auslegung des unbestimmten Rechtsbegriffs „dringende betriebliche Erfordernisse“ (§ 1 II 1 KSchG) ist darüber hinaus der Einfluß der Grundrechte im Wege mittelbarer Drittwirkung zu beachten. Die verfassungskonforme Auslegung ergibt, daß die Freiheit unternehmerischer Entscheidung durch Art. 12, 14 GG abgesichert ist. Auch das Sozialstaatsprinzip ermächtigt die Gerichte nicht, unternehmerische Entscheidungen auf Zweckmäßigkeit oder wirtschaftliche Dringlichkeit zu kontrollieren. Die gerichtliche Kontrolle unternehmerischer Entscheidungen muß sich auf den Wegfall einer Beschäftigungsmöglichkeit als Folge der Umsetzung einer unternehmerischen Entscheidung beschränken.

Kosten- und Rentabilitätsgesichtspunkte als Motive für eine unternehmerische Entscheidung sind für die soziale Rechtfertigung einer betriebsbedingten Kündigung ohne Bedeutung und müssen vom Unternehmer im Prozeß deshalb nicht dargelegt werden. Die Gerichte können weder die Richtigkeit unternehmerischen Handelns beurteilen noch Grenzen für eine höchstzulässige Rentabilität festsetzen.

3. Der Arbeitgeber muß im Kündigungsschutzprozeß darlegen, daß eine unternehmerische Organisationsentscheidung, die nicht in dem bloßen Entschluß zur Personalreduzierung oder in der Kündigung besteht, zum Wegfall einer Beschäftigungsmöglichkeit geführt hat.
Eine solche Organisationsentscheidung liegt vor, wenn sich entweder die im Betrieb anfallende Arbeitsmenge reduziert oder bestimmte Aufgaben- und Tätigkeitsbereiche infolge einer Änderung der betrieblichen Organisation wegfallen. In letzterem Fall muß dem Arbeitgeber hinsichtlich des künftigen Personalbedarfs eine Einschätzungsprärogative eingeräumt werden.

4. Auch eine Leistungsverdichtung ist als eine Unternehmerentscheidung anzuerkennen, die zum Wegfall von Beschäftigungsmöglichkeiten führen kann.
Bei der Kündigung zur Leistungsverdichtung liegen zwar das organisatorische Konzept und der Entschluß zur Personalreduzierung sehr nahe beieinander, dennoch bleibt Raum für eine objektive Prüfung „dringender betrieblicher Erfordernisse“ (§ 1 II 1 KSchG). Der Unternehmer muß, ggf. durch Berechnungen, plausibel darlegen, welche Arbeitsplätze von Unterbeschäftigung betroffen sind und daß die verbleibenden Arbeitnehmer nach der geplanten Stellenstreichung die Arbeit bewältigen können, ohne dauerhaft überobligationsmäßige Leistungen zu erbringen. Dieser Sachvortrag ist auch

notwendig, um zu verhindern, daß schon der bloße Entschluß zur Stellenstreichung die betriebsbedingte Kündigung rechtfertigen kann und der Schutz des KSchG leerläuft.

5. Eine Dringlichkeitsprüfung führt zu einem unzulässigen Eingriff in die unternehmerische Entscheidungsfreiheit. Wird die soziale Rechtfertigung einer betriebsbedingten Kündigung an eine wirtschaftlichen Notlage bzw. an ein triftiges Rentabilitätsinteresse des Unternehmens gebunden, so können die Gerichte Notwendigkeit und Zweckmäßigkeit unternehmerischer Maßnahmen vollumfänglich nachprüfen und korrigieren. Die Dringlichkeitsprüfung verträgt sich nicht mit einer marktwirtschaftlichen Ordnung, wenn sie Rationalisierungsmaßnahmen zur Gewinnmaximierung die kündigungsschutzrechtliche Anerkennung versagen will; langfristige Gewinnmaximierung stellt das Ziel jeder marktwirtschaftlichen Ordnung dar. Rechtsdogmatisch ist die Dringlichkeitsprüfung lediglich ein Teilaspekt der umfassenden Interessenabwägung, die ihrerseits im Widerspruch zur unternehmerischen Entscheidungsfreiheit steht.

6. Die Sachlichkeitsprüfung, welche untersucht, ob bei der betrieblichen Umsetzung der unternehmerischen Entscheidung die Vertrags- und Betriebsfaktoren eingehalten werden, ist mit dem Grundsatz unternehmerischer Entscheidungsfreiheit vereinbar. Da sie lediglich auf die Prüfung des Wegfalls einer Beschäftigungsmöglichkeit abzielt, kommt ihr keine eigenständige dogmatische Bedeutung zu.

7. Die Unterscheidung des BAG in inner- und außerbetriebliche Gründe als Anlaß für Kündigungen ist abzulehnen.

Die Unterscheidung bildet kein exaktes und logisches System und ist weder geeignet noch notwendig, um die für den Wegfall von Beschäftigungsmöglichkeiten ausschlaggebenden Ursachen im Kündigungsschutzprozeß zu verdeutlichen. Der Tatsachenvortrag zu „dringenden betrieblichen Erfordernissen" sollte sich vielmehr auf das beschränken, was letztlich sowohl bei inner- als auch bei außerbetrieblichen Gründen ausschlaggebend ist, nämlich auf Inhalt und Folgen der Umsetzung der Unternehmerentscheidung.

8. Die Rechtsprechung des BAG zur Freiheit der Unternehmerentscheidung ist abzulehnen, soweit bereits der bloße Entschluß zur Personalreduzierung als bindende Unternehmerentscheidung anerkannt und damit die dogmatische Trennung zwischen Unternehmerentscheidung und betrieblicher Umsetzung verlassen wird.
Der Schutz der Arbeitnehmer vor betriebsbedingten Kündigungen darf nicht dadurch ausgehöhlt werden, daß der Bereich der von den Gerichten nicht überprüfbaren Unternehmerentscheidung so weit ausgedehnt wird, daß die Unternehmerentscheidung praktisch mit dem Kündigungsentschluß zusammenfällt. Dann kann das KSchG den intendierten Schutz vor einer willkürlichen Durchschneidung des Bandes der Betriebszugehörigkeit nicht mehr leisten, weil der Wille zur Kündigung ohne das Vorliegen weiterer objektiver Kriterien schon ein „dringendes betriebliches Erfordernis" darstellen würde.

9. Die Prüfung der Unternehmerentscheidung auf Willkür ist überflüssig. Der Einwand, eine unternehmerische Entscheidung diene nur dazu, einen mißliebigen Arbeitnehmer loszuwerden, stellt rechtstechnisch nur ein Bestreiten des Vorliegens „dringender betrieblicher Erfordernisse" dar. Die

Willkürprüfung überschneidet sich daher inhaltlich mit der Prüfung der „dringenden betrieblichen Erfordernisse“.

10. Die Grundsätze der abgestuften Darlegungs- und Beweislast können nicht auf die Darlegung der zum Wegfall einer Beschäftigungsmöglichkeit führenden Unternehmerentscheidung übertragen werden. Sinn und Zweck dieser Grundsätze sprechen dagegen. Grund für die Entwicklung der abgestuften Darlegungs- und Beweislast bei der verhaltens- und personenbedingten Kündigung war ursprünglich, daß der Arbeitgeber, die nach § 1 II 4 KSchG beweisbelastete Partei, im Gegensatz zum Arbeitnehmer keine genaue Tatsachenkenntnis von den in Frage kommenden Rechtfertigungsgründen bei Fehlzeiten oder von der Prognose hinsichtlich des zu erwartenden Krankheitsverlaufs hat.
Bei der betriebsbedingten Kündigung ist es demgegenüber regelmäßig der nach § 1 II 4 KSchG beweisbelastete Arbeitgeber, der die Hintergründe für eine Unternehmerentscheidung und damit für den Wegfall der Beschäftigungsmöglichkeit kennt. Deswegen ist es verfehlt, vom Arbeitnehmer zur Erschütterung des Tatsachenvortrags des Arbeitgebers im Wege der abgestuften Darlegungs- und Beweislast ein substantiiertes Bestreiten zu verlangen. Der Arbeitnehmer wird mangels Kenntnis der wirtschaftlichen Zusammenhänge und Hintergründe der Unternehmerentscheidung kaum jemals dazu in der Lage sein.

11. Zur Wahrung unternehmerischer Freiheit müssen die unternehmerische Grundentscheidung und deren Zwecksetzung auch im Rahmen des ultima-ratio-Prinzips anerkannt werden. Bei einer Anwendung des ultima-ratio-Prinzips, die die unternehmerische Freiheit wahrt, kann nur das in Be-

zug zur unternehmerischen Maßnahme relativ mildeste Mittel vor einer Kündigung in Betracht gezogen werden, nicht das absolut mildeste Mittel.
Bei betriebsgestaltenden Unternehmerentscheidungen verbietet der Grundsatz unternehmerischer Entscheidungsfreiheit, dem Unternehmer mildere Mittel als eine Beendigungskündigung vorzuschreiben. Die Ausführungen des BAG zum ultima-ratio-Prinzip lassen nicht eindeutig erkennen, daß die unternehmerischen Grundentscheidungen als bindend hinzunehmen sind, und bedürfen insofern der Präzisierung.

12. Die Gerichte können den Unternehmer nicht zwingen, vor Ausspruch einer betriebsbedingten Kündigung als milderes Mittel Kurzarbeit einzuführen, da dies weder mit der unternehmerischen Entscheidungsfreiheit noch mit dem Prognoseprinzip vereinbar ist. Sollte sich der verringerte Personalbedarf entgegen der Ansicht des Arbeitgebers nicht als dauerhaft erweisen, ist dieser Tatsache durch Wiedereinstellung Rechnung getragen.

13. § 2 I 2 Nr. 2 SGB III führt nicht zu einer Einschränkung unternehmerischer Entscheidungsfreiheit. Dieser Vorschrift kommt lediglich Appellfunktion zu. Die Annahme einer Rechtspflicht würde im Widerspruch zur Regelungsabsicht des Gesetzgebers stehen. Sie verbietet sich auch unter dem Aspekt der Einheit der Rechtsordnung.
Wie die systematische, die objektiv-teleologische und vor allem die verfassungskonforme Auslegung von § 1 II 1 KSchG ergeben hat, ist die unternehmerische Entscheidungsfreiheit umfassend garantiert. Diese grundlegende Wertung der Rechtsordnung ist bei der Auslegung des § 2 I 2 Nr. 2 SGB III zu beachten.

14. Eine umfassende Interessenabwägung ist im Bereich der betriebsbedingten Kündigung abzulehnen. Sie widerspräche der Regelungsabsicht des Gesetzgebers, würde die Rechtssicherheit im Bereich der betriebsbedingten Kündigung beeinträchtigen und zu einer unzulässigen Einschränkung unternehmerischer Entscheidungsfreiheit führen. Da das BAG von der Durchführung einer Interessenabwägung bisher nicht ausdrücklich Abstand genommen hat, bedarf es einer Klarstellung.

Literaturverzeichnis:

Alp, Mustafa

Die Berücksichtigung der unternehmerischen Entscheidungsfreiheit im Rahmen des Kündigungsschutzgesetzes, Diss., Tübingen 1998

Alexy, Robert

Theorie der juristischen Argumentation, 2. Auflage, Frankfurt 1991

Altrock, Volker v.

Die abgestufte Darlegung- und Beweislast – Rechtsinstitut eigener Art im Kündigungsschutzprozeß, DB 1987, S. 433ff.

Arbeitsrechts-Blattei

Systematische Darstellungen, Loseblattsammlung, Stand: 2000

Ascheid, Reiner

Betriebsbedingte Kündigung – Unternehmerentscheidung und ausserbetriebliche Gründe, DB 1987, S.1144ff.

Ascheid, Reiner

Beweislastfragen im Kündigungsschutzprozeß, Diss., Gießen 1989

Ascheid, Reiner

Die betriebsbedingte Kündigung § 1 KSchG - § 54 AGB-DDR - § 613a IV 2 BGB, NZA 1991, S. 873ff.

Ascheid, Reiner

Kündigungsschutzrecht, Stuttgart, Berlin, Köln 1993

Auffarth, Fritz

Anmerkung zu LAG Freiburg, Urt. vom 10.11.1955, AP Nr. 16 zu § 1 KSchG

Auffarth, Fritz

Die betriebsbedingte Kündigung im öffentlichen Dienst, insbesondere auf Grund von Sparmaßnahmen, RdA 1955, S. 409ff.

Badura, Peter

Arbeit als Beruf (Art.12 Abs.1 GG), in: Festschrift für Wilhelm Herschel zum 85.Geburtstag, München 1982, S. 21ff.

Badura, Peter

Grundfreiheiten der Arbeit. Zur Frage einer Kodifikation „sozialer Grundrechte", in: Festschrift zum 75. Geburtstag von Friedrich Berber, München 1973, S. 11ff.

Badura, Peter

Staatsrecht, 2. Auflage, München 1986

Bamberg, Günter/Coenenberg, Adolf G.

Betriebswirtschaftliche Entscheidungslehre, 10. Auflage, München 2000

Bartel, Hans-Jürgen

Anmerkung zu BAG, Urt. vom 6. 8. 1998, SAE 1998, S. 317ff.

Bauer, Jobst-Hubertus/Haussmann, Katrin

Die Verantwortung des Arbeitgebers für den Arbeitsmarkt, NZA 1997, S. 1100f.

Bea, Franz X./Schweitzer, Marcell/Berg, Claus C./Großmann, E.

Allgemeine Betriebswirtschaftslehre, Band 2 (Führung), 5. Auflage, Stuttgart 1991

Beckschulze, Martin

Auswirkung des § 2 SGB III auf das Arbeitsrecht, BB 1998, S. 791ff.

Benda, Ernst

Zur Berufsfreiheit der Arbeitnehmer, in: Mensch und Arbeitswelt, Festschrift für Josef Stingl zum 65. Geburtstag, Stuttgart 1984, S. 35ff.

Berkowsky, Wilfried

Aktuelle Probleme im Recht der betriebsbedingten Kündigung, NJW 1983, S. 1292ff.

Berkowsky, Wilfried

Die betriebsbedingte Kündigung, 4. Auflage, München 1997

Berscheid, Ernst-Dieter

Interessenausgleich mit Namensliste, MDR 1998, S. 1129ff.

Beuthien, Volker

Die Unternehmensautonomie im Zugriff des Arbeitsrechts, ZfA 1988, S. 1ff.

Birk, Rolf

Die arbeitsrechtliche Leitungsmacht, Köln 1973

Bitter, Walter

Der kündigungsrechtliche Dauerbrenner: Unternehmerfreiheit ohne Ende?, DB 1999, S. 1214ff.

Bitter, Walter

Zur Unternehmerentscheidung zwecks Personalabbau, DB 2000, S. 1760ff.

Bitter, Walter/Kiel, Heinrich

40 Jahre Rechtsprechung zur Sozialwidrigkeit von Kündigungen, RdA 1994, S. 333ff.

Blomeyer

Das Übermaßverbot im Betriebsverfassungsrecht, in: 25 Jahre Bundesarbeitsgericht, München 1979, S. 17ff.

Boemke, Burkhard

Privatautonomie im Arbeitsvertragsrecht, NZA 1993, S. 532ff.

Borrmann, Helga

Zur Bedeutung der wirtschaftlichen Lage des Arbeitgebers für die soziale Rechtfertigung einer betriebsbedingten Kündigung, Das Arbeitsrecht der Gegenwart 1986 (Band 24), S. 71ff.

Buchner, Herbert

Die Rechtslage zur betriebsbedingten Kündigung, DB 1984, S. 504 ff.

Colneric, Ninon

Die Kündigung aus dringenden betrieblichen Erfordernissen nach deutschem (Richter)Recht, in: Betriebsbedingte Kündigungen im Widerstreit, Schriftenreihe Otto-Brenner-Stiftung Band 73, 1998, S. 32ff.

Colneric, Ninon

Richterliche Kontrolle von Kündigungen aus unternehmensbezogenen Gründen-ein deutsch-französischer Rechtsvergleich mit Konsequenzen, in: Betriebsbedingte Kündigungen im Widerstreit, Schriftenreihe Otto-Brenner-Stiftung Band 73, 1998, S. 11ff.

Creifelds, Carl

Rechtswörterbuch, 15. Auflage, München 1999

Däubler, Wolfgang

Das Arbeitsrecht, Band 2, 11. Auflage, Hamburg 1998

Degenhart, Christoph

Staatsrecht, Band 1, Staatsorganisationsrecht, 16. Auflage, Heidelberg 2000

Denck, Johannes

Betriebsbedingte Kündigung und Kurzarbeitergeld, ZfA 1985, S. 249ff.

Denck, Johannes

Kurzarbeit vor Kündigung?, Jura 1985, S. 178ff.

Dey, Steffen H.

Der Grundsatz der Verhältnismäßigkeit im Kündigungsrecht, Frankfurt a.M. u.a., 1988

Diekhoff, Ludwig

Zur Nachprüfbarkeit der betriebsbedingten Kündigung, ArbuR 1957, S.197ff.

Dieterich, Thomas

Grundgesetz und Privatautonomie im Arbeitsrecht, RdA 1995, S. 129ff.

Dietz, Rolf

Das neue Kündigungsschutzgesetz, NJW 1951, S. 941ff.

Dorndorf, Eberhard/Weller, Bernhard/Hauck, Friedrich

Heidelberger Kommentar zum Kündigungsschutzgesetz, 4. Auflage, Heidelberg 1997

Dürig, Günther

Grundrecht und Zivilrechtsprechung, in: Vom Bonner Grundgesetz zur gesamtdeutschen Verfassung, Festschrift zum 75. Geburtstag von Hans Nawiasky, München 1956, S. 157ff.

Eberl, H.

Überprüfung betriebsbedingter Kündigungen durch das Arbeitsgericht, BB 1954, S. 447ff.

Enneccerus, Ludwig/Nipperdey, Hans Carl

Allgemeiner Teil des Bürgerlichen Rechts, Band 1 (Allgemeine Lehren, Personen, Rechtsobjekte), 15. Auflage, Tübingen 1959

Erfurter Kommentar zum Arbeitsrecht

München 1998 (zitiert: ErfKomm/*Bearbeiter*)

Erichsen, Hans-Uwe

Unbestimmter Rechtsbegriff und Beurteilungsspielraum, VerwArch Band 93 (1972), S. 377ff.

Ettwig, Volker

Keine Änderung im Kündigungsschutz durch das neue SGB III, NZA 1997, S. 1152f.

Feudner, Bernd W.

Freie Unternehmerentscheidung beim Personalabbau?, DB 1999, S. 2566ff.

Fischermeier, Ernst

Die betriebsbedingte Kündigung nach den Änderungen durch das Arbeitsrechtliche Beschäftigungsförderungsgesetz, NZA 1997, S. 1089ff.

Flatow, Georg

Kommentar zum Betriebsrätegesetz, 9. Auflage, Berlin 1921, 13. Auflage, Berlin 1931

Galperin, Hans

Umfang und Grenzen der gerichtlichen Nachprüfung betriebsbedingter Kündigungen, BB 1954, S. 1117ff.

Gamillscheg, Franz

Arbeitsrecht, Band 1, Individualarbeitsrecht, 7. Auflage, München 1987

Gemeinschaftskommentar
zum Kündigungsschutzgesetz und zu sonstigen kündigungsschutzrechtlichen Vorschriften, 5. Auflage, Berlin 1998, 3. Auflage, Berlin 1989 (zitiert: KR-*Bearbeiter*)

Gericke, Berthold
Gerichtskontrollfreiheit von Unternehmerentscheidungen, Diss., Augsburg 1982

Gottschalk, Eckhard
Die gerichtliche Nachprüfbarkeit von Unternehmerentscheidungen im Rahmen des wirtschaftlichen Mitbestimmungsrechts des Betriebsrats und des Kündigungsschutzgesetzes, Diss., Frankfurt a.M. 1963

Guldan, Werner
Beeinflußt das SGB III den Ausspruch von betriebsbedingten Kündigungen?, AuB 1998, S. 71ff.

Herschel, Wilhelm
„Recht auf Arbeit“ und Kündigungsschutz, BB 1977, S. 708ff.

Herschel, Wilhelm
Anmerkung zu BAG, Urt. vom 21.5.1957, AP Nr. 31 zu § 1 KSchG

Herschel, Wilhelm

Anmerkung zu BAG, Urt. vom 25.6.1964, AP Nr. 14 zu § 1 KSchG Betriebsbedingte Kündigung

Herschel, Wilhelm

Anmerkung zu BAG, Urt. vom 7.12.1978, SAE 1979, S. 141ff.

Herschel, Wilhelm

Betriebsbezogenheit des arbeitsrechtlichen Kündigungsschutzes und ganzheitliche Abwägung, in: FS für Schnorr von Carolsfeld zum 70. Geburtstag, Köln 1972, S. 157ff.

Herschel, Wilhelm

Die Betriebszugehörigkeit als geschütztes Rechtsgut, RdA 1960, S. 121ff.

Herschel, Wilhelm

Gedanken zur Theorie des arbeitsrechtlichen Kündigungsgrundes, in: Arbeitsleben und Rechtspflege, FS für Gerhard Müller, Berlin 1981, S. 191ff.

Herschel, Wilhelm

Kündigungsschutz und Wettbewerb, RdA 1975, S. 28ff.

Herschel, Wilhelm

Zu einigen Fragen des Kündigungsschutzes, BB 1984, S. 1523ff.

Herschel, Wilhelm/Löwisch, Manfred

Kommentar zum Kündigungsschutzgesetz, 6. Auflage, Heidelberg 1984

Hesse, Konrad

Verfassungsrechtsprechung im geschichtlichen Wandel, JZ 1995, S. 265ff.

Hillebrecht, Wilfried

Die Prinzipien des Kündigungsrechts bei Arbeitsverhältnissen und die Kündigungsrechtsprechung des Bundesarbeitsgerichts, ZfA 1991, S. 87ff.

Hillebrecht, Wilfried

Dringende betriebliche Erfordernisse (§ 1 II KSchG) zur Kündigung von Arbeitsverhältnissen durch den Konkursverwalter, ZIP 1985, S. 257ff.

Hofmann, Paul

Zur betriebsbedingten Kündigung, ZfA 1984, S. 295ff.

Hörschgen, Hans

Grundbegriffe der Betriebswirtschaftslehre, Band 1, Stuttgart 1979

Hoyningen-Huene, Gerrick v.

Betriebsbedingte Kündigungen in der Wirtschaftskrise, NZA 1994, S. 1009ff.

Hromadka, Wolfgang

Anmerkung zu BAG, Urt. vom 26.9.1996, EWiR 1997, § 1 KSchG S. 231ff.

Hromadka, Wolfgang/Maschmann, Frank

Arbeitsrecht, Band 1, Individualarbeitsrecht, Berlin 1998

Hueck, Alfred

Das Bundeskündigungsschutzgesetz, RdA 1951, S. 281ff.

Hueck, Alfred/Hoyningen-Huene, Gerrick v.

Kündigungsschutzgesetz, 12. Auflage, München 1997

Hueck, Alfred/Nipperdey, Hans Carl/Dietz, Rolf

Gesetz zur Ordnung der nationalen Arbeit und Gesetz zur Ordnung der Arbeit in öffentlichen Verwaltungen und Betrieben, 4. Auflage, München 1943

Hümmerich, Klaus

Von der Verantwortung der Arbeitsrechtsprechung für die Volkswirtschaft, NZA 1996, S. 1289ff.

Hümmerich, Klaus/Spirolke, Matthias

Die betriebsbedingte Kündigung im Wandel – neue Wege zum rechtssicheren Personalabbau, NZA 1998, S. 797ff.

Isensee, Josef/Kirchhof, Paul

Handbuch des Staatsrechts der Bundesrepublik Deutschland, Band V, Heidelberg 1992 (zitiert: Isensee/Kirchhof/*Bearbeiter*)

Joachim, Hans

Umfang und Grenzen der gerichtlichen Nachprüfung betriebsbedingter Kündigungen, BB 1954, S. 1114ff.

Jung, Hans

Allgemeine Betriebswirtschaftslehre, München 1994

Junker, Abbo

Anmerkung zu BAG, Urt. vom 17.6.1999, EWiR 1999, S. 1179ff.

Kaufmann

Grenzen der Nachprüfung „dringender betrieblicher Erfordernisse" seitens des Arbeitsgerichts beim Kündigungsschutzverfahren, NJW 1953, S. 1047ff.

Kiel, Heinrich

Die anderweitige Beschäftigungsmöglichkeit im Kündigungsschutz, Frankfurt a.M. 1990

Kittner, Michael

Leichter kündigen als änderungskündigen?, NZA 1997, S. 968ff.

Kittner, Michael/Däubler, Wolfgang/Zwanziger, Bertram

Kündigungsschutzrecht, 4. Auflage, Frankfurt a.M. 1999

Kleinebrink, Wolfgang

Darlegung der Unternehmerentscheidung im Kündigungsschutzprozeß, FA 2000, S. 70ff.

Klette, Christian

Arbeitsrecht: Darlegungslast des Arbeitgebers hinsichtlich Unternehmerentscheidung, Anm. zu BAG, Urt. vom 17.6.1999, DStR 2000, S. 438f.

Koch, Hans-Joachim/Rüßmann, Helmut

Juristische Begründungslehre, München 1982

Korinth, Michael H.

Die Flucht aus dem Arbeitsrecht-ein Kündigungsgrund?, AuA 1997, S. 228ff.

Kunkel, M.

Die Beweisführungspflicht im Kündigungsschutzprozeß bei betriebsbedingter Kündigung, NJW 1953, S. 927ff.

Larenz, Carl/Canaris, Claus-Wilhelm

Methodenlehre der Rechtswissenschaft, 3. Auflage, Berlin 1995 (Lehrbuch)

6. Auflage, Berlin 1991 (Enzyklopädie der Rechts- und Staatswissenschaft)

Löwisch, Manfred

Betriebsbedingte Kündigung und Unternehmerfreiheit, in: Betriebsbedingte Kündigungen im Widerstreit, Schriftenreihe Otto-Brenner-Stiftung Bd. 73, 1998, S. 45ff.

Löwisch, Manfred

Kommentar zum Kündigungsschutzgesetz, 7. Auflage, Heidelberg 1997

Löwisch, Manfred

Wilhelm Herschel und die Wurzeln von Ultima-ratio-Grundsatz und Prognoseprinzip, BB 1998, S. 1793ff.

Maunz, Theodor/Dürig, Günther

Grundgesetz-Kommentar, Loseblattsammlung, Band II, Art. 12-21 GG, Stand 1999 (zitiert: Maunz/Dürig/*Bearbeiter*)

Maurer, Hartmut

Allgemeines Verwaltungsrecht, 11. Auflage, München 1994

Maydell, Bernd v./Borchert, Ernst-Jürgen

Anmerkung zu BAG, Urt. vom 24.10.1979, SAE 1981, S. 218ff

Mayer-Maly, Theo

Betriebliche Erfordernisse, ZfA 1988, S. 209ff.

Meinhold, Joachim Friedrich

Mitbestimmung des Betriebsrats bei der Einführung von Kurzarbeit und betriebsbedingte Kündigung, BB 1988, S. 623ff.

Meisel, Peter G.

Neue Entwicklung in der Rechtsprechung des Bundesarbeitsgerichts zur sozialen Rechtfertigung einer Kündigung, ZfA 1985, S. 213ff.

Molitor, Erich

Die sozialwidrige Kündigung in der Rechtsprechung, BB 1953, S. 34ff.

Monjau, Herbert

Die Kündigung aus dringenden betrieblichen Erfordernissen, DB 1952, S. 18

Müller, Friedrich

Juristische Methodik, 6. Auflage, Berlin 1995

Müller, Friedrich

Normstruktur und Normativität, Berlin, 1966

Müller, Gerhard Maria

Die personen- und verhaltensbedingte sowie die betriebsbedingte Kündigung nach der Rechtsprechung des Bundesarbeitsgerichts, Das Arbeitsrecht der Gegenwart 1963 (Band 1), S. 19ff.

Müller, Gerhard Maria

Gedanken zum arbeitsrechtlichen Kündigungsrecht, ZfA 1982, S. 475ff.

Münchener Handbuch zum Arbeitsrecht

Band 1 (Individualarbeitsrecht), 2. Auflage, München 2000 (zitiert: MünchArbR/*Bearbeiter*)

Münchener Kommentar zum Bürgerlichen Gesetzbuch

Band 4, §§ 607-704, 3. Auflage, München 1997 (zitiert: Mü-Ko/*Bearbeiter*)

Neumann, Dirk

Haushaltsrechtlich betriebsbedingte Kündigung im Öffentlichen Dienst, RdA 1979, S. 371ff.

Niesel, Hans

Die wichtigsten Änderungen des Arbeitsförderungsrechts durch das Arbeitsförderungs-Reformgesetz (AFRG), NZA 1979, S. 580ff.

Oetker, Hartmut

Anmerkung zu BAG, Urt. vom 18.1.1990, SAE 1991, S. 11ff.

Oetker, Hartmut

Arbeitsrechtlicher Bestandsschutz und Grundrechtsordnung, RdA 1997, S. 9ff.

Osthold, E.-A.

Der Mangelberuf und die durch „dringende betriebliche Erfordernisse" bedingte Kündigung, DB 1956, S. 112f.

Palandt

Bürgerliches Gesetzbuch, 58. Auflage, München 1999 (zitiert: Palandt/*Bearbeiter*)

Papier, Hans-Jürgen

Art. 12 GG – Freiheit des Berufs und Grundrecht der Arbeit, DVBL 1984, S. 801ff.

Papier, Hans-Jürgen

Der verfassungsrechtliche Rahmen für Privatautonomie im Arbeitsrecht, RdA 1989, S. 137ff.

Pieroth, Bodo/Schlink, Bernhard

Staatsrecht, Band 2, Grundrechte, 16. Auflage, Heidelberg 2000

Pietzcker, Jost

Artikel 12 Grundgesetz – Freiheit des Berufs und Grundrecht der Arbeit, NVwZ 1984, S. 550ff.

Plander, Harro

Anmerkung zu BAG, Urt. vom 17.6.1999, EWiR 2000, S. 136ff.

Pöting, Helmut

Die Nachprüfung der Betriebsbedingtheit einer Kündigung, Diss., Münster 1959

Preis, Bernd

Betriebsbedingte Kündigung zwischen Arbeitsplatzschutz und unternehmerischer Entscheidungsfreiheit, ArbuR 1997, S. 60ff.

Preis, Bernd

Stellenabbau als unternehmerische Entscheidung, DB 2000, S. 1122ff.

Preis, Bernd

Betriebsbedingte Kündigung zwischen dringenden betrieblichen Erfordernissen und unternehmerischer Entscheidungsfreiheit, NZA 1997, S. 625ff.

Preis, Ulrich

Aktuelle Tendenzen im Kündigungsschutzrecht, NZA 1997, S. 1073ff.

Preis, Ulrich

Anmerkung zu BAG, Urt. vom 29.3.1990, EzA § 1 KSchG Soziale Auswahl Nr. 29

Preis, Ulrich

Autonome Unternehmerentscheidung und dringendes betriebliches Erfordernis, NZA 1995, S. 241ff.

Preis, Ulrich

Die Verantwortung des Arbeitgebers und der Vorrang betrieblicher Maßnahmen vor Entlassungen (§ 2 I Nr.2 SGB III), NZA 1998, S. 449ff.

Preis, Ulrich

Kompensation von Ungleichgewichtslagen in der Rechtsprechung der Arbeitsgerichte und Zivilgerichte – ein Vergleich, ArbuR 1994, S. 139ff.

Preis, Ulrich

Neuere Tendenzen im arbeitsrechtlichen Kündigungsschutz (I), DB 1988, S. 1387ff.

Preis, Ulrich

Prinzipien des Kündigungsrechts bei Arbeitsverhältnissen, München 1987

Quecke, Martin

Unternehmerentscheidung und Personalabbau, NZA 1999, S. 1247ff.

Ramm, Thilo

Probleme der Arbeitsverfassung, ZfA 1978, S. 361ff.

Rancke, Friedbert

Anmerkung zu BAG, Urt. vom 7.12.1978, EzA § 1 KSchG Betriebsbedingte Kündigung Nr. 10

Rappenecker

Die Unternehmerentscheidung im Kündigungsprozeß, BB 1958, S. 47ff.

Redeker, Konrad

Fragen der Kontrolldichte verwaltungsgerichtlicher Rechtsprechung, DÖV 1971, S. 757ff.

Reuter, Dieter

Das Recht auf Arbeit – ein Prinzip des Arbeitsrechts?, RdA 1978, S. 344ff.

Reuter, Dieter

Die freie Wahl des Arbeitsplatzes – ein nicht realisierbares Grundrecht, RdA 1973, S. 345ff.

Reuter, Dieter

Privatrechtliche Schranken der Perpetuierung von Unternehmen, Frankfurt 1973

Reuter, Martin

Zur Kontrolldichte bei der betriebsbedingten Kündigung, NZA 1989, S.241ff.

Ribbert, Friedo

Die gerichtliche Nachprüfung von Arbeitgeber- und Unternehmerentscheidungen bei der betriebsbedingten Kündigung, Diss., Köln 1967

Rieble, Volker

Anmerkung zu BAG, Urt. vom 17.6.1999, EzA § 1 KSchG Betriebsbedingte Kündigung Nr. 102

Rolfs, Christian

Arbeitsrechtliche Aspekte des neuen Arbeitsförderungsrechts, NZA 1998, S. 17ff.

Rost, Friedhelm

Kündigung und Kündigungsschutz in der betrieblichen Praxis, 2. Auflage, Köln 1982

Rüthers, Bernd

Arbeitsrecht und ideologische Kontinuitäten?, NJW 1998, S. 1433ff.

Rüthers, Bernd

Reform der Reform des Kündigungsschutzes?, NJW 1998, S. 283f.

Savigny, Friedrich Karl von

Das Obligationenrecht als Teil des heutigen römischen Rechts, Band 1, Aalen 1973 (Neudruck der Ausgabe Berlin 1851)

Schaub, Günter

Aktuelle Fragen zum Kündigungsschutzrecht unter besonderer Berücksichtigung der betriebsbedingten Kündigung, RdA 1981, S. 371ff.

Schaub, Günter

Arbeitsrechts-Handbuch, 9. Auflage, München 2000

Schaub, Günter

Die besondere Verantwortung von Arbeitgeber und Arbeitnehmer für den Arbeitsmarkt – Wege aus der Krise oder rechtlicher Sprengstoff, NZA 1997, S. 810ff.

Schaub, Günter

Personalabbau im Betrieb und neueste Rechtsprechung zum Kündigungsschutzrecht, insbesondere zur betriebsbedingten Kündigung, BB 1993, S. 1089ff.

Schellhaaß, Horst-Manfred

Ein ökonomischer Vergleich finanzieller und rechtlicher Kündigungserschwernisse, ZfA 1984, S. 139ff.

Schmidt, Karl Heinrich

Betriebsrationalisierung und Kündigungsschutz, RdA 1954, S. 170ff.

Schmidt-Preuß, Matthias

Soziale Marktwirtschaft und Grundgesetz vor dem Hintergrund des Staatsvertrages zur Währungs-, Wirtschafts- und Sozialunion, DVBL 1993, S. 236ff.

Scholz, Rupert

Bundesarbeitsgericht und Arbeitsverfassung, in: 25 Jahre Bundesarbeitsgericht, München 1979, S. 511ff.

Scholz, Rupert

Das Grundrecht der freien Entfaltung der Persönlichkeit in der Rspr. des BVerfG (1. Teil), AöR 100, S. 80ff.

Scholz, Rupert

Die Berufsfreiheit als Grundlage und Grenze arbeitsrechtlicher Regelungssysteme, ZfA 1981, S. 265ff.

Scholz, Rupert

Die Koalitionsfreiheit als Verfassungsproblem, Habil.-Schr., München 1971

Scholz, Rupert

Wettbewerbsrecht und öffentliche Hand, ZHR 132, S. 97ff.

Schüler, Heinz-Adalbert

Grenzen richterlicher Nachprüfung betrieblicher Maßnahmen im Rahmen einer Klage nach dem Kündigungsschutzgesetz, ArbuR 1954, S. 54ff.

Schulin, Bertram

Die soziale Pflegeversicherung des SGB XI – Grundstrukturen und Probleme, NZS 1994, S. 433ff.

Schuppert, Gunnar F.

Funktionell-rechtliche Grenzen der Verfassungsinterpretation, Königstein/Taunus 1980

Schwerdtner, Peter

Die Garantie des Rechts auf Arbeit – ein Weg zur Knechtschaft?, ZfA 1977, S. 47ff.

Schwerdtner, Peter

Offene Probleme des Kündigungsschutzes bei betriebsbedingten Kündigungen, ZIP 1984, S.10ff.

Singer, Reinhard/von Finckenstein, Barbara

Anmerkung zu BAG, Urt. vom 17.6.1999, SAE 2000, S. 282ff.

Söllner, Alfred

Der verfassungsrechtliche Rahmen für Privatautonomie im Arbeitsrecht, RdA 1989, S. 144ff.

Söllner, Alfred

Grundriß des Arbeitsrechts, 11. Auflage, München 1994

Söllner, Alfred

Verfassungsrechtliche Aspekte des Arbeitsvertragsrechts, in: „Arbeitsgesetzgebung und Arbeitsrechtsprechung", Festschrift zum 70. Geburtstag von Eugen Stahlhacke, Berlin 1995, S. 98ff.

Sowka, Harald

Unternehmerentscheidung als Auslöser der betriebsbedingten Kündigung, MDR 1995, S. 1195ff.

Stahlhacke, Eugen

Das „dringende betriebliche Erfordernis", in: „Die betriebsbedingte Kündigung", Dokumentation der Fachtagung BdA am 13.10. 1988, S. 13ff.

Stahlhacke, Eugen

Grundfragen der betriebsbedingten Kündigung, DB 1994, S. 1361ff.

Stahlhacke, Eugen/Preis, Ulrich/Vossen, Reinhard

Kündigung und Kündigungsschutz im Arbeitsverhältnis, 7. Auflage, 1999

Stein, Peter

Freiheit und Dringlichkeit der unternehmerischen Entscheidung im Kündigungsschutzrecht, BB 2000, S. 457ff.

Stein, Friedrich/Jonas, Martin

Kommentar zur Zivilprozessordnung, Band 2, §§ 91-252, 21. Auflage, Tübingen 1994

Steinmeyer, Heinz-Dietrich

Anmerkung zu BAG; Urt. vom 18.1.1990, EzA § 1 KSchG Betriebsbedingte Kündigung Nr. 65

Stern, Klaus

Das Staatsrecht der Bundesrepublik Deutschland, Band 1, 2. Auflage, München 1984

Stückmann, Roland/Kohlepp, Christina

Verhältnismäßigkeitsgrundsatz und „ultima-ratio-Prinzip" im Kündigungsrecht, RdA 2000, S. 331ff.

Tenczer, Marion

Freie Unternehmerentscheidung und betriebsbedingte Kündigung, Diss., Köln 1999

Tenczer, Marion/Stahlhacke, Eugen

Anmerkung zu LAG Bremen, Urt. vom 3.5.1996, LAGE § 1 KSchG Soziale Auswahl Nr. 16

Trieschmann, Günter

Anmerkung zu BAG, Urt. vom 25.6.1964, ArbuR 1965, S. 125ff.

Ulmer, Peter

Kündigungsschranken im Handels – und Gesellschaftsrecht, Zum Einfluß der Treuepflicht auf die einseitige Vertragsbeendigung, Festschrift für Philipp Möhring zum 75. Geburtstag, München 1975, S. 295ff.

Vollmer, Lothar

Verkürzung der regelmäßigen Arbeitszeit statt Einzelkündigung bei dauerhaftem Produktionsrückgang?, DB 1982, S. 1933f.

Walker, Wolf-Dietrich

Anmerkung zu BAG, Urt. vom 27. 2. 1997, SAE 1998, S. 98 ff.

Waltermann, Raimund

Freiheit der Arbeitsplatzwahl (Art.12 Abs.1 GG) – Grundrecht der Arbeitnehmer, DVBL 1989, S. 699ff.

Wank, Rolf

Anmerkung zu BAG; Urt. vom 27.9.1984, SAE 1986, S. 147ff.

Wank, Rolf

Rechtsfortbildung im Kündigungsschutzrecht, RdA 1987, S. 134ff.

Wank, Rolf

Tendenzen der BAG-Rechtsprechung zum Kündigungsrecht, RdA 1993, S.79ff.

Weinsheimer

Auslegung von Ausnahmevorschriften und Vorschriften mit „eindeutigem“ Wortlaut, NJW 1959, S. 566

Weiss, Manfred/Gagel, Alexander

Handbuch des Arbeits- und Sozialrechts, Loseblattsammlung, Stand: 2000 (zitiert: Weiss/Gagel/*Bearbeiter*)

Weitnauer, Herrmann

Anmerkung zu BAG, Urt. vom 22.11.1973, SAE 1975, S. 135ff.

Wendt, Rudolf

Berufsfreiheit als Grundrecht der Arbeit, DÖV 1984, S.601ff.

Wiedemann

Subjektives Recht und sozialer Besitzstand nach dem Kündigungsschutzgesetz, RdA 1961, S. 1ff.

Wöhe, Günter/Döring, Ulrich

Einführung in die Allgemeine Betriebswirtschaftslehre, 19. Auflage, München 1996

Wolter, Jürgen

Der Schutz des Arbeitnehmers vor betriebsbedingter Kündigung, Diss., Hamburg 1980

Zepter, Klaus

Freie Unternehmerentscheidung beim Personalabbau?, DB 2000, S. 474ff.

Zippelius, Reinhold

Verfassungskonforme Auslegung von Gesetzen, in: Bundesverfassungsgericht und Grundgesetz, Festgabe aus Anlaß des 25jährigen Bestehens des Bundesverfassungsgerichts, Band 2, Tübingen 1976, S. 108ff.

Zöllner, Wolfgang

Sind im Interesse einer gerechteren Verteilung der Arbeitsplätze Begründung und Beendigung des Arbeitsverhältnisses neu zu regeln?, in: Verhandlungen des 52. Deutschen Juristentages, Band 1, Gutachten D, München 1978

Zöllner, Wolfgang/Loritz, Karl-Georg

Arbeitsrecht, 5. Auflage, München 1998

Zwanziger, Bertram
Betriebsbedingte Kündigungen im Lichte der Rechtsprechung, NJW 1995, S. 916ff.

Abkürzungsverzeichnis:

a.A.	anderer Ansicht
AFRG	Arbeitsförderungs-Reformgesetz
AiB	Arbeitsrecht im Betrieb (Zeitschrift)
AktG	Aktiengesetz
Anh	Anhang
Anm	Anmerkung
AOG	Gesetz zur Ordnung der nationalen Arbeit
AöR	Archiv des öffentlichen Rechts (Zeitschrift)
AP	Arbeitsrechtliche Praxis (Nachschlagewerk des BAG; Loseblattsammlung)
Art	Artikel
AuA	Arbeit und Arbeitsrecht (Zeitschrift)
AuR	Arbeit und Recht (Zeitschrift)
BAG	Bundesarbeitsgericht
BAGE	Entscheidungen des Bundesarbeitsgerichts
BB	Betriebsberater (Zeitschrift)
BDA	Bundesvereinigung der Deutschen Arbeitgeberverbände
Beschl	Beschluß
BetrVG	Betriebsverfassungsgesetz
BGB	Bürgerliches Gesetzbuch
BGH	Bundesgerichtshof
BGHZ	Entscheidungen des Bundesgerichtshofs in Zivilsachen
BRG	Betriebsrätegesetz
BVerfG	Bundesverfassungsgericht

BVerfGE	Entscheidungen des Bundesverfassungsgerichts
BVerwG	Bundesverwaltungsgericht
BVerwGE	Entscheidungen des Bundesverwaltungsgerichts
DB	Der Betrieb (Zeitschrift)
ders.	derselbe
Diss.	Dissertation
DÖV	Die öffentliche Verwaltung (Zeitschrift)
DStR	Deutsches Steuerrecht (Zeitschrift)
DVBL	Deutsches Verwaltungsblatt (Zeitschrift)
ErfKomm	Erfurter Kommentar zum Arbeitsrecht
EWiR	Entscheidungen zum Wirtschaftsrecht
EzA	Entscheidungssammlung zum Arbeitsrecht (Loseblattsammlung)
FA	Fachanwalt für Arbeitsrecht (Zeitschrift)
GG	Grundgesetz
GmbHG	Gesetz betreffend die Gesellschaften mit beschränkter Haftung
Habil.-Schr	Habilitationsschrift
JZ	Juristenzeitung (Zeitschrift)
KSchG	Kündigungsschutzgesetz
LAG	Landesarbeitsgericht
LAGE	Entscheidungssammlung der Landesarbeitsgerichte
MDR	Monatsschrift für deutsches Recht (Zeitschrift)

MüKo	Münchener Kommentar zum Bürgerlichen Gesetzbuch
MünchArbR	Münchener Handbuch zum Arbeitsrecht
MuSchG	Mutterschutzgesetz
NJW	Neue Juristische Wochenschrift
NVwZ	Neue Zeitschrift für Verwaltungsrecht
NZA	Neue Zeitschrift für Arbeitsrecht
NZS	Neue Zeitschrift für Sozialrecht
RdA	Recht der Arbeit (Zeitschrift)
RG	Reichsgericht
RGZ	Entscheidungen des Reichsgerichts in Zivilsachen
Rnr	Randnummer
Rspr	Rechtsprechung
SAE	Sammlung arbeitsrechtlicher Entscheidungen (Zeitschrift)
SGB	Sozialgesetzbuch
Urt	Urteil
VerwArch	Verwaltungsarchiv (Zeitschrift)
Vgl	Vergleiche
Vorbem	Vorbemerkung
ZfA	Zeitschrift für Arbeitsrecht
ZHR	Zeitschrift für das gesamte Handelsrecht und Wirtschaftsrecht
ZIP	Zeitschrift für Wirtschaftsrecht und Insolvenzpraxis

Hanno Merkt

Beiträge zur Börsen- und Unternehmensgeschichte

Frankfurt/M., Berlin, Bern, Bruxelles, New York, Oxford, Wien, 2001. 382 S.
ISBN 3-631-37284-1 · br. DM 98.–*

Börsengeschichte und Unternehmensgeschichte sind nicht allein Teilgebiete der allgemeinen Wirtschaftsgeschichte. Auch für die Rechtswissenschaft – und hier natürlich insbesondere für das Wirtschaftsrecht – sind sie von nicht zu unterschätzender Bedeutung, namentlich etwa im Rahmen der rechtspolitischen Diskussion um die Reform des Rechts oder für Fragen der Gesetzesauslegung. Die hier versammelten, mehrheitlich bereits in juristischen Fachpublikationen veröffentlichten Beiträge stammen aus der Feder eines Juristen und sollen auf diesem Wege einer breiteren, auch wirtschaftshistorisch interessierten Leserschaft zugänglich gemacht werden. Die Beiträge spiegeln das Verständnis eines Juristen für die historischen Entwicklungen und Zusammenhänge in den behandelten Bereichen wider. Dabei sind Darstellung und Akzentsetzung von dem Bestreben geleitet, die Entstehung des heutigen Rechts und der heutigen Institutionen für ein Publikum ohne vertiefte Kenntnis der Wirtschaftsgeschichte zu erklären und nachvollziehbar zu machen.

Aus dem Inhalt: Die Geschichte der Unternehmenspublizität in Deutschland, Europa und den USA · Die Geschichte des deutschen Börsenrechts von den Anfängen bis zum zweiten Finanzmarktförderungsgesetz von 1994 · Die Geschichte des US-amerikanischen Gesellschaftsrechts · Die Geschichte der Namensaktie

FSC
www.fsc.org
MIX
Papier | Fördert
gute Waldnutzung
FSC® C083411

Kolibri 360 GmbH
Ferdinand-Jühlke-Straße 7
99095 Erfurt, Deutschland
produktsicherheit@kolibri360.de

Druck:
CPI Druckdienstleistungen GmbH
im Auftrag der
Kolibri 360 GmbH
Ferdinand-Jühlke-Str. 7
99095 Erfurt